U0670495

# 电力客户服务

## DIANLI KEHU FUWU

- 主 编 汤大勇
- 参 编 刘 弋 黄晓梅 庞圣红 彭 杰
  曾伟成 张 芳 彭 璟
- 主 审 叶 志

重庆大学出版社

# 内容提要

本书采用行动导向、任务驱动方式编写。全书共8个情境,26个任务,内容包括电力客户服务认知、业务扩充、变更用电、综合业务办理、供用电合同管理、电力客户服务新型业务、用电检查及电力客户服务管理。每个任务由任务目标、任务描述、相关知识、学习与训练任务、任务实施及任务评价构成。

本书内容紧密联系电力客户服务工作实际,以客户为中心,针对性强,充分体现现代高等职业教育工学结合的特点。

本书主要作为高等职业院校供电服务专业、供用电技术等电类专业的教材,也可作为供电企业职工培训教材和供电企业技能人员技能鉴定参考书。

**图书在版编目(CIP)数据**

电力客户服务 / 汤大勇主编. -- 重庆 : 重庆大学
出版社,2020.4(2022.1重印)
ISBN 978-7-5689-2026-1

Ⅰ.①电… Ⅱ.①汤… Ⅲ.①电力工业—工业企业管
理—销售管理—商业服务—中国—高等职业教育—教材
Ⅳ.①F426.61

中国版本图书馆CIP数据核字(2020)第049931号

## 电力客户服务

主 编 汤大勇
参 编 刘 弋 黄晓梅 庞圣红 彭 杰
曾伟成 张 芳 彭 璟
主 审 叶 志
策划编辑:鲁 黎
责任编辑:李定群 版式设计:鲁 黎
责任校对:刘志刚 责任印制:张 策

\*

重庆大学出版社出版发行
出版人:饶帮华
社址:重庆市沙坪坝区大学城西路21号
邮编:401331
电话:(023)88617190 88617185(中小学)
传真:(023)88617186 88617166
网址:http://www.cqup.com.cn
邮箱:fxk@cqup.com.cn(营销中心)
全国新华书店经销
重庆市国丰印务有限责任公司印刷

\*

开本:787mm×1092mm 1/16 印张:20.25 字数:483千
2020年4月第1版 2022年1月第2次印刷
ISBN 978-7-5689-2026-1 定价:45.00元

# 高等职业教育能源动力与材料大类

# （供电服务）系列教材编委会

实施乡村振兴战略，是党的十九大作出的重大决策部署。习近平总书记指出，"乡村振兴是一盘大棋，要把这盘大棋走好"。近年来，在国家电网有限公司统一部署下，国网湖南省电力有限公司全面建设"全能型"乡镇供电所，持续加大农网改造力度，不断提升农村电网供电保障能力，与此同时，也对供电所岗位从业人员技术技能水平提出了更新更高的要求。

近年来，长沙电力职业技术学院始终以"产教融合"为主线，以"做精做特"为思路，立足服务公司和电力行业需求，大力实施面向供电服务职工的定制定向培养，推进人才培养与"全能型"供电所岗位需求对接，重点培养电力行业新时代卓越产业工人，为服务乡村振兴和经济社会发展，提供强有力的人才保障。

**教材**，是人才培养和开展教育教学的支撑和载体。为此，长沙电力职业技术学院把编写适应供电服务岗位需求的教材作为抓好定向培养的关键切入点，从培养供电服务一线职工的角度出发，破解职业教育传统教材与生产实际、就业岗位需求脱节的突出问题。本套教材由长沙电力职业技术学院教师与供电企业专家、技术能手和星级供电所所长等人员共同编写而成，贯穿了"产教协同"的思路理念，汇聚了源自供电服务一线的实践经验。

**以德为先，德育和智育相互融合。**本套教材立足高职学生视角，突出内容设计和语言表达的针对性、通俗性、可读性的同时，注重将核心价值观、职业道德和电力行业企业文化等元素融入其中，引导学生树立共产主义远大理想，把"爱国情、强国志、报国行"自觉融入实现"中国梦"的奋斗之中，努力成为德、智、体、美、劳全面发展的社会主义建设者和接班人。

**以实为体，理论与实践相互支撑。**"教育上最重要的事是要给学生一种改造环境的能力"（陶行知语）。为此，本套教材更加突出对学生职业能力的培养，在确保理论知识适度、实用的基础上，采用任务驱动模式编排学习内容，以"项目+任务"为主体，导入大量典型岗位案例，启发学生"做中学、学中做"，促进实现工学结合、"教学做"一体化目标。同时，得益于本套教材为校企合作开发，确保了课程内容源于企业生产实际，具有较好的"技术跟随度"，较为全面地反映了专业最新知识，以及新工艺、新方法、新规范和新标准。

以生为本，线上与线下相互衔接。本套教材配有数字化教学资源平台，能够更好地适应混合式教学、在线学习等泛在教学模式的的需要，有利于教材跟随能源电力专业技术发展和产业升级情况，及时调整更新。该平台建立了动态化、立体化的教学资源体系，内容涵盖课程电子教案、教学课件、辅助资源（视频、动画、文字、图片）、测试题库、考核方案等，学生可通过扫描"二维码"，结合线上资源与纸质教材进行自主学习，为大力开展网络课堂和智慧学习提供了有力的技术支撑。

"教育者，非为已往，非为现在，而专为将来"（蔡元培语）。随着现场工作标准的提高、新技术的应用，本套教材还将不断改进和完善。希望本套教材的出版，能够为全国供电服务职工培养培训提供参考借鉴，为"全能型"供电所建设发展做出有益探索！

与此同时，对为本套系列教材辛勤付出的编委会成员、编写人员、出版社工作人员表示衷心的感谢！

2019 年 12 月

本书是根据高等职业教育人才培养目标和电力行业人才需求,按照"行动导向、任务驱动、理实一体、突出特色"的原则,以供电服务专业岗位分析为基础,以课程标准为依据,遵循高等职业教育教学规律和高职学生人才成长规律而编写的。

本书在编写过程中突出了国家电网生产技能人员职业能力要求,突出了电力客户服务技能的实用性和针对性,突出了高职人才能力培养与现场岗位考核要求。其内容以职业能力培养为核心,引入了国家标准、行业标准和职业规范,依据高等职业技术学院学生的认知规律,科学、合理地设计了教学情境和学习任务。全书共8个情境,26个任务,内容包括电力客户服务认知、业务扩充、变更用电、综合业务办理、供用电合同管理、电力客户服务新型业务、用电检查及电力客户服务管理。

本书主要有以下特点:

1.按技能人才成长规律,由简单到复杂构建业务入门级、业务处理级、业务管理级的电力客户服务课程体系结构。业务入门级主要培养学生电力客户服务基本能力;要求学生掌握基本服务理念、基本服务礼仪、基本服务语言及基本服务行为。业务处理级主要培养学生电力客户服务基本业务处理能力;要求学生掌握业务扩充、变更用电、95598客服务、供用电合同管理及客户服务新业务处理能力。业务管理级主要培养学生电力客户服务的服务管理能力;要求学生掌握电力客户服务基本的业务管理能力和服务管理能力。

2.每个任务由任务目标、任务描述、相关知识、学习与训练任务、任务实施及任务评价构成。内容紧密联系电力客户服务工作实际,以客户为中心,针对性强,充分体现现代高等职业教育工学结合的特点。

本书由长沙电力职业技术学院汤大勇担任主编并统稿,国网湖南省电力有限公司省供电服务中心叶志担任主审。具体编写分工如下:情境1、情境2由汤大勇编写,情境3由长沙电力职业技术学院黄晓梅编写,情境4由国网湖南省电力有限公司长沙供电分公司张芳、国网湖南省电力有限公司衡阳供电分公司彭璟编写,情境5由国网湖南省电力有限公司长沙供电分公司彭杰编写,情境6由国网湖南省电力有限公司常德供电分公司曾伟成编写,情境 7 由国网湖南省电力有限公司岳阳供电分公司刘弋编写,情境 8 由国网湖南省电力有限公司常德供电分公司庞圣红编写。

本书在编写过程中得到相关供电企业的大力支持和帮助,并借鉴了一些专家、学者的观点,在此一并表示感谢。

由于编者水平有限,疏漏和不当之处在所难免,敬请广大读者批评指正。

编　者

2019 年 12 月

# 目 录

# 情境 1　电力客户服务认知

## 【情境描述】

本情境是在遵循相关法律法规和标准的前提下,对电力客户服务实施整体把握。要求以供用电网和客户服务组织构建客户服务大情境。涵盖的学习任务主要包括电力客户服务基本知识、营业厅客户服务、95598 客户服务及现场客户服务。要求学习本情境后,能明确电力客户服务分类与面临的挑战,掌握用电客户服务的基本规范和基本要求,具备用电客户服务基本技能。

## 【情境目标】

1.知识目标

(1)熟悉电力客户服务的理念、概念和工作内容。

(2)明确电力客户服务工作的意义。

2.能力目标

(1)能正确说明电力客户服务所面临的挑战。

(2)能简要说明柜台客户服务、95598 客户服务和现场客户服务的主要内容及服务规范。

(3)能简要说明电力客户服务"十项承诺"和电力客户服务人员服务行为"十个不准"。

(4)明确用电客户服务的基本礼仪、基本语言及其基本技能。

3.态度目标

(1)能主动提出电力客户服务问题,并积极查找客户服务资料。

(2)能团结协作,共同学习与提高。

# 任务 1.1　电力客户服务基本知识

## 【任务目标】

1.能简要说明以客户为中心的电力客户服务战略。
2.能简要说明电力客户服务分类及其相关的主要内容。
3.能简要说明电力客户服务理念及电力客户服务特性。
4.能正确说明电力客户服务所面临的挑战。

## 【任务描述】

以柜台服务或客户 95598 服务为具体情境。城乡电网改造后,智能电能表投入使用后所面临的电力客户服务问题为案例,解析电力客户服务所面临的行业之间的竞争、客户期望值提升、客户需求波动、客户服务失误造成投诉、超负荷工作压力、服务技能不足及个性化服务要求 7 种客户服务挑战。

## 【相关知识】

## 1.1.1　以客户为中心的服务战略

**(1)采取以客户为中心服务战略的必然性**

电力工业市场化是一个重要的新理念。中华人民共和国成立以来,我国电力工业实行发、输、变、配、用一体化的高度集中的计划经济管理模式,但是随着市场化进程的加快,传统的管理模式受到了冲击。

1)电力客户价值的回归

①电力生产观念阶段

中华人民共和国成立至 1997 年,我国电力企业都处于生产观念阶段。这种观念的核心思想是:企业工作以生产为中心,组织和集中一切资源力量增加电力生产,较少研究电力市场需求。在我国电力企业的典型表现形式就是"重产、轻供、不管用"。在我国电力极其短缺及电力产业实行高度集中的计划管理模式的条件下,生产观念对促进我国电力生产建设、保障电力供给以满足经济发展需要起到重要作用。

②电力推销观念阶段

从 1996 年下半年开始我国电力市场逐步转入供过于求的买方市场,电力产业发展的重心也由过去的重生产、重电源建设而逐步转向重视电力商品的销售上来。电力推销观念的核心思想是在重视电力生产的同时注重电力销售,企业想方设法扩大电力销售量。从 1996 年下半年到 1999 年 4 月这段时期全国各省电力公司的营销举措来看,营销重点都放在如何通过电价优惠(如峰谷电价、丰水与枯水期电价、超基数电价优惠及节假日电价等)来促进电力销售以消化过剩的电力生产能力上,部分电力公司开始运用广告、公关等手段来促销,这个阶段总的来看,是我国电力营销的推销观念阶段。电力企业着眼于电力推销,对电力用户需求研究较少,电力企业服务质量及电力用户满意度尚未引起电力企业的高度关注,营销组织与营销机制尚未发生变革。

③现代电力营销阶段

1999 年 4 月国家电力公司首次在发输电运营部设立市场营销处这个管理机构,1999 年 10 月国家电力公司市场营销工作会议召开,会议提出了构筑面向 21 世纪的国家电力公司电力营销战略,在战略中明确指出电力企业应树立以市场需求为导向,以满足客户需求为中心,以引导客户消费并取得经济效益和社会效益相统一的市场营销新战略。电力市场营销观念开始导入我国电力行业,电力企业开始进入以市场为导向的现代电力市场营销观念阶段。供电服务中客户满意率指标在电力营销业绩中受到高度关注,各供电企业围绕提高客户满意度纷纷采取各种举措,"窗口"建设、争创优质服务、明星单位等活动在各电力公司开展得如火如荼。在提高服务质量与电力促销的同时,电力营销组织机构也进行了一系列的调整,电力客户服务中心相继在各电力公司成立。随着我国电力营销组织机构与营销体制改革的深入,具备市场策划与开发、需求侧管理、业务发展、客户服务、电力销售组织与实施、合同管理、公共关系与形象设计、用电新技术、新产品开发与咨询等系统功能的营销组织结构日益完善。

2)电力市场竞争加剧

图 1-1-1 揭示了市场竞争的白热化程度。

①电力工业产品的替代者悄然出现。煤炭、燃气、燃油及太阳能等与电力之间的竞争已经开始,客户能源消耗结构必然发生变化。

②新进入者的威胁迫在眉睫。目前,欧盟国家电力市场的开放程度正在逐步扩大,到 2003 年,电力市场开放程度已达到 35%。加入世界贸易组织(WTO)后,我国电力工业面临的挑战也将更为严峻。

③在一个完全竞争的市场中,客户将真正拥有用电的选择权,客户"讨价还价"的地位将前所未有地强大。

④重新进入和重新塑造的威胁也会随时出现。

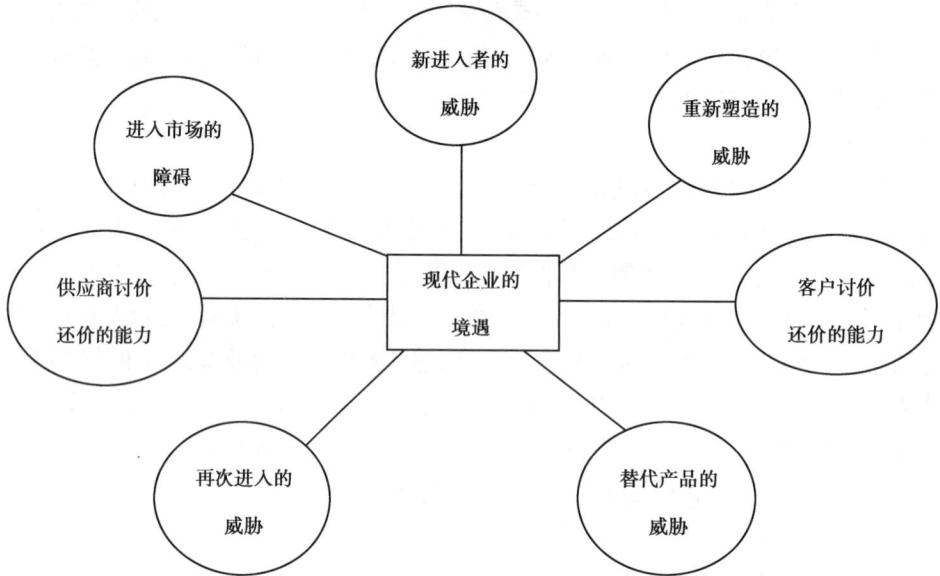

图 1-1-1　企业竞争力量图

3）供电企业业务流程再造

当今企业面临着巨大的挑战主要来自 3 个方面：顾客（Customer）、竞争（Competent）和变化（Change），它们组合在一起又称"3CS"，这是从企业外部来分析的。从企业来看，一个新企业总是充满活力的。随着企业经营走向成熟，往往会出现惰性，而变成一个官僚机构。这就是企业的科层化。企业一旦陷入科层化，只有两种选择——变革或死亡。

企业面临的挑战如图 1-1-1 所示。正是 3 个外部挑战和企业内部的科层化，引出了企业再造这个概念。企业再造也称企业流程再造。再造就是对公司流程、组织结构、企业文化进行彻底、急剧的重塑，以达到绩效的改进。

企业流程再造的最终目标是将企业由以职能为中心的传统形态，转变为以流程为中心的新型流程导向型企业，实现企业经营方式和企业管理方式的根本转变。企业借此从原有的以企业为中心、以职能划分为基础的时代，转化为以客户为中心、以流程划分为基础的时代。

4）电力行业的特点

电力行业与其他行业有着显著不同的特点。在新技术革命和信息革命面前，不同企业间生产的产品质量差异已经很小，特别是在电力工业这样一个公用事业行业里，产品本来就是无形的，且具有"超稳定"结构，是一种终极产品。随着科技的进步，电能质量变得更容易控制，服务就成为营销决胜的关键因素。相对于供电行业产品的特殊性、单一性而言，供电服务却具有多样性的特点。如果说电能是电力工业的核心产品，服务就是它最大的附加值，影响客户购买的决定性因素正是其附加值。优质服务必然成为电力企业整个发展战略构想中的重要组成部分。从服务入手，确立以客户服务为中心的营销战略也与现代营销规律不谋而合。

供电企业必须坚持以客户服务为中心的长期发展战略。世界已进入"服务经济时代"。发展服务产业,队伍的素质和管理水平是决定因素。通过优质服务,让客户满意,客户愉悦,是供电企业战胜竞争对手的最好手段,更是供电企业取得长期成功的必要条件。

**(2)以客户为中心的服务战略的含义**

以客户为中心的服务战略是以市场为导向,以满足客户需求为中心,以经济和社会效益最大化为目标,通过提供客户价值使客户满意和愉悦,从而谋求企业可持续发展的总体构想。

①它区别于以往以产品为导向的营销观念,强调的是不断满足客户的需求。

②它在完善有形产品的同时,更注重无形产品,即服务的质量。

③企业的核心业务流程在于服务环节,企业的获利能力主要来自高品质的服务所带来的附加值。

④追求服务方式的差异化和个性化。既考虑客户需求的相同性,更考虑客户需求的差异性乃至个性。

**(3)以客户为中心的服务战略**

21 世纪服务竞争的主旋律是:企业从价格竞争、质量竞争转变为服务竞争;从单纯的售后服务竞争转变为整体服务流程的竞争,这也是新世纪市场营销变革出现的新概念。这就要求企业所有的工作都必须以客户需求为中心。一个企业仅具有现代市场营销部门,还不等于现代市场营销公司。只有当所有管理人员均认识到企业一切部门的工作都是"为顾客服务",市场营销是一个企业的经营哲学时,这个企业才算是一个"以客户为中心"的现代企业。

作为服务业的供电企业也同样如此,随着电力企业经营体制的转变和电力供需矛盾的缓和,供电企业的发展必须以服务求市场,以服务求效益,这使得完善电力客户服务成为电力市场营销战略的重中之重。在整个电力市场管理中,电力客户处于中心地位,与电力生产者和电力经营者之间有机联系在一起,组成了利益共同体,并成为电力市场中牵动一切电力活动的源头。树立现代电力市场营销观,导入优质服务文化理念,坚持"客户至上"的市场观、"合作共生"的竞争观和"服务成就品牌"的品牌观,是必然的时代趋势。

## 1.1.2  电力营销服务体系

**(1)电力营销服务体系的结构和基本职能**

电力营销服务体系模型如图 1-1-2 所示。

1)客户服务层

客户服务层为客户提供高效、便捷和优质的服务,树立电力企业的优质服务形象,以赢得市场竞争优势。其工作内容是通过营业窗口、呼叫中心、互联网及客户现场等多种服务手段,为客户提供用电信息、电力法规、用电政策、用电常识及用电技术等信息查询和咨询,实时受理客户新装、增容与变更用电等业务。

2)营销业务层

营销业务层将营销业务信息流按照标准化、科学化的管理原则和电力营销专业规范进行迅速、准确的处理。其工作内容包括新装、增容与用电变更,合同管理,量价费损的确认与计算,收费与账务管理,以及电能计量和负荷管理等。

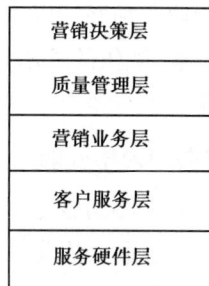

图 1-1-2 电力营销服务体系模型

3)营销工作质量管理层

营销工作质量管理层通过对营销业务、客户服务的监控及对特定指标考核进行职能管理,及时发现问题和不足,并迅速反馈和加以纠正。其具体内容包括工作流程控制、营销业务稽查、合同执行管理和投诉举报查处等。

4)营销管理决策层

营销管理决策层确定营销策略、客户分析、市场开发、效益评估、公共关系及企业形象设计管理。其工作内容是通过对营销业务层、客户服务层和营销工作质量管理层的信息流(客户信息、市场动向及电能销售)及其相关指标的综合分析,形成管理决策。

**(2)电力客户服务技术支持系统**

电力客户服务技术支持系统主要由客户服务数字语音信息系统、电力营销管理信息系统、配电网管理信息系统及电力流动服务快速反应系统四大部分构成。整个系统的运行效率的高低,在很大程度上依赖于电力营销管理信息系统和配电网管理信息系统等技术支持系统能否提供完备翔实的客户用电档案信息,以及客户所在线路变压器状态、电能表表码、应收电费等动态用电数据;同时,也依赖于电力流动服务快速反应系统等现场处理系统能否准确获取客户需求,以及能否快捷、高效地处理其业务。

1)客户服务数字语音信息支持系统

客户服务数字语音信息支持系统通过统一的电力服务电话和因特网客户服务网站,全天候受理客户用电服务请求,并通过流程传递到其他相关支持系统和部门进行处理,办理完毕后再通过系统回复客户。

2)电力营销管理信息系统

电力营销管理信息系统是为客户提供优质服务的基本技术支撑平台,也是连接其他支持系统的核心和纽带。该系统建立所有客户用电的档案信息及变压器、电力网、电能表等信息,并提供给其他技术支持系统共享。同时,通过流程响应客户服务数字语音信息支持系统发出的关于客户用电需求的工作单,作出相应的业务处理。

如图 1-1-3 所示,电力营销信息管理系统将营销业务领域划分为"客户服务与客户关系""电费管理""电能计量及信息采集""市场与需求侧"及"综合管理"5 个部分,包含 19 个业务类、138 个业务项及 762 个业务子项。其中,19 个业务类包括"新装、增容及变更用电"

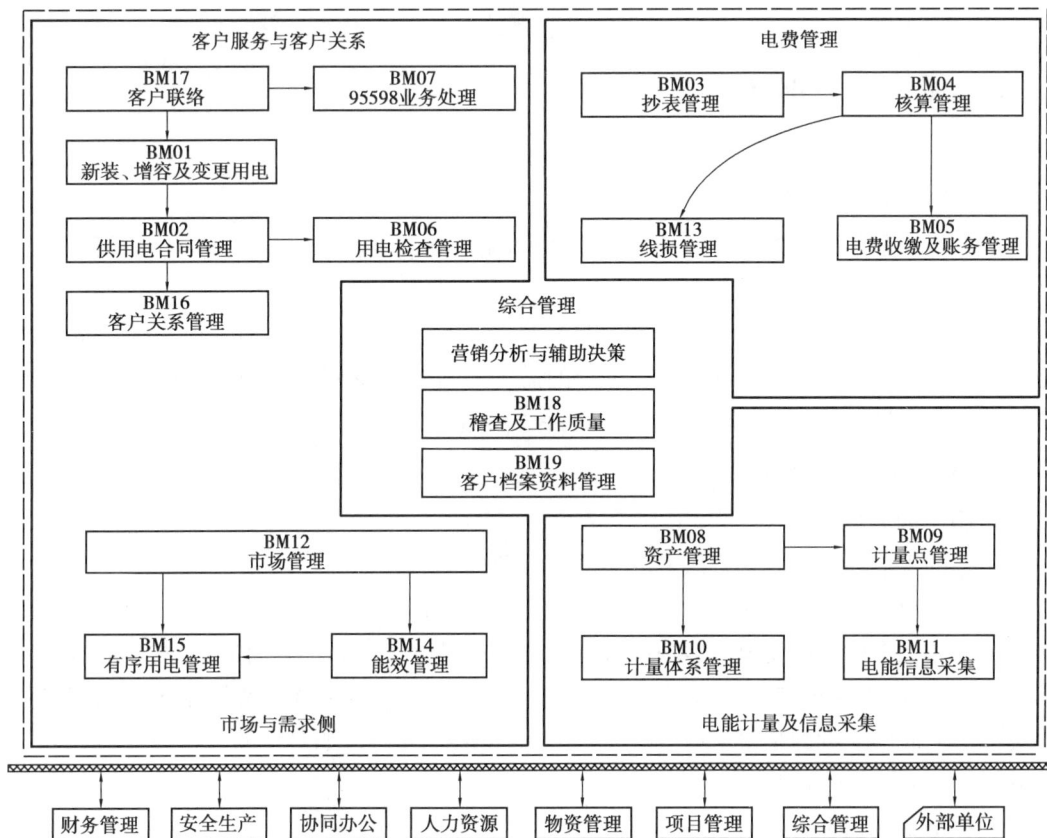

图 1-1-3 电力营销管理信息系统模型图

"抄表管理""核算管理""电费收缴及账务管理""线损管理""资产管理""计量点管理""计量体系管理""电能信息采集""供用电合同管理""用电检查管理""95598 业务处理""客户关系管理""客户联络""市场管理""能效管理""有序用电管理""稽查及工作质量"及"客户档案资料管理"电力营销业务。通过各领域具体业务的分工协作,为客户提供各类服务,完成各类业务处理,为供电企业的管理、经营和决策提供支持;同时,通过营销业务与其他业务的有序协作,提高整个电网企业信息资源的共享度。

3)配电网管理信息系统

配电网管理信息系统除满足企业内部管理功能需要外,不仅能为营销部门制订客户供电方案提供共享信息服务,而且还能接受客户服务数字语音信息支持系统发出的客户电力故障报修信息,并通过电力流动服务快速反应系统迅速实现故障定位。

4)电力流动服务快速反应系统

电力流动服务快速反应系统能接收其他技术支持系统传递的有关客户现场服务指令,依托无线网络获取客户用电档案信息和其他用电数据,实现客户用电需求的现场办理,并能将处理结果传回客户服务数字语音信息支持系统备案和回复客户。

## 1.1.3 电力客户服务基本知识

**(1)电力客户服务的定义**

电力客户服务是指以电能商品为载体,用以交易和满足客户需要的,本身无形和不发生实物所有权转移的所有活动。

电力客户服务的目的是促进电能交易。离开交易就不会发生电力企业对客户的服务。电力客户服务交易的目的是满足电力客户的需要。例如,装表接电,这既是供电企业与客户之间的电力交易,又是满足客户用电要求的有效措施。

**(2)电力客户服务的特性**

1)服务的无形性

服务的无形性即电力客户服务的本质是抽象的、无形的。

电力客户服务并不是完全虚无缥缈或不可感知,而是实实在在存在的产品,只不过其存在的形态是无形的。要使电力客户服务有形化必须做好以下3个方面的工作:服务的环境;服务的品牌;服务的承诺。例如,电力客户到营业厅办理申请用电及其他业务时,在购买电力商品的同时感受到的是供电服务人员提供的各项无形服务,如热情的工作态度、幽雅的工作环境、人性化的布置等。

2)服务的不可分性

服务的不可分性即电力客户服务与电能商品的销售是同步进行的,而且是不可分的。

供电营业人员提供优质服务的全过程是客户申请用电、办理业务和使用电力商品的全过程。客户向供电服务人员提供其用电的基本情况和用电需求;供电服务人员则要为客户着想,为客户解决难题,办实事、办好事,满足客户的需要,保证服务提供的效果和效率。

3)服务的易逝性

服务的易逝性即电力客户服务对象不能像实体产品那样储存。

电力客户服务无法在客户消费电能之前生产与储存,这就是电力客户服务的易逝性。电力客户服务只存在于电能被销售出去的那个瞬间。如果不对电力客户服务的产出能力加以及时利用,它创造利润的机会也会自然丧失。

4)服务的易变性

服务的易变性即电力客户服务的质量是不标准的、不稳定的。

电力客户服务是一种行为,它是多变和易变的。供电企业服务提供者是不同岗位的营销服务人员,他们的行为表现会因人、因时而异,甚至是同一人不同时间所提供的服务也会不尽相同。另外,由于电力客户服务的生产与销售同时进行,使供电企业无法在其产品到达客户之前对其不足与缺陷予以补救。因此,电力客户服务必须充分认识妥善处理与客户关系的重要性,出现问题要及时补救。

5）服务的广泛性

服务的广泛性即各行各业、千家万户都要用电。

电是特殊商品,电的销售具有自然的行业垄断性,供电企业对需要服务的客户没有可选择性,几乎面向全社会所有的自然人和各行各业。正因为电力客户服务具有广泛性,使电力企业可通过自己的良好形象、价值观念、发展目标、企业精神及职业道德等影响客户的心理。

**（3）电力客户服务理念**

1）电力客户服务理念的内涵

电力客户服务理念是指以顾客需要和欲望为导向,通过售前、售中和售后服务将电能销售出去,使企业获利并满足客户需要的经营思想。"以客户为中心,专业专注,持续改善。提供优质、方便、规范、真诚的服务"就是供电企业的服务目标,也是供电企业的服务理念。

2）电力客户服务理念的建立

电力客户服务理念的树立、贯彻和实施是一个系统的工程,需要付出长期的努力和大量的工作。具体包括以下 5 个方面:

①树立"客户至上"的市场观和效益观

客户是企业的衣食父母,没有客户就没有市场,失去客户就是失去企业赖以生存和发展的基石。"客户至上"要求电网企业在营销过程中充分尊重和体现电力客户的消费主体地位,以优质的电能和高质量的客户服务,满足全社会对电力日益增长的需要。

②树立全新的客户服务理念

理念支配行动。服务创新必须有全新的服务理念作为基础。全新的客户服务理念包括:

a.客户创造市场。谁拥有客户,谁就拥有市场。

b.客户创造利润。没有用电客户,就没有供电企业的利润来源。

c.客户永远是对的。有了这个观念,才能较好地善待客户的抱怨,并运用良好的服务技能,及时解难释疑,化解矛盾。

d.企业产品和服务质量最终必须由客户来评价。客户的满意度是检验我们工作的标准。

e.为"内部客户"服务。企业员工有了"内部顾客"的意识,整个企业团队能自觉、高效地为外部顾客服务。

③树立全员参与的电力客户服务理念

企业通过宣传、培训、教育等各种形式让全体员工理解服务质量对企业生存发展的重要性,让每一位员工都树立起以客户为中心的经营指导思想。

④树立长期利润观点

实施电力客户服务理念的最终目标主要体现在供电企业利润的获取与评价,这是一个长期过程。

⑤建立科学的服务管理体系

随着以客户为中心的经营服务思想的确立,企业经营管理体系也要相应的变化,把对客户的服务贯穿于企业市场营销活动的始终,建立一套系统的服务管理体系是十分有必要的。

**(4)电力客户服务的对象**

当电力客户服务在运营时,用以实现"以客户为中心"服务目标、不同功能的各种服务载体,称为电力客户服务运营的管理要素。它包括服务对象、服务人员、服务内容和服务手段等要素。在电力客户服务运营管理过程中,电力企业只有了解了不同服务主体的需求,不断创新服务技术手段,规范服务客体服务行为,才能为客户提供"优质、方便、规范、真诚"的电力服务。

1)服务的主体

服务主体是指依法与电力企业建立供用电关系的电能消费者,即电力客户。按服务管理的需要,电力客户按以下原则分类:

①按供用电关系分类,可分为直供客户、趸售客户和转供客户3类。

a.直供客户。与电力企业建立直接供用电和计量收费合同关系的客户。

b.趸售客户。从电力企业趸购电能,再转售给其供电营业区内电力消费者的客户,趸售客户一般以县为单位。

c.转供客户。在公用供电设施尚未达到的地区,电力企业征得该地区有供电能力的直供客户同意后,以合同形式委托其向附近的客户转供电力的客户。

②按电价类别分类,可分为居民生活用电客户、一般工商业及其他用电客户、大工业用电客户、农业生产用电客户4类。

a.居民生活用电客户。是指用于家庭生活照明及家用电器用电的城乡居民用电客户。

b.一般工商业及其他用电客户。包括非居民照明用电客户,从事营利性活动的商业用电客户,如宾馆、饭店、商场、仓储及文化娱乐场所等,非工业用电客户指用电容量在 3 kW 及以上非工业用电的客户。普通工业用电客户是指受电变压器在 315 kV·A 以下或低压受电的工业性生产用电客户。

c.大工业用电客户。是指受电变压器在 315 kV·A 及其以上的工矿企业生产用电客户。

d.农业生产用电客户。主要是指农村排灌用电和农村生产用电等客户。

③按供电电压分类,可分为高压客户和低压客户。

a.高压客户。以 10 kV 及以上电压供电的客户。其供电电压有 10 kV,35 kV,110 kV,220 kV。

b.低压客户。以 0.4 kV 及以下电压供电的客户。其供电电压有 380 V,220 V。

④按供电电源特征分类,可分为专变客户、公变客户和专线专变客户等。

a.专变客户。以 10 kV 及以上电压供电的,拥有一台或多台专用受电变压器的客户。

b.公变客户。以 0.4 kV 及以下电压供电,无受电变压器,由公用变压器或转供客户的配电变压器供电的客户。

c.专线专变客户。有一条或一条以上专用供电线路供电的专变客户。

d.双电源客户。由两个或两个以上的变电站提供独立电源供电的客户。

e.自备电源客户。除电力企业提供的供电电源外,还有自备电源(如发电机、自备电厂)进行自我供电的客户。

⑤按用电性质分类,可分为临时用电客户、季节性客户和重要客户。

a.临时用电客户。是指需要用电的时间短暂(一般不超过 6 个月)的客户,如电影拍摄和临时市政工程用电等。

b.季节性客户。是指一年中,用电时间随季节呈规律性变化的客户,如榨糖和供暖等。

c.重要客户。是指停电将造成重大社会、政治影响或经济损失的客户。

2)服务的客体

服务客体是指为客户提供电力服务的电力企业职工。按服务功能划分,服务客体可分为:客户代表、客户经理和台区经理等;从事业扩报装、抄核收、电能计量、用电检查、需求侧管理、咨询服务、电力紧急抢修等工作的人员。

①客户代表

主动了解大客户情况,站在客户立场,代表客户利益,积极、主动地收集和反馈电力市场信息,分析、预测电力市场,对电力企业提出服务的项目、要求,以及开拓电力市场的建议或措施,并对电力服务进行评价的人员统称。

②咨询服务人员

负责通过电话、传真、网络、柜台、书面及现场等方式为客户提供电力咨询服务的供电业务人员。

③业扩报装人员

负责进行从受理客户的用电申请,直至接电为止各项供电业务的人员统称。业扩报装包括申请、勘查、确定供电方案、营业收费、业扩工程设计、施工、中间检查、竣工验收、签订供用电合同及装表接电。

④抄核收人员

负责对每个电力客户,按照固定的周期,进行抄录电量、核算电费、开出票据、收缴电费、统计分析等各项供电业务的人员统称。

⑤电能计量人员

负责接受国家量值标准的传递,依法对电能计量装置检定和管理人员的统称。电能计量人员包括量值传递管理及电能计量装置的购置、安装、移动、更换、校验、拆除及缺陷处理等业务人员。

⑥用电检查人员

负责对客户用电情况和用电行为进行检查,以保证供用电安全和正常供用电秩序的供电业务人员。

⑦需求侧管理人员

负责采取有效的激励措施,引导消费者改变用电方式和时间,使电力资源得到优化配置的供电业务人员。

⑧电力紧急抢修人员

当客户发生电力故障或停电时,提供紧急抢修服务的供电业务人员。

## 1.1.4 电力客户服务的内容

**(1)根据供电企业为客户提供服务的渠道**

根据供电企业为客户提供服务的渠道的不同,供电服务可分为柜台客户服务、现场客户服务和95598客户服务。

1)柜台客户服务

柜台客户服务是指供电服务人员在营业窗口(柜台)为客户提供办理用电手续、咨询查询、故障报修、投诉、举报与建议及营销业务受理等业务服务。

2)现场客户服务

现场客户服务是指供电服务人员在客户用电现场为客户提供用电申请、勘查、电力工程施工、接电及抄表等业务服务。

3)95598客户服务

95598客户服务是指通过供电服务热线95598,利用电话、网络、传真、短信及电子邮件等方式为客户提供咨询查询、故障报修、投诉、举报与建议及营销业务受理等业务服务。

**(2)根据供电企业为客户提供服务的内容**

根据供电企业为客户提供服务内容的不同,可将电力客户服务分为业务扩充、电费管理、供用电合同管理及营销稽查等服务。

1)业务扩充

业务扩充包括新装、增容及变更用电工作。其主要任务是接受客户的用电申请,根据电网的实际情况,办理供电与用电不断扩充的有关业务工作,以满足客户用电增长的需要。

2)电费管理

电费管理包括抄表管理、核算管理、电费收缴与账务管理及线损管理4方面的工作内容。

3)供用电合同管理

供用电合同管理是指供用电双方根据国家法律、法规,就供用电双方权利和义务所签订协议、履行相应义务、变更相关条款的一系列工作。

4)营销稽查

营销稽查包括稽查监督和用电检查。其主要任务是依据国家有关法律、法规及企业规章制度,对本企业从事电力营销工作的单位和个人营销行为进行稽查监督,对用电企业的用电情况进行检查,以维护供用电秩序和供用电安全。

**(3)根据供电企业为客户提供服务的销售前后**

根据供电企业为客户提供服务的销售前后不同分类,可将电力客户服务分为售前服务、售中服务和售后服务。

1）售前服务

售前服务是指电力客户自具有用电意向到装表接电过程中,即装表接电前,电能交易还没有发生前供电企业为客户所提供的服务。主要包括用电业务咨询和业务扩充等工作。

2）售中服务

售中服务是指客户在使用电能过程中,供电公司为其提供的服务。例如,电费抄核收、安全用电检查和电能表轮换与校验等。

3）售后服务

售后服务是指客户在使用电能后,供电公司为其提供的服务。例如,受理客户投诉、节电分析等。

## 1.1.5　电力客户服务面临的挑战

### (1)同行业之间的竞争

21 世纪以来,能源行业(电力、太阳能、石油天然气及煤炭)各企业也越来越重视顾客的服务工作。以前,企业提高核心竞争力的做法可能是:注重产品的售后服务问题;尽量延长产品的保修期;最大可能地增加对顾客的一些承诺等。而今天,随着服务标准的日益完善,为顾客提供个性化的服务,尽量满足不同类型顾客的不同需求,已成为提高能源行业各企业竞争力的必然趋势。例如,如何使客户愿意使用电热水器,而不是太阳能热水器或燃气热水器。须设身处地地为客户着想,才能成为可能。

### (2)客户期望值提升

很多工作在一线的服务人员都会越来越明显地感觉到,人们一直致力于提升服务质量和产品质量,而产品价格也随着同行业竞争的进一步加剧而在不断地下降。由此,顾客得到的各种实际利益也相应地越来越多,但是,人们却难以理解地发现:顾客的满意度却没有相应的提升,而受理顾客投诉的数量却在悄悄地增长,顾客的要求也变得越来越难以满足。也就是说,顾客的期望值随着同行业竞争的日益加剧也在不断地提升。

### (3)客户需求波动

电力供不应求的时候,人们只需有电用就行。但现在供过于求时,人们却希望花同样的钱能用更多的电、更好的电。如某工业企业因功率因数较低,功率因数调整电费支出所占比例较大,客户找客户代表反映,对收取电度电费表示理解,但对功率因数调整电费不理解。如果你是客户代表,请问你应如何对客户作出解释,让客户满意呢?

### (4)客户服务失误造成投诉

服务时难免会接到顾客的投诉,可应用一些技巧去化解顾客的各种抱怨,去帮助顾客解决问题。但是,在投诉处理过程中,那些因你的原因而造成的投诉是难以解决的。前台可能还会碰到一种无法解决的投诉,这时你需要的是寻求你上级的帮助。因为服务失误给顾客所带来的损失是无法弥补的,有时,对我们而言,好像就只剩下向客户道歉了。但是,并不是所有的顾客都会接受道歉的,他们可能还需要赔偿,这是非常棘手的问题。

**(5)超负荷的工作压力**

任何一种超负荷的工作,最终导致的结果都是服务质量的明显下滑。作为客户服务人员,如何调整心态,提升解决问题的能力,以便更好地在超负荷的工作压力下提供优质的服务,也是客户服务人员必须面临的课题。

**(6)服务技能不足**

随着科学技术的进步和国民经济的发展,电力工业所涉及的技术越来越复杂,客户服务人员必须不断学习,才能跟上时代的步伐。

**(7)个性化服务的要求**

以客户为中心的服务战略应重视服务方式的差异化和个性化。例如,对大客户、VIP客户,可提供客户经理贴心服务、业扩报装便捷服务、计划停电协商服务、用电信息透明服务、科学用电咨询服务、安全用电诊断服务、故障抢修优先服务、定期上门走访服务。另外,应主动上门为烈军属、残疾人和孤寡老人提供用电服务,为其排忧解难,并对经营困难的企业给予帮扶等。

## 【学习与训练任务】

### 费控智能电能表的趣闻

费控智能电能表是指除具有准确计量客户使用的电能外,还具备数据处理、实时监测、自动控制、信息交互等功能的电能表。它一般由测量单元、数据处理单元和通信单元等组成。推广使用智能电能表是为了贯彻落实国家节能减排政策,为消费者提供方便快捷服务,也是智能电网建设的重要内容。智能电能表的应用如图1-1-4所示。

图1-1-4 智能电能表的应用

目前,全国都在推广应用智能电能表。推广智能电能表是阶梯电价实施的重要技术支撑,智能电能表具备自动抄表功能,可严格记录每月的用电量,规避了感应式电能表需要人工抄录,无法准确计算严格意义上的月用电量的问题;推广智能电能表还可减少电表运行能耗,以湖南省为例,全部使用智能电能表取代感应电能表每年可减少电表运行能耗 1.2 亿 kW·h,减少二氧化碳排放 14.11 万 t。

智能电能表的使用提高了抄表数据的准确性,避免了人工错抄、漏抄以及抄表不及时给消费者造成的不便。配合智能电能表应用的采集系统每天可自动定时抄表,提高了抄表的实时性,为准确查询、灵活缴费和余额提醒等服务措施提供了技术支撑。消费者缴费后,可通过系统快速远程复电,缩短复电时间。通过智能电能表,可随时了解电压、电流等实时用电情况,更科学、更合理地调节负荷,提高供电质量和可靠性。同时,智能电能表的推广为智能家居提供了技术支撑。

但是,城乡电网改造后,电网的电能质量已较改造前有了质的飞跃,如改造前有些地方低压供电电压无法保证在 220 V,有的长期低于 200 V;电能计量装置也普遍采用了智能电能表。然而,有些客户总觉得智能电能表"偏快",对吗? 为什么?

## 【任务实施】

### (1)智能电能表比感应式电能表灵敏度高

感应式电能表要在 $0.3\%I_b$ 下才能启动并进行计量,而智能电能表非常灵敏,在 $0.1\%I_b$ 电流下就能开始启动进行计量,且误差曲线很好,在全负荷范围内误差几乎为一条直线,而感应表的误差曲线变化很大,尤其在低负荷时误差较大。以居民常用的 220 V,5 A 电能表为例,感应式电能表在 3.3 W 才启动,而智能电能表在 1.1 W 就会启动。智能电能表在轻负载、小电流的情况下(如手机充电、电视机和空调使用遥控器关闭处于待机状态等)也能正常计量。该特点虽不会引起电量大幅增加,但还是建议大家养成电器不用拔插头的良好用电习惯,避免不必要的电费支出。

### (2)智能电能表比感应式电能表准确度高

感应式电能表的准确度等级一般为 0.5 级到 3 级,并且因机械磨损,误差很容易发生变化。智能电能表采用精密电子元器件,准确度高,可靠性好,可方便地利用各种补偿轻易地达到较高的准确度等级,并且误差稳定性很好。智能电能表的准确度等级一般为 0.2 级到 2 级。感应式电能表在使用一阶段后,其转动轴尖和宝石会因长期转动摩擦,轴尖变钝,两者接触摩擦力加大,而智能电能表没有转动件,不存在上述问题。

### (3)智能电能表还会因电能质量提高,在同样用电的情况下比原来计量更多电能

电网的电能质量已较改造前有了质的飞跃,如改造前有些地方用户的供电电压无法保

证在 220 V,有的长期低于 200 V。如采用纯电阻电路计算电能,其计算方法为

$$W = \frac{U^2}{R}t$$

$$\Delta W = \frac{2Ut\Delta U}{R}$$

$$\frac{\Delta W}{W} = \frac{2\Delta U}{U}$$

在负载和用电时间不变的情况下,电压值每提高 10%,电能将增加 20%,而在改造前后电压值普遍提高大于 10%。可知,在用户享受高质量电力供应的情况下,智能电能表将计下更多的电能。

# 【任务评价】

费控智能电能表的趣闻案例任务评价表

| 城乡电网改造后智能电能表使用问题分析与处理任务评价表 | | | | | | |
|---|---|---|---|---|---|---|
| 姓名 | | 学号 | | 成绩 | | |
| 序号 | 评分项目 | 评分内容及要求 | 评分标准 | 满分 | 扣分 | 得分 |
| 1 | 1.语言能力 | 1.1 语言口语化 | 语言口语化合理性 | 10 | | |
| 2 | | 1.2 语言通俗化 | 语言通俗化合理性 | 10 | | |
| 3 | | 1.3 语言条理化 | 语言条理化逻辑性 | 10 | | |
| 4 | 2.业务技能 | 2.1 电能表灵敏度高 | 电能表灵敏度高理解正确 | 10 | | |
| 5 | | 2.2 电能表准确度高 | 电能表准确度高理解正确 | 10 | | |
| 6 | | 2.3 电能质量提高对计量影响 | 电能质量提高对计量影响理解正确 | 10 | | |
| 7 | 3.学习能力 | 3.1 主动询问 | 善于提出问题 | 10 | | |
| 8 | | 3.2 主动学习 | 积极主动学习 | 10 | | |
| 9 | 4.服务能力 | 4.1 服务意识 | 服务意识强烈 | 10 | | |
| 10 | 5.综合素质 | 5.1 着装整齐,精神饱满<br>5.2 现场组织有序,工作人员之间配合良好<br>5.3 独立完成相关工作<br>5.4 执行工作任务时,大声呼唱<br>5.5 不违反电力安全规定及相关规程 | | 10 | | |
| | 总分 | | | 100 | | |
| | 教师 | | | | | |

# 任务 1.2  营业厅客户服务

## 【任务目标】

1.能简要说明营业厅客户服务的内容和规范。

2.掌握供电服务仪容礼仪,接待和引导礼仪、介绍礼仪,以及握手礼仪等,使无形的服务有形化、规范化。

3.能按照服务礼仪要求规范,注重言谈、举止、行为等,有礼地服务客户。

## 【任务描述】

以营业厅服务实际客户电费收取案例为例,依据电力客户服务规范,能正确运用供电服务礼仪实施电力客户营业厅受理服务。

## 【相关知识】

## 1.2.1  营业厅客户服务

### (1)供电营业厅环境要求

①环境整洁。有条件的地方,可设置无障碍通道。

②在营业场所外,设置规范的供电企业标志和营业时间牌。

③在营业场所内,应张贴"优质、方便、规范、真诚"的服务标语。公布供电服务项目、业务办理程序、电价表、收费项目及收费标准;公布岗位纪律、服务承诺、服务及投诉电话;设置意见箱或意见簿。

④营业场所应布局合理、舒适安全。设有客户等候休息处,备有饮用水;配置客户书写台、书写工具、老花眼镜、登记表书写示范样本等;放置免费赠送的宣传资料;墙面应挂有时钟、日历牌;有明显的禁烟标志。有条件的营业场所,应设置业务洽谈区域和电能利用展示区。

⑤营业窗口应设置醒目的业务受理标识。标识一般由窗口编号或名称、经办业务种类等组成。必要时,应设有中英文对照标识,少数民族地区应设有汉文和民族文字对应标识。

⑥具备可供客户查询相关资料的手段。有条件的营业场所,应设置客户自助查询的计算机终端。

**(2)供电营业厅服务内容**

①受理电力客户新装或增加用电容量、变更用电、业务咨询与查询、交纳电费、故障报修及投诉举报等。

②设置值班主任,安排领导接待日。

③县以上供电营业场所无周休日。

**(3)供电营业厅服务要求**

①营业人员必须准点上岗,做好营业前的各项准备工作。

②实行首问负责制。无论办理业务是否对口,接待人员都要认真倾听,热心引导,快速衔接,并为客户提供准确的联系人、联系电话和地址。

③实行限时办结制。办理居民客户收费业务的时间一般每件不超过 5 min,办理客户用电业务的时间一般每件不超过 20 min。

④受理用电业务时,应主动向客户说明该项业务需客户提供的相关资料、办理的基本流程、相关的收费项目和标准,并提供业务咨询和投诉电话号码。

⑤客户填写业务登记表时,营业人员应给予热情的指导和帮助,并认真审核,如发现填写有误,应及时向客户指出。

⑥客户来办理业务时,应主动接待,不因遇见熟人或接听电话而怠慢客户。如前一位客户业务办理时间过长,应礼貌地向下一位客户致歉。

⑦因计算机系统出现故障而影响业务办理时,若短时间内可恢复,应请客户稍候并致歉;若需较长时间才能恢复,除向客户说明情况并道歉外,应请客户留下联系电话,以便另约服务时间。

⑧当有特殊情况必须暂时停办业务时,应列示"暂停营业"标牌。

⑨临下班时,对正在处理中的业务,应照常办理完毕后方可下班。下班时,如仍有等候办理业务的客户,应继续办理。

⑩值班主任应对业务受理中的疑难问题及时进行协调处理。


## 1.2.2 营业厅受理服务规范


**(1)用电业务受理规范**

①受理用电业务。根据客户用电业务类别,应主动向客户说明该项业务需客户提供的身份证、房产证等相关资料、办理的基本流程、相关的收费项目和标准,并提供业务咨询和投

诉电话号码。

②指导客户填写用电业务申请表。营业人员要将表格用双手递给客户,并给予热情的指导和帮助,提示客户参照书写示范样本正确填写。客户填写完后,应核查申请表中填写的内容与所提供的相关证件、资料信息是否一致。填写无误后,请客户填写申请日期、住址及联系电话号码,并告知客户会派工作人员上门勘查;如发现填写有误或办理条件未满足要求应及时向客户指出,并向客户说明原因及可能解决的方法。

③用电受理实行限时办结制,办理客户用电业务的时间一般每件不超过 20 min;供电方案答复日期:居民用户不超过 3 个工作日,低压电力用户不超过 7 个工作日。

④业务受理人员受理完毕后,应立即将工作传票传递给勘查人员。现场勘查后,确定计量方式,报负责人审批。批准后,前台工作人员通知客户,告知客户供电方案和相关费用标准。

⑤客户及时交纳相关费用,工作传票流转到下一"装表、接电"程序。

⑥现场人员安装好电能表,应请客户签字确认。

⑦接电。签订好供电合同后,客户申请用电,受电装置检验合格并办理相关手续后,居民客户 3 个工作日内送电,非居民客户 5 个工作日内送电。

**(2)收费受理规范**

①收费时,应保持微笑,行注目礼,并主动向顾客问候。双手递接客户缴费现金、支票或交费通知单。客户说明缴费项目后,应认真核对客户信息、缴费金额、缴费类别,确认无误后方可办理。

②对现金缴费,应准备充足的零钱。收费时,应唱收唱付,告诉客户需缴费金额。当收到的现金不足时,应礼貌地提醒客户。

③对银行票据缴费,应认真核对银行票据是否有效,当客户银行票据过期或不足时应礼貌地告知客户原因,请客户及时处理。

④开具票据后,应将发票和找零双手递给客户并唱付。

⑤客户离开柜台前,请客户进行满意度评价。客户离开柜台时,应微笑与客户告别并目送客户,如"请您慢走,再见!"

⑥实行限时办结制。办理居民客户收费业务的时间一般每件不超过 5 min。

**(3)咨询、查询受理规范**

①受理客户咨询查询时,要认真倾听,并详细记录客户咨询查询的内容。在正确理解客户咨询查询内容后,方可按相关规定提供答复或引导客户到相关服务岗位。

②受理客户咨询查询时,应耐心、细致,尽量少用生僻的电力专业术语,以免影响与客户的交流效果。客户咨询查询叙述不清时,应用客气、周到的语言引导或提示客户,不随意打断客人的话语。

③查询核对客户资料时(姓名、地址等),对多音字应选择中性词或褒义词,避免使用贬义词或反面人物名字。

④对现场无法答复的咨询查询,可请示负责人,或请客户留下联系电话,待了解情况后及时答复客户,避免与客户发生冲突。

**(4)投诉、举报与建议受理规范**

①接待客户投诉、举报时,应严格遵守保密制度,为投诉、举报人做好保密工作。

②接待客户时,按先安抚客户后处理事情的原则办理。当客户情绪激动发泄怒气时,应体谅对方,并主动将客户引导至接待室,避免影响其他正在办理业务的客户。如感到难以处理时,可请上一级领导出面协调解决,避免与客户发生正面冲突。

③对因供电企业责任给客户带来的不便和损失,应主动向客户致歉。如果当即可解决并处理的,直接向客户解释清楚,并提出解决问题的具体方案;如果现场无法判断或答复时,在详细解释后,及时请示领导或请客户留下联系电话,待了解后在规定时限内答复客户,确定解决问题的方案。

④客户投诉、举报属于误会或不构成投诉的,须正确引导客户,解释原因。若客户仍不接受,须记录并及时上报主管处理。

⑤客户提出建议、意见时,应仔细聆听,详细询问客户基本信息,并作好记录。

⑥建立客户回访制度。受理客户投诉后,应100%跟踪投诉受理全过程,1个工作日内联系客户,5个工作日内答复处理意见。投诉在5个工作日内、举报在10个工作日内处理完毕,相关处理部门将处理结果及时反馈。回访客户时,要尽量避开客户休息时间。

# 1.2.3 客户服务基本礼仪

礼仪是人们在长期的生活实践与交往中表示尊敬的约定俗成的行为规范,泛指人们交往时的礼节、礼貌。服务礼仪就是服务人员在工作岗位上的言谈、举止、行为等的行为规范。良好的礼仪能展现个人良好的品格修养,展现公司良好的商业形象,赢得对方的尊重;有利于创造良好的沟通氛围,建立融洽的合作基础;满足对方的心理期待,使其感觉良好,感觉受人尊重。

**(1)仪容礼仪**

服务人员要对自己的仪容仪表进行必要的修饰和整理。

1)良好的仪容

仪容基本要求:自然、端庄、大方。

讲究个人卫生,头发梳理整齐,无头皮屑,不染夸张颜色的头发,不戴墨镜,不戴夸张饰物,颜面和手臂保持清洁,不留长指甲,不涂彩色指甲,保持口腔清洁,工作前忌食葱、蒜等具有刺激性气味的食品,在工作场所不光腿、光脚、露趾,无明显体味。

男员工发型适当,前发不覆额,侧发不掩耳,后发不触领,面部清洁、卫生,剃须、修剪鼻毛。

女员工长发盘起并用发夹固定,短发合拢在耳后。不披发上岗,不染彩色头发。面部保持清洁,工作时化淡妆,不浓妆艳抹。涂抹指甲油时,使用自然色,不染彩色指甲。不使用香味过浓的香水。

2)优雅的仪态

①眼神

基本要求:神情专注,正视对方,面带微笑。

在交谈时,应注视对方双眉正中位置,注视时间不宜过长,在与客人相距较远时,一般以对方全身作为注视点。在客人较多时,要给予每一个服务对象以适当的注视,使其不会产生被疏忽、被冷落之感。通常情况下,近距离交流时,适宜注视的常规位置是双眼至唇部的倒三角区。

禁忌:斜视、久视、藐视、上下打量、左顾右盼;注视对方头顶、胸部、腹部、臀部、大腿或脚部等;眼睛眨动过快,眼球反复转动,或挤眉弄眼。

②站姿

基本要求:挺拔匀称,自然优美。

站立时,头正,肩平,挺胸,收腹,立腰,双臂自然下垂置于身体两侧或双手交叠自然下垂,双脚并拢,脚尖呈 V 状(脚跟相靠,脚尖微开)。注意提臀,身体质量平均分布在两条腿上。

女员工一般呈丁字状站立,双手自然相握于腹前。体现女性轻盈、娴静、典雅的韵味,有"柔"的优美感。

男员工站立时,双脚分开大致与肩同宽,双手自然置于身体两侧,中指紧贴裤缝。体现出男性刚健、潇洒、英武的风采,有"劲"的壮美感。

禁忌:斜肩、含胸、挺腹、弓背,身体重心不稳,浑身乱动,随意扶、倚、靠、踩,站立时双手抱胸、叉腰,或放在口袋内。

③坐姿

基本要求:高雅庄重、自然大方。

就座时,应遵循尊者优先的原则,或相互礼让后同时就座;入座时应从椅子左侧进入落座,左侧退出离座;在较为正式的场合,或有尊者在座时,不应坐满座位,只能坐满椅子的 2/3 的面积;坐下时,上身自然挺直,头正肩平,目视前方或面对交谈对象,表情自然;离座时,应略后于对方站起。如对方因年老等原因行动不便时,应趋前相扶,以示敬重。

禁忌:落座时动作不雅、声响过大,落座后用手托腮或趴在工作台上,抬脚过高,使对方看到鞋底,女员工双膝分开,男员工双腿敞开过大,抖腿、跷二郎腿,两腿伸直,上身大幅度后仰,左顾右盼,摇头晃脑,身体抖动。

④走姿

基本要求:优雅稳重、协调匀速。

走路时,方向明确,昂首挺胸,重心平稳,步幅适度,速度均匀,身体协调,造型优美,节奏感强;两臂以身体为中心前后自然摆动,前摆约35°,后摆约15°,手掌朝向体内;起步时身体重心前倾,落于前脚掌,膝盖伸直,脚尖向正前方伸出,行走时双脚踩在一条线缘上。

女员工要求步履匀称、轻盈、端庄、文雅,身体有向上拉长的感觉,不拖泥带水。

男员工要求从容稳重,双臂自然摆动,给人以充满自信,镇定自若的气度。

禁忌:在工作场所奔跑追逐,边走边大声谈笑喧哗,方向不定,速度多变,悍然抢行,瞻前顾后,左顾右盼。

⑤蹲姿

基本要求:从容稳定、优雅自然。

在公共场所下蹲拾取物品时,应站在要拾取物品的侧面,双脚前后错开,可采用单膝点地或双腿交叉等姿势,也可采用双腿一高一低,相互依靠式;下蹲时,上身略向前倾,臀部朝下,做到不低头,不弯腰。

禁忌:站在物品正面,低头弯腰,翘臀,突然下蹲,距人过近,面对他人或背对他人,双腿平行交叉,蹲着休息等。

⑥手势

基本要求:准确规范、简洁明快。

指示方向:使用右手,手心向上,右手大拇指自然弯曲,其余四指并拢伸直,以肘部为支点,手在体前右侧划一个流畅的弧线,然后指向对方行进的方向。

指示物品:使用右手,手心向上,右手大拇指自然弯曲,其余四指并拢伸直,以肘部为支点,手在体前右侧划一个流畅的弧线,然后指向物品。

递接物品:递出物品时,用右手或双手,主动上前将物品递向对方手中,要便于对方接拿,注意物品的尖、刀面应朝向自己或朝向他处;接取物品时,应目视对方,用右手或双手接拿,必要时应主动走近对方。

展示物品:物品应放在身体的一侧进行展示,不宜挡住本人头部;被展示之物正面面对观众,为便于物品被观看,手位可高于自身双眼之处;当将物品举至双臂横伸时,自肩到肘处,上不过眼,下不过胸,这样既能方便他人看清展示物,又给人以安全感。

禁忌:失敬于人的手势:手心向下,对人指指点点;使用单指手势;不稳重手势:在大庭广众之下,双手乱动、乱摸、乱举,或者咬指甲、折衣角、抓耳挠腮等;不卫生的手势:在他人面前挠头皮、掏耳朵、抠鼻子、剔牙等。

3)得体的着装

着装基本要求:统一、整洁、得体。

着装统一:在工作岗位上应穿着企业规定制服,佩戴统一编号的工号牌。不同岗位、不同季节服装不混穿,着装换季时间由各地市公司规定。外勤人员在现场施工时必须按规定穿工作服,戴安全帽,穿绝缘鞋。

着装整洁:服装挺括,衣裤不起皱,穿前要熨平,穿后要挂好,做到上衣平整,裤线笔挺。服装保持整洁,无污垢,无油渍,无异味,领口与袖口保持干净。鞋、袜保持干净、卫生。

着装得体:着西装时,扣好领扣,系好领带,领带长度以刚盖过皮带扣为宜,不将领带置于松开状态,做到不敞怀,不挽袖口和裤脚。衬衣下摆束入裤腰或裙腰内,袖口扣好,内衣不外露。在工作场所不打赤脚,不穿拖鞋。在营业场所不将服装外套挂于椅背上。

**(2)接待礼仪**

1)职业的微笑

微笑是一种特殊语言,工作生活都离不开微笑,社交中更要微笑。面带微笑,使服务对象感觉亲切且受到欢迎。微笑要领:面含笑意、齿露八颗、目光正视对方,微笑时适度、适时,充分表达真诚友善等美好情感。做到"四要""四不要"。

①四要

一要口眼鼻眉肌结合,做到真笑。发自内心的微笑,才亲切可人,打动人心。

二要神情结合,现出气质。笑时要精神饱满、神采奕奕,显得亲切、甜美。

三要声情并茂,相辅相成。甜美的微笑和礼貌的语言相得益彰、相映生辉。

四要与仪表举止和谐一致,完美统一。

②四不要

不要缺乏诚意,强装笑脸。

不要露出笑容随即收起。

不要仅为情绪而笑。

不要把微笑只留给上级、朋友、家人。

2)接待有声

接待三声:来有迎声,问有答声,去有送声。用尊称向客户问候,根据客户的身份、年龄、性别冠以相应的称呼。例如,大爷、师傅、同志、先生、女士等。

3)文明用语

用文明五句:问候语——您好;请求语——请;感谢语——谢谢;抱歉语——对不起;道别语——再见。客人到来时,应主动迎上问好;送客时,在适当的地点与客人握手话别,并目送客人。

4)热情周到

热情三到:眼到、口到、意到。心意要到,礼由心生。第一表情要自然,第二表情要互动,第三要大方。在室内接待客户时,应主动站立,面带微笑地问候,目光专注,热情周到,无论办理的业务是否对口,接待人员都要认真倾听,热心引导,有问必答、百问不厌。递单与接物双手递接;交接钱物时须唱收唱付、轻拿轻放,不抛不丢。

**(3)介绍礼仪**

在服务过程中,经常遇到为他人做介绍的问题。介绍时,应掌握时机,注意分寸,态度谦虚,亲切有礼。介绍的礼仪要遵守"遵者优先了解情况"的原则,先介绍地位低者,后介绍尊者。也就是,将男士介绍给女士;先将年轻者介绍给年长者;将下级介绍给上级;将所里同事介绍给客户。

介绍内容一般包括所在单位、供职部门、现任职务、姓名4个要求。介绍时,应力求形式庄重,语言简洁,内容真实,态度谦和、口齿清楚、语速平缓。自我介绍的要求:有时为客人服务时,如上门服务,需要自我介绍,可先面带微笑,温和地看着对方说声:"您好!"以引起对方注意,然后及时、清楚地报出自己的姓名身份。

**(4)引导礼仪**

1)引路同行礼

引路时,引导人员应走在客户的左侧2~3步,让客户走中间,适时提醒。手指并拢用手掌指向所指示方向,手臂微曲、低于肩部,身体向所指示方向微微前倾。

拐弯或有楼梯台阶的地方应使用手势,提醒客人"这边请"或"注意楼梯"。

2)同乘电梯礼

陪同客人乘电梯时,如电梯内没有其他人,应在客人之前进入电梯,按住"开"的按钮,再请客人进入电梯。到楼层时,应按住"开"的按钮,请客人先出。如电梯内有人,则无论上下都应客人、上司优先。先上电梯的人应靠后站,以免妨碍他人乘电梯;电梯内已有很多人时,后进的人应面向电梯门站立。

**(5)握手礼仪**

握手已成为世界上最为普遍的一种礼节。在客户服务及日常交际中,必须掌握握手的基本礼节。

1)基本要求

握手姿势强调"五到",即身到、笑到、手到、眼到、问候到。

2)一般原则

握手双方伸手的先后次序,一般应遵守"尊者决定,尊者先行"的原则。即贵宾先,长者先,主人先,女士先,不可贸然抢先伸手。遇到上级、长者、贵宾、女士时,自己先伸手是失礼的。接待来访者,当客人抵达时,应主动伸出手与客人相握,表示"欢迎";而在客人告辞时,应等客人先伸手后再伸手相握,表示"再见"。

3)握手方式

走至对方约1m处,双腿并立,上身略向前倾,伸出右手,四指并拢,拇指张开,与对方相握,用力适度,上下稍晃两三次,整个过程不超过3s,然后松开。握手时面带微笑,神情专注,目视对方眼睛,同时寒暄问候,不可漫不经心、东张西望、表情冷漠。

4)禁忌

两人握手时,与另外两人相握的手形成交叉状;握手时,戴手套、墨镜;握手时,另一只手插在衣袋里或拿着香烟等;握手时,长篇大论,点头哈腰,过分客套或久握不放;拒绝与他人握手;用左手与人相握。

## 【学习与训练任务】

### 金牌收费员的惊人表演

客户张三向营业厅电费收费员岗位走来,如图 1-2-1 所示。

图　1-2-1　供电营业厅

客户受理员:您好!

客　　　户:您好!

客户受理员:您交电费是吗?

客　　　户:是的。

客户受理员:您先请坐。

客　　　户:好的,谢谢。

客户受理员:请提供客户服务卡/请问您的户号是多少?

客　　　户:这是我的客户服务卡。

客户受理员:您上月的电表底码是……,本月止码是……,本月电费是52元。

客　　　户:好的,谢谢!

客户受理员:请问您是交现金还是……?

客　　　户:　现金。

客户受理员:收您 100 元(唱收唱付)。

客　　　户:(默然)

客户受理员:这是您的发票和找您的48元(唱收唱付)。

客　　　户:好的,谢谢!

客户受理员:请问您还要办理其他业务吗?

客　　　户:没有。

客户受理员:那您慢走! 再见!

客　　　户:谢谢,再见!

# 【任务实施】

## （1）任务实施要求

①分小组配合进行。

②按照服务程序和《供电服务规范》，主动、热情、耐心、周到、有礼貌地接待客户。

③耐心诚恳听取客户意见，赢得客户信任。

④应对沟通中的冲突，与客户进行有效沟通。

## （2）任务实施

①作业前准备。

②客户资料及受理案例。

③布置任务及人员分工。

## （3）质量标准

①学员轮流扮演客户和受理员。

②综合评价。

a.全过程评价（一笑、二问、三请坐、四总、五处、六相送）。

b.多角度评价（服务规范、业务技能、服务礼仪及服务技巧）。

## （4）注意事项

①每位学员应认真学习有关服务规范、服务礼仪与技巧的知识，有不懂之处及时咨询。

②各组员之间应相互监督，确保现场操作顺利。

# 【任务评价】

**金牌收费员收取客户电费案例任务评价表**

| 电费收费员收取客户电费案例模拟与演练任务评价表 | | | | | | |
|---|---|---|---|---|---|---|
| 姓名 | | 学号 | | | 成绩 | |
| 序号 | 评分项目 | 评分内容及要求 | 评分标准 | 满分 | 扣分 | 得分 |
| 1 | 1.服务规范 | 1.1 语言规范 | 语言清晰规范 | 10 | | |
| 2 | | 1.2 仪表得礼 | 仪表装容合适 | 5 | | |
| 3 | | 1.3 实行限时办结制 | 5 min 内完成 | 5 | | |

续表

| 序号 | 评分项目 | 评分内容及要求 | 评分标准 | 满分 | 扣分 | 得分 |
|------|----------|----------------|----------|------|------|------|
| 4 | 2.业务技能 | 2.1 唱收唱付 | 唱收唱付专业 | 10 | | |
| 5 | | 2.2 现金识别 | 现金识别正确 | 10 | | |
| 6 | | 2.3 发票和找零 | 发票和找零处理得当 | 10 | | |
| 7 | 3.服务礼仪 | 3.1 微笑服务 | 微笑服务热情 | 10 | | |
| 8 | | 3.2 主动询问 | 主动询问合适 | 10 | | |
| 9 | | 3.3 主动请坐 | 主动请坐合理 | 5 | | |
| 10 | | 3.4 主动相送 | 主动相送得当 | 5 | | |
| 11 | 4.服务技巧 | 4.1 特殊情况合理处理 | 特殊情况处理适当 | 10 | | |
| 12 | 5.综合素质 | 5.1 着装整齐,精神饱满<br>5.2 现场组织有序,工作人员之间配合良好<br>5.3 独立完成相关工作<br>5.4 执行工作任务时,大声呼唱<br>5.5 不违反电力安全规定及相关规程 | | 10 | | |
| | 总分 | | | 100 | | |
| | 教师 | | | | | |

# 任务 1.3 　 95598 客户服务

## 【任务目标】

1.能简要说明客户 95598 服务的内容和规范。

2.掌握客户 95598 服务的语言表达要求。

3.能在客户服务过程中运用相关的语言技巧,正确实施客户 95598 服务。

## 【任务描述】

以 95598 客户服务实际客户受理案例为例,依据电力客户服务规范,能正确运用供电服务语言,实施电力客户 95598 服务。

# 【相关知识】

## 1.3.1　95598 客户服务

### (1)95598 客户服务平台

95598 客户服务平台是指利用供电服务统一电话号码"95598"和 Internet 供电服务网站,集计算机网络技术、自动呼叫分配(ACD)技术、计算机电话集成(CTI)技术、数据库技术及因特网等技术于一体,实现与电力客户交互式联系的客户服务平台。

### (2)95598 客户服务内容

①"95598"客户服务热线。停电信息公告、电力故障报修、服务质量投诉、用电信息查询、咨询、业务受理等。

②"95598"客户服务网页(网站)。停电信息公告、用电信息查询、业务办理信息查询、供用电政策法规查询及服务质量投诉等。

③24 h 不间断服务。

④具体服务内容说明:

A.咨询、查询。以电力知识库和公共信息为支撑,为客户提供用电政策法规、业务处理进程、电量电费、电价标准及停电预告等信息的咨询查询服务。

B.电力故障报修。受理客户故障报修服务请求,生成抢修工作单传递到相关部门进行处理,并能对处理过程进行跟踪、催办及考核,故障处理完毕后及时回访客户。

C.投诉、举报与建议。受理客户对违约用电、窃电嫌疑、供电企业职工行风问题的举报、供电业务办理、供电服务等方面的各类投诉及建议,并传递到相应部门进行处理,并将处理结果反馈至客户或由座席人员进行回访,形成闭环管理。

D.营销业务受理。受理各类客户的新装、增容及变更用电等业务,生成电子工作单,传递给其他电力营销业务应用系统进行业务流程处理,并实时督办处理情况,形成流程闭环控制。

E.信息发布。通过电话外拨、短信和 Internet 网站等方式,向客户发布公告、停电预告等信息。

F.主动服务。

a.催缴电费:通过电话外拨、短信等方式,对欠费客户进行电费催缴。

b.客户回访和市场调查。通过电话外拨、短信和 Internet 网站等方式,对服务质量和市场需求进行调查。

c.服务信息统计分析。对受理的各类客户服务信息进行统计分析,形成各种业务统计报表和信息简报,发送领导及相关部门参考,进一步改进服务质量,提高客户满意率。

(3)95598 客户服务热线服务规范

①时刻保持电话畅通,电话铃响 4 声内接听,超过 4 声应道歉。应答时,要首先问候,然后报出单位名称和工号。

②接听电话时,应做到语言亲切、语气诚恳、语音清晰、语速适中、语调平和。应根据实际情况随时说"是""对"等,以示在专心聆听,重要内容要注意重复、确认。通话结束,须等客户先挂断电话后再挂电话,不可强行挂断。

③受理客户咨询时,应耐心、细致,尽量少用生僻的电力专业术语,以免影响与客户的交流效果。如不能当即答复,应向客户致歉,并留下联系电话,经研究或请示领导后,尽快答复。客户咨询或投诉叙述不清时,应用客气周到的语言引导或提示客户,不随意打断客人的话语。

④核对客户资料时(姓名、地址等),对多音字应选择中性词或褒义词,避免使用贬义词或反面人物名字。

⑤接到客户报修时,应详细询问故障情况。如判断确属供电企业抢修范围内的故障或无法判断故障原因,应详细记录,立即通知抢修部门前去处理。如判断属客户内部故障,可电话引导客户排查故障,也可应客户要求提供抢修服务,但要事先向客户说明该项服务是有偿服务。

⑥因输配电设备事故、检修引起停电,客户询问时,应告知客户停电原因,并主动致歉。

⑦客户打错电话时,应礼貌地说明情况。对带有主观恶意的骚扰电话,可用恰当的言语警告后,先行挂断电话,并向值长或主管汇报。

⑧客户来电话发泄怒气时,应仔细倾听并做记录,对客户讲话应有所反应,并表示体谅对方的情绪。如感到难以处理时,应适时地将电话转给值长、主管等,避免与客户发生正面冲突。

⑨建立客户回访制度。对客户投诉,应 100%跟踪投诉受理全过程,5 天内答复。对故障报修,必要时在修复后及时进行回访,听取意见和建议。

(4)95598 客户服务网页(网站)服务规范

①网页制作应直观,色彩明快。首页应有明显的"供电客户服务"字样。为方便客户使用,应设有导航服务系统。

②网页内容应及时更新。

③网上开通业务受理项目的,应提供方便客户填写的表格以及办理各项业务的说明资料。

④网上应设立咨询台、留言簿,管理员应及时对客户的意见和建议进行回复。

(5)投诉举报处理服务规范

①规范投诉举报处理程序,建立严格的供电服务投诉举报管理制度。

②通过以下方式接受客户的投诉和举报:

a."95598"供电客户服务热线或专设的投诉举报电话。

b.营业场所设置意见箱或意见簿。

c.信函。

d."95598"供电客户服务网页(网站)。

e.领导对外接待日。

f.其他渠道。

③接到客户投诉或举报时,应向客户致谢,详细记录具体情况后,立即转递相关部门或领导处理。投诉在 5 天内、举报在 10 天内答复。

④处理客户投诉应以事实和法律为依据,以维护客户的合法权益和保护国有财产不受侵犯为原则。

⑤对客户投诉,无论责任归于何方,都应积极、热情、认真进行处理,不得在处理过程中发生内部推诿、搪塞或敷衍了事的情况。

⑥建立对投诉举报客户的回访制度。及时跟踪投诉举报处理进展情况,进行督办,并适时予以通报。

⑦严格保密制度,尊重客户意愿,满足客户匿名请求,为投诉举报人做好保密工作。

⑧对隐瞒投诉举报情况或隐匿、销毁投诉举报件者,一经发现,严肃处理。

⑨保护投诉举报人的合法权利。对打击报复投诉举报人的行为,一经发现,严肃处理。

## 1.3.2　电力客户服务语言规范

### (1)语言规范

①上班时间使用标准普通话。当客户听不懂普通话或要求使用方言时,可使用方言。当遇到外宾时,宜用外语交流。当为聋哑残疾人士服务时,尽量使用手语交流。

②使用规范的服务用语,禁止使用服务忌语,尽量少用生僻的电力专业术语。

③核对客户资料(如姓名、地址等)时,对多音字等应优先选择中性词或褒义词,避免使用贬义词或反面人物名字。

④常用礼貌用语见表 1-3-1。

表 1-3-1　常用礼貌用语

| 序号 | 用语情境 | 礼貌规范用语 |
|---|---|---|
| 1 | 接待用语 | "请进,欢迎光临,欢迎指导工作。" |
| 2 | 介绍用语 | "我是××供电公司××(部门)××姓名,请多关照。" |
| 3 | 引导用语 | "您请这边走,请您走好。" |
| 4 | 问候用语 | "您好,早上好,晚上好,大家好!" |
| 5 | 服务用语 | "很高兴为您服务,有什么可以帮您? 我能帮助您吗?" |
| 6 | 请求用语 | "请,请稍候,请您配合,打扰了,拜托您了,劳驾。" |

续表

| 序号 | 用语情境 | 礼貌规范用语 |
|------|----------|--------------|
| 7 | 理解用语 | "深有同感,所见略同。" |
| 8 | 确认用语 | "您的问题是××,是吗?" |
| 9 | 致谢用语 | "谢谢您,非常感谢您,感谢您的配合。" |
| 10 | 致歉用语 | "对不起,这是我的失误,抱歉,请原谅,我马上改正。" |
| 11 | 赞赏用语 | "好极了,真棒,太好了!" |
| 12 | 祝福用语 | "恭喜,祝您身体健康,祝您工作顺利,祝您节日快乐!" |
| 13 | 结束用语 | "您还有其他需要吗?感谢您的配合,请您在这里签字。" |
| 14 | 告别用语 | "再见,感谢您拨打 95598,再见!" |

⑤95598 电话服务常用规范用语见表 1-3-2。

表 1-3-2　95598 电话服务常用规范用语

| 序号 | 服务内容 | 规范用语 |
|------|----------|----------|
| 1 | 首问语 | 自动语:"您好!请问有什么可以帮您?"<br>人工语:"您好!×号为您服务,请问有什么可以帮您?" |
| 2 | 电话接通客户无声音时 | 应保持微笑重复道:"您好!请问有什么可以帮您?"中间间隔 3~5 s:"您好!这里是供电服务热线 95598,请问您能听见我的声音吗?"仍听不见客户回应时:"对不起!我听不见您的声音,请您换一部电话再拨,好吗?"停顿 2 s 后,说"再见"后挂机 |
| 3 | 电话接通客户仍在拨号时 | "您好!您的电话已经接通,请问有什么可以帮您?" |
| 4 | 客户声音太小听不清楚时 | "对不起!我听不清您的声音,请您大声一点,好吗?"仍听不清,再重复一遍,重复时语气仍要保持轻柔委婉。还是听不清:"对不起!您的电话声音太小,请您换一部电话再拨,好吗?"停顿 2 s 后,说"再见"后挂机 |
| 5 | 电话杂音太大时 | "对不起!您的电话杂音太大,请您换一部电话再拨,好吗?"停顿 2 s 后,说"再见"后挂机 |
| 6 | 客户提出座席人员声音太小时 | 稍微提高音量:"对不起,请问有什么事情需要帮助吗?" |
| 7 | 客户使用免提时 | "对不起,我听不清您的声音,请您拿起电话说话,好吗?" |
| 8 | 没听清客户讲话时 | "对不起,我听不清您的声音,请您再重复一遍好吗?谢谢!" |
| 9 | 客户不理解座席人员的话语时 | 可换一种表述方式:"对不起,我的意思是……" |
| 10 | 解答过程中客户无任何回应时 | 应时刻留意客户的反应"××先生/女士,请问您能听到我的声音吗?" |

续表

| 序号 | 服务内容 | 规范用语 |
|---|---|---|
| 11 | 工作时需要客户较长等候时 | 应讲明原委并征询客户的意见:"对不起,我帮您查询一下,稍后可能会没有声音,请不要挂机!"客户同意后按下静音键,并迅速处理问题,不可用命令语气。静音等候时间一般不超过20 s。 |
| 12 | 重新与等候的客户交谈时 | 应在查询后立即进入与客户通话状态,并向客户致歉:"对不起,××先生/女士,让您久等了!"或"感谢您的耐心等待。" |
| 13 | 客户查询停电原因时 | "您所在的××属于计划检修停电,停电范围是××,预计在××点前恢复送电。给您带来不便,请您谅解。" |
| 14 | 帮助客户完成电费查询工作后 | "××先生/女士,为了方便您查询电费,我们开通了自动查询电费功能,欢迎您下次拨打95598或登录我们的网站查询电费。谢谢您的合作,再见!" |
| 15 | 结束语 | 有评价系统:"感谢您拨打95598,请不要挂机,请对我的服务进行评价,再见!"<br>无评价系统:"感谢您拨打95598,再见!" |

**(2)语音规范**

①声音"五要、五不要":语意要简练明确,不要啰嗦唠叨;语音要清晰甜美,不要含糊吞吐;语气要诚恳亲和,不要干涩死板;语调要柔和友好,不要过高过低;语速要平稳适中,不要过快过急。

②音量应视客户音量而定,但不应过于大声。当客户生气大声讲话时,不要以同样的音量回应,而要轻声安抚,使客户的情绪平静下来。当遇到客户的听力不好时,可适当提高音量。

③语速每分钟120~150字。对说话慢的客户,要降低语速;对说话快的客户,要可适当提高语速;对听力不好的客户,应适当放慢语速。当需要重点强调或客户听不明白时,可适当调整语速。

**(3)聆听规范**

①聆听时,保持微笑,目光平视客户,并适时点头回应,不要左顾右盼,心不在焉。

②通话时,不得随意打断客户,让客户将问题表述完后再答复。客户表述不清时,应引导或提示客户。如确需打断客户讲话时,应礼貌地向客户致歉并请客户稍等。

③聆听过程中,应表示对客户的关注,对客户所谈内容要有所反应,根据客户讲话情况随时说"是""对"等,以示在专心聆听。

④聆听过程中,还应随时记录客户的需求或意见,重要内容要注意重复和确认。

**(4)询问规范**

①询问客户时,应礼貌谦和,禁止使用质问口气,不宜使用反问口气。

②对客户诉求的重要内容要进行确认,确认宜采用封闭式询问方法,而不宜采用开放式的提问。例如,"您好! 您要办理的业务是……,对吗?"而不是"您要办理什么业务?"

（5）应答规范

①正确使用问候语、结束语、感谢语及致谦语等文明用语,严禁使用服务忌语。

②与客户会话时,应亲切、诚恳、谦虚,做到有问必答。

③回答客户问题时,多用肯定句式,采用谦恭语气或谅解语气应答。例如,"是的""好的""很高兴能帮助您""这是我们应该做的""请多提意见""没关系"等。

④当工作发生差错时,及时更正并向客户道歉,虚心接受客户的批评,并耐心听取客户的意见和建议。

⑤可以答复的问题,应根据《供电营业规则》及相关法律法规、各类电力规章制度认真分析,提供正确、简单、有效的解决方法,及时答复。

⑥遇到没有把握的问题时,不回避、不否定,不急于下结论,不随意答复,不轻易承诺,主动、及时询问,请示领导,获得准确答案后,及时答复。

⑦当遇到无法回答的问题时,及时作好详细记录,留下客户的姓名、联系方式,同时将自己的联系方式和答复时间告知客户,敬请客户监督。

⑧当客户的要求与法规、公司制度相悖时,先认同客户心理,再依据相关规定,向客户耐心解释,不得与客户发生争执。

## 1.3.3　电话礼仪

### （1）接电话礼仪

①接听电话要及时,铃声 4 声内接听并使用礼貌用语。超过 4 声接听应道歉。态度要谦和,接听时要聚精会神地聆听。

②因对方拨错电话或不清楚要找谁的来电时,应礼貌地告之拨错电话或热情地为对方转接相关人员。

③语调要柔和,音量适中,注意要根据对方来匹配语音语调,吐字清楚,语速轻缓,对重要内容要重复并记录。

④当与客户通话中接到同事或领导电话时,应优先处理完客户电话,待客户电话处理完毕后,再回拨同事或领导电话。

### （2）拨电话礼仪

①拨打电话的最佳时间,应是双方预先约定的时间或对方方便的时间。拨打公务电话,不宜在他人的私人时间,尤其是节假日或午睡时。

②电话拨通后,首先向对方问好并自报家门,然后根据通话主题,征询对方是否方便,否则应另约时间。若不慎拨错电话,应主动向对方致歉。

③通话时,遵循"三分钟原则",以短为佳,宁短勿长。若通话时间较长,应事先征求对方

意见,并在结束时致歉。通话内容事前要有准备,坚持长话短说,简明扼要,适可而止。

④通话语音要亲切柔和,语速适中,态度积极,随时注意使用文明用语。切忌声音含糊、懒散、冷漠,严禁粗话、脏话、黑话。

**(3)电话结束礼仪**

①如果与客户、领导、上级单位、长辈通话,应由对方先挂断电话;如果是同事之间通话,则发话人先挂断电话。

②挂机动作要轻,不要有意无意地用力扣电话。

**(4)使用手机礼仪**

①不应在公共场合,尤其是楼梯口、电梯、路口、人行道等人来人往之处,旁若无人地使用手机,甚至大喊大叫,影响公共秩序。

②不应在开会、上课、会见或要求"保持肃静"的公共场所将手机置于铃声状态,乱响乱接。

③手机铃声要适中,不可声响过大,干扰他人。

## 1.3.4　95598电力客户服务基本技巧

**(1)95598电力客户服务基本要求**

提供优质服务是95598电力客户热线的服务宗旨。根据国内外电力客户服务中心及国内其他呼叫中心的调查,以下因素组成了一个完美的电话服务:

①客户打进电话没有忙音。

②打入电话没有让客户久等。

③座席人员能迅速、准确地把握客户问题的关键。

④座席人员不会匆匆地挂断客户的电话。

⑤客户对座席人员产生信任感。

⑥市场反馈很快被注意到,并及时得到处理。

⑦客户可从座席人员那里得到一个意外的建议。

对待任何一个电话,服务人员都应从上述7个方面来要求自己。

**(2)电话服务沟通技巧**

座席人员在与客户打交道的过程中,通常会运用语言、网络、书面、媒体等方式与客户进行沟通和交流。但是,对于座席人员而言,与客户进行非面对面的电话服务是一种最常见的沟通方式。

1)电话服务沟通基本功

①美化声音

对于座席人员而言,需要让客户通过声音感受到真诚的服务,从而提高客户满意度。在平时的培训和服务中,要不断训练自己的发音技巧,帮助自己塑造出专业的客户服务之声。

②善于倾听

听的最高境界就是用心去听,它是缓解冲突的润滑剂。座席人员每天都是通过"听"与客户进行交流、沟通,通过"听"要能了解客户需要什么样的服务。因此,座席人员需要用心倾听,要能听出客户的需求、需要、渴望和理想,听出客户异议、抱怨、倾诉和投诉,听出客户潜在的、没有表达出来的意思。善于倾听,需要耐心、反应及时和冷静。

③提问引导

电话服务过程中,座席人员根据实际情况适时对客户提问,可快速引导客户说出真正有效的信息,帮助自己做出准确的判断。提问引导主要五种类型(开放式提问、封闭式提问、引导型提问、选择型提问及征询型提问),需要座席人员根据不同的客户、不同的谈话内容和谈话时机来灵活运用,从而控制交谈时长,掌握客户需求。

④情绪同步

情绪同步是指座席人员能快速地进入客户的内心世界,能从对方的观点和立场上来看事情、听事情、感受事情和体会事情,设身处地地为客户着想。

2)特殊情况处理技巧

①投诉电话的处理技巧

在受理客户投诉时,必须以维护公司的利益为准则,以尊重客户、理解客户为前提,以积极诚恳、严肃认真的态度来平息客户的情绪,理性地处理好客户的投诉。

解决客户投诉的步骤如下:

a.接受投诉。

b.解释澄清。

c.提出方案。

d.回访客户。

②愤怒客户的处理技巧

愤怒客户的处理流程与投诉电话的处理流程类似,但它比投诉处理多一个环节,即在服务的初期,座席人员要表现出与客户之间的同理心,并用积极的态度做好客户的安抚工作。客户的最终目的是让自己的情绪得到发泄,并满足自己的需求。

③骚扰电话的处理技巧

骚扰电话是95598所面临的一个特殊问题。在夜深人静之时或拉闸限电期间,座席人员常常会收到反复、极为无聊低级的电话骚扰,造成座席人员沉重的心理压力,动摇他们对本职工作的认可,影响95598员工流失率等关键指标。面对这些骚扰电话,座席人员要有一定的通话技巧和处理能力,平稳地处理好此类电话。

骚扰电话的处理步骤如下:

a.准确识别。

b.适当处理。

c.防范措施。

④咨询电话的处理技巧

供电企业提供服务的大部分客户对用电知识了解程度都很低,因此,在用电时往往要提出很多问题,这就要求 95598 的服务人员回答既要专业,又要浅显易懂。多用通俗语言,让人一听就懂。切忌使用生僻的专业词汇和在电话里长篇大论给客户"上课"。

## 1.3.5 居民用户家用电器损坏处理办法

①为保护供用电双方的合法权益,规范因电力运行事故引起的居民用户家电电器损坏的理赔处理,公正、合理地调解纠纷,根据《电力法》《电力供应与使用条例》和国家有关规定制订。

②本办法适用于由供电企业以 220/380 V 电压供电的居民用户,因发生电力运行事故导致电能质量劣化,引起居民用户家用电器损坏的索赔处理。

③本办法所称的电力运行事故,是指在供电企业负责运行维护的 220/380 V 供电线路或设备上因供电企业的责任发生的下列事故:

a.在 220/380 V 供电线路上,发生相线与零线接错或三相相序接反。

b.在 220/380 V 电线路上,发生零线断线。

c.在 220/380 V 供电线路上,发生相线与零线互碰。

d.同杆架设或交叉跨越时,供电企业的高电压线路导线掉落到 220/380 V 线路上或供电企业高电压线路对 220/380 V 线路放电。

④因第三条列举的原因出现若干户家用电器同时损坏时,居民用户应及时向当地供电企业投诉,并保持家用电器损坏原状。供电企业在接到居民用户家用电器损坏投诉后,应在 24 h 内派员赴现场进行调查、核实。

⑤属于本办法第三条所列事件引起家用电器损坏的,供电企业应会同居委会(村委会)或其他有关部门,共同对受害居民用户损坏的家用电器名称、型号、数量、使用年月、损坏现象等进行登记和取证。登记笔录材料应由受害居民用户签字确认,作为理赔处理的依据。

⑥供电企业如能提供证明,居民用户家用电器的损坏是不可抗力、第三人责任、受害者自身过错或产品质量事故等原因引起,并经县级以上电力管理部门核实无误,供电企业不承担赔偿责任。

⑦从家用电器损坏之日起 7 日内,受害居民用户未向供电企业投诉并提出索赔要求的,即视为受害者已自动放弃索赔权。超过 7 日的,供电企业不再负责其赔偿。

⑧损坏的家用电器经供电企业指定的或双方认可的检修单位检定,认为可修复的,按本办法第九条规定处理;认为不可修复的,按本办法第十条规定处理。

⑨对损坏家用电器的修复,供电企业承担被损坏元件的修复责任。修复时,应尽可能以原型号、规格的新元件修复;无原型号、规格的新元件可供修复时,可采用相同功能的新元件替代。修复所发生的元件购置费、检测费、修理费均由供电企业负担。

不属于责任损坏或未损坏的元件,受害居民用户也要求更换时,所发生的元件购置费与修理费应由提出要求者负担。

⑩对不可修复的家用电器,其购买时间在 6 个月及以内的,按原购货发票价,供电企业全额予以赔偿;购置时间在 6 个月以上的,按原购货发票价,并按本规定第十二条规定的使用寿命折旧后的金额,予以赔偿。使用年限已超过本规定第十二条规定仍在使用的,或者折旧后的差额低于原价 10% 的,按原价的 10% 予以赔偿。使用时间以发货票开具的日期为准开始计算。

对无法提供购货发票的,应由受害居民用户负责举证,经供电企业核查无误后,以证明出具的购置日期时的国家定价为准,按前款规定清偿。以外币购置的家用电器,按购置时国家外汇牌价折人民币计算其购置价,以人民币进行清偿。清偿后,损坏的家用电器归属供电企业所有。

⑪在理赔处理中,供电企业与受害居民用户因赔偿问题达不成协议的,由县级以上电力管理部门调解,调解不成的,可向司法机关申请裁定。

⑫各类家用电器的平均使用年限为:

a.电子类。如电视机、音响、录像机及充电器等,使用寿命为 10 年。

b.电机类。如电冰箱、空调器、洗衣机、电风扇及吸尘器等,使用寿命为 12 年。

c.电阻电热类。如电饭煲、电热水器、电茶壶及电炒锅等,使用寿命为 5 年。

d.电光源类。白炽灯、气体放电灯和调光灯等,使用寿命为 2 年。

⑬供电企业对居民用户家用电器损坏所支付的修理费用或赔偿费,由供电生产成本中列支。

⑭第三人责任致使居民用户家用电器损坏的,供电企业应协助受害居民用户向第三人索赔,并可比照本办法进行处理。

# 【学习与训练任务】

## 居民家电损坏后的 95598 热线

某日,95598 客户服务热线接到一个客户电话:

座席人员:您好! 请问有什么可以帮您?

客　　户:小姐,有没有搞错啊,我出差半个月回来,结果家里电器全坏了。我的邻居说,昨天突然停电,很多人的电器都烧坏了。我说你们电网质量太差了,随便下点雨电网就跳闸,电器就烧坏,你们必须得赔偿!

座席人员:好的,我会通知工作人员进行调查。请问您的具体地址?

客　　户:幸福新村 21 号。你们什么时候来?

座席人员:这两天会尽快过去。

客　　户:那么损坏的电器怎么处理?

座席人员:我们都会根据规定进行处理。

客　　户:能赔多少钱?

座席人员:若现场核实为供电公司责任,6个月以内全赔,超过6个月的,按照不同类型电器规定的使用年限折旧赔偿。如果使用年限超过规定,或者说折旧后低于原价的10%,就按原价的10%赔偿。

客　户:那你们这个年限是怎么定的?

座席人员:电光源类的,如电灯是2年;电子类的,如充电器、录像机、电炒锅是10年;电阻类的,如电饭煲是5年;电机类的,如洗衣机、电视机是12年。

客　户:我们家有台电视机是日本买回来的,怎么赔,告诉你我不要日币啊。

座席人员:你放心,我们是以人民币进行赔偿。

客　户:汇率怎么算?

座席人员:按照央行提供的汇率来算。

客　户:有没有搞错啊,现在人民币跌得那么厉害!你要跟你们的领导反映一下!

座席人员:抱歉,规定就是这样,我也没有办法。

客　户:你们赔的钱,都不知道够不够我修那些电器。

座席人员:很抱歉,赔偿后那些电器是归供电公司所有。

客　户:什么?我自己去修。你们赔我修理费好了!我家的海尔热水器、冰箱等家用电器要到品牌指定维修点进行修理,否则不放心修理后的安全性能。

座席人员:不可以,按照我们的规定只能在供电公司指定的维修单位进行维修。

客　户:怎么会这样,你们依据什么规定说用户不能自己处理的?我自己的东西要怎么处理还要你们同意。

座席人员:不好意思,我们的规定就是这样的。

客　户:好吧,那就这样。

座席人员:感谢您拨打95598,请您不要挂机,请对我的服务进行评价,再见!

请问在此过程中,座席人员有哪些违规之处?并对这一事件暴露出的问题提出改进建议。

# 【任务实施】

## (1)违规条款

①本案例中座席人员回答到达现场调查核实的时限错误。"这两天会尽快过去"违反了《居民用户家用电器损坏处理办法》第四条的规定,供电企业在接到居民用户家用电器损坏投诉后,应在24 h内派员赴现场进行调查、核实。

②本案例中座席人员回答电器赔偿时限错误。"电子类的,如充电器、录像机、电炒锅是10年;电阻类的,如电饭煲是5年"违反了《居民用户家用电器损坏处理办法》第十二条的

规定,电阻电热类:如电饭煲、电热水器、电茶壶及电炒锅等,使用寿命为5年。

③本案例中座席人员回答"按照央行提供的汇率来算"是错误的。违反了《居民用户家用电器损坏处理办法》第十条的规定,以外币购置的家用电器,按购置时国家外汇牌价折人民币计算其购置价,以人民币进行清偿。清偿后,损坏的家用电器归属供电企业所有。

④本案例中"抱歉,规定就是这样,我也没有办法。"违反了《国家电网公司员工服务"十个不准"》第五条不准违反首问负责制,推诿、搪塞、怠慢客户。

**(2)暴露问题**

①座席人员业务不熟悉,对客户提出的家用电器损坏赔偿处理时限、电器使用年限、外汇换算等问题回答错误。

②供电公司执行《居民用户家用电器损坏赔偿处理办法》不到位。文件中第八条规定,损坏的家用电器经可由供电企业指定的或双方认可的检修单位检定修复,供电公司则强制要求客户到其指定的维修点维修电器,没有考虑客户的合理要求。

**(3)措施建议**

①加强座席人员的服务技能和相关法律法规及业务知识培训,做到理论联系实际,提升座席人员解决实际问题的能力。

②制订操作性强的居民用户家用电器损坏赔偿处理实施细则,明确理赔流程、各环节时限、维修方式及赔偿金支付等一系列问题。

# 【任务评价】

**居民家电损坏后的95598热线案例任务评价表**

| 95598客户服务居民家用电器损坏赔偿案例任务评价表 | | | | | | |
|---|---|---|---|---|---|---|
| 姓名 | | 学号 | | 成绩 | | |
| 序号 | 评分项目 | 评分内容及要求 | 评分标准 | 满分 | 扣分 | 得分 |
| 1 | 1.语言能力 | 1.1 语言规范 | 1.语言不清晰、不规范各扣2分<br>2.首问语和结束语表述错误各扣3分 | 10 | | |
| 2 | | 1.2 用词准确 | 用词准确,每用错一处扣1分,扣完为止 | 10 | | |
| 3 | 2.业务能力 | 2.1 熟悉法律法规 | 法律法规运用错误一处扣5分,扣完为止 | 20 | | |
| 4 | | 2.2 熟悉业务处理流程 | 业务处理流程错误一处扣5分 | 10 | | |
| 5 | | 2.3 熟悉业务处理方法 | 业务处理方法错误一处扣5分 | 10 | | |

续表

| 序号 | 评分项目 | 评分内容及要求 | 评分标准 | 满分 | 扣分 | 得分 |
|------|----------|----------------|----------|------|------|------|
| 6 | 3.判断能力 | 3.1 引导服务 | 引导服务不适当每处扣5分 | 10 | | |
| 7 | | 3.2 判断分析 | 判断分析错误每处扣5分 | 10 | | |
| 8 | 4.主动能力 | 4.1 主动服务 | 客户服务不主动扣5分 | 5 | | |
| 9 | | 4.2 主动处理 | 处理相关业务不主动扣5分 | 5 | | |
| 10 | 5.综合素质 | 5.1 着装整齐,精神饱满<br>5.2 现场组织有序,工作人员之间配合良好<br>5.3 独立完成相关工作<br>5.4 执行工作任务时,大声呼唱<br>5.5 不违反电力安全规定及相关规程 | | 10 | | |
| | 总分 | | | 100 | | |
| | 教师 | | | | | |

# 任务 1.4  现场客户服务

## 【任务目标】

1.能简要说明用电客户现场服务的服务规范。

2.能简要说明电力客户服务"十项承诺"。

3.能简要说明电力客户服务人员服务行为"十个不准"。

4.能正确按照国网公司规范要求进行电力客户服务。

## 【任务描述】

以现场服务实际案例(如送电或工程验收等)为例,依据相关法律法规和技术规程,按照用电客户服务"十项承诺"和服务行为"十个不准",正确实施用电客户现场服务。

# 【相关知识】

## 1.4.1   现场服务

### (1) 现场服务主要内容

①客户侧计费电能表电量抄见。

②故障抢修。

③客户侧停电、复电。

④客户侧用电情况的巡查。

⑤客户侧用电报装工程的设施安装、验收、接电前检查及设备接电。

⑥客户侧计费电能表现场安装、校验。

### (2) 现场服务纪律

①对客户的受电工程不指定设计单位,不指定施工队伍,不指定设备材料采购。

②到客户现场服务前,有必要且有条件的,应与客户预约时间,讲明工作内容和工作地点,请客户予以配合。

③进入客户现场时,应主动出示工作证件,并进行自我介绍。进入居民室内时,应先按门铃或轻轻敲门,主动出示工作证件,征得同意后,穿上鞋套,方可入内。

④到客户现场工作时,应遵守客户内部有关规章制度,尊重客户的风俗习惯。

⑤到客户现场工作时,应携带必备的工具和材料。工具、材料应摆放有序,严禁乱堆乱放。如需借用客户物品,应征得客户同意,用完后先清洁再轻轻放回原处,并向客户致谢。

⑥如在工作中损坏了客户原有设施,应尽量恢复原状或等价赔偿。

⑦在公共场所施工,应有安全措施,悬挂施工单位标志、安全标志,并配有礼貌用语。在道路两旁施工时,应在恰当位置摆放醒目的告示牌。

⑧现场工作结束后,应立即清扫,不能留有废料和污迹,做到设备、场地清洁。同时,应向客户交代有关注意事项,并主动征求客户意见。电力电缆沟道等作业完成后,应立即盖好所有盖板,确保行人、车辆通行。

⑨原则上不在客户处住宿、就餐,如因特殊情况确需在客户处住宿、就餐的,应按价付费。

## 1.4.2　现场服务规范

**（1）现场有偿服务规范**

①对产权不属于供电企业的电力设施进行维护和抢修实行有偿服务的原则。

②应客户要求进行有偿服务的,电力修复或更换电气材料的费用,执行省(自治区、直辖市)物价管理部门核定的收费标准。

③进行有偿服务工作时,应向客户逐一列出修复项目、收费标准、消耗材料、单价等清单,并经客户确认、签字。付费后,应开具正式发票。

④有偿服务工作完毕后,应留下联系电话,并主动回访客户,征求意见。

**（2）现场抄表收费服务规范**

①供电企业应在规定的日期准确抄录计费电能表读数。因客户的原因不能如期抄录计费电能表读数时,可通知客户待期补抄或暂按前次用电量计收电费,待下一次抄表时一并结清。确需调整抄表时间的,应事先通知客户。

②供电企业应向客户提供不少于两种可供选择的交纳电费方式。

③在尊重客户、有利于公平结算的前提下,供电企业可采用客户乐于接受的技术手段、结算和付费方式进行抄表收费工作。

**（3）现场故障抢修服务规范**

①提供24 h电力故障报修服务,对电力报修请求做到快速反应、有效处理。

②加快故障抢修速度,缩短故障处理时间。有条件的地区应配备用于临时供电的发电车。

③接到报修电话后,故障抢修人员到达故障现场的时限:城区45 min、农村90 min、边远地区2 h,特殊边远地区根据实际情况合理确定。

④因天气等特殊原因造成故障较多不能在规定时间内到达现场进行处理的,应向客户做好解释工作,并争取尽快安排抢修工作。

**（4）装表、接电及现场检查服务规范**

①供电企业在新装、换装及现场校验后应对电能计量装置加封,并请客户在工作凭证上签章。如居民客户不在家,应以其他方式通知其电表底数。拆回的电能计量装置应在表库至少存放1个月,以便客户提出异议时进行复核。

②对客户受电工程的中间检查和竣工检验,应以有关的法律法规、技术规范、技术标准、施工设计为依据,不得提出不合理要求。对检查或检验不合格的,应向客户耐心说明,并留下书面整改意见。客户改正后予以再次检验,直至合格。

③用电检查人员依法到客户用电现场执行用电检查任务时,必须按照《用电检查管理办法》的规定,主动向被检查客户出示《用电检查证》,并按"用电检查工作单"确定的项目和内

容进行检查。

④用电检查人员不得在检查现场替代客户进行电工作业。

⑤供电企业应按规程规定的周期检验或检定、轮换计费电能表,并对电能计量装置进行不定期检查。发现计量装置失常时,应及时查明原因并按规定处理。

⑥发现因客户责任引起的电能计量装置损坏,应礼貌地与客户分析损坏原因,由客户确认,并在工作单上签字。

⑦客户对计费电能表的准确性提出异议,并要求进行校验的,经有资质的电能计量技术检定机构检定,在允许误差范围内的,校验费由客户承担;超出允许误差范围的,校验费由供电企业承担,并按规定向客户退补相应电量的电费。

**(5)停、复电现场服务规范**

①因故对客户实施停电时,应严格按照《供电营业规则》规定的程序办理。

②引起停电的原因消除后应及时恢复供电,不能及时恢复供电的,应向客户说明原因。

## 1.4.3　电力客户服务"十项承诺"

①城市地区:供电可靠率不低于99.90%,居民客户端电压合格率不低于96%;农村地区:供电可靠率和居民客户电压合格率,经国家电网公司核定后,由各省(市、区)电力公司公布承诺指标。

②供电营业场所公开电价、收费标准和服务程序。

③供电方案答复期限:居民用户不超过3个工作日,低压电力用户不超过7个工作日,高压单电源用户不超过15个工作日,高压双电源用户不超过30个工作日。

④城乡居民客户向电网企业申请用电,受电装置检验合格并办理相关手续后,3个工作日内送电。

⑤非居民客户向电网企业申请用电,受电工程验收合格并办理相关手续后,5个工作日内送电。

⑥当电力供应不足而不能保证连续供电时,严格执行政府批准的限电序位。

⑦供电设施计划检修停电,提前7天向社会公告。

⑧提供24 h电力故障报修服务,供电抢修人员到达现场的时间一般为:城区范围45 min;农村地区90 min;特殊边远地区2 h。

⑨客户欠电费需依法采取停电措施的,提前7天送达停电通知书。

⑩电力服务热线"95598"24 h受理业务咨询、信息查询、服务投诉及电力故障报修。

## 1.4.4　国家电网公司员工服务行为"十个不准"

①不准违规停电、无故拖延送电。

②不准违反政府部门批准的收费项目和标准向客户收费。

③不准为客户指定设计、施工、供货单位。

④不准违反业务办理告知要求,造成客户重复往返。

⑤不准违反首问负责制,推诿、搪塞、怠慢客户。

⑥不准对外泄露客户个人信息及商业秘密。

⑦不准工作时间饮酒及酒后上岗。

⑧不准营业窗口擅自离岗或做与工作无关的事。

⑨不准接受客户吃请和收受客户礼品、礼金、有价证券等。

⑩不准利用岗位与工作之便谋取不正当利益。

## 1.4.5 用电客户服务技能

### (1) 客户服务技能

电力营销人员根据电力客户要求,通过营业厅、呼叫中心、门户网站、银行网点及现场服务等服务渠道与电力客户交互,实现业扩管理、故障报修、客户投诉、客户举报、建议表扬、信息咨询及业务查询等业务处理,并提供客户回访、业务通知、停电通知、缴费提醒及用电检查等主动式服务,为电力客户提供方便、快捷、优质服务。

### (2) 业扩报装技能

业扩报装是供电企业向用电客户销售电力商品的受理环节,属售前服务行为。其主要含义是指接受客户用电申请,根据电网实际情况,为新装和增容客户办理各种必需的登记手续和处理其相关的一些业务。

### (3) 供用电合同管理技能

供电企业和用户应在供电前根据用户需要和供电企业的供电能力签订供用电合同。未签订供用电合同的客户,不得送电。在供用电合同有效期内,涉及供用电合同条款需变更时,供用电双方应及时对供用电合同相应条款进行变更。

### (4) 变更用电业务处理技能

变更用电是指客户在不增加报装容量和供电回路的情况下,因自身经营、生产、建设、生活等变化而向供电企业申请,要求改变原《供用电合同》中约定的用电事宜的业务。

### (5) 用电检查技能

组织客户用电工程的中间检查、竣工验收,指导和督促客户开展受电装置的试验和消缺,开展客户进线继电保护和安全自动装置服务,依法开展用电检查、客户违约用电处理,对接收的客户安全服务投诉进行调查处理,开展定期检查、专项检查和特殊性用电检查,开展春秋两季的客户安全检查工作,具体督促、指导重要客户开展内部安全检查和完善安全用电措施,对重要客户实施"一对一"的客户安全用电服务。

# 【学习与训练任务】

> **客户计量装置新装或改造后的送电**
> 三相四线电能计量装置的现场新装改造后的送电工作。

# 【任务实施】

**(1) 工作前准备**

1) 准备工作安排

接受客户服务中心或施工单位(变电站工程)验收申请,进行现场验收。

2) 人员要求

①现场工作人员应身体健康、精神状态良好。

②现场工作人员必须具备必要的电气知识,掌握本专业作业技能;必须持有计量检定员证和中级工及以上职业资格证,并经批准上岗。

③现场工作人员必须熟悉《电业安全工作规程》的相关知识,并经考试合格。

3) 现场设备和材料

①仪器设备

电能表现场校验仪及附属配件。

②工器具

十字起子、一字起子、斜口钳、尖嘴钳、封印钳、录音笔、安全帽及万用表。

③材料

电能表电池,计量专用封条或封印、封线。

**(2) 风险辨识及控制措施**

风险辨识及控制措施见表1-4-1。

表1-4-1　风险辨识及控制措施

| 序号 | 风险辨识 | 控制措施 |
|---|---|---|
| 1 | 在现场测试时,因注意力不集中、标志不清晰、监护不力等因素导致作业人员走错间隔 | 1.将检修设备与运行设备前后以明显的标志隔开<br>2.附近有带电盘和带电部位,必须设专人监护<br>3.至少应有两人在一起工作<br>4.施工前,做好安全交底 |

续表

| 序号 | 风险辨识 | 控制措施 |
|---|---|---|
| 2 | 工作电源取用不当或不使用漏电保护器,造成人员或设备事故 | 1.施工电源取用必须由两人进行<br>2.测量电压是否符合电压等级要求,检查移动电源盒及导线是否损坏<br>3.从接线插座取电源,应检查接线插座是否完整无缺<br>4.如从配电箱(柜)内取电源,应先断开电源,接线应牢固 |
| 3 | 工作无专人监护,造成人员或设备事故 | 工作过程应有人监护,工作监护人必须履行监护职责,对现场监护工作负责,工作人员在工作过程中注意力应高度集中,防止异常情况的发生。当出现异常情况,应立即停止检验,查明原因后,方可继续工作 |
| 4 | 电流互感器二次侧开路或失去接地点,造成人员或设备事故 | 1.工作前,必须认真检查试验线及接头完好,与标准表的连接可靠无松动<br>2.电流互感器二次回路上工作,严禁断开回路的接地点<br>3.试验导线接入二次电流试验端必须螺钉压接,不得使用夹子或缠绕连接。打开电流试验连片时,应注意标准表电流的变化,如有异常马上恢复连片的连接。电流试验线拆除前,必须确认电流连片已连接可靠,并且标准电能表指示电流已接近零 |
| 5 | 工作中误碰其他运行设备,造成保护误动或开关跳闸 | 1.在工作地点相邻的其他运行屏挂"运行设备"遮帘,在被检电能表屏挂"在此工作"标志牌<br>2.加强移动监护,注意保持与运行设备的距离 |

### (3)作业程序及作业标准

作业程序及作业标准见表 1-4-2。

表 1-4-2　作业程序及作业标准

| 序号 | 作业内容 | 作业程序及要求 | 安全措施及注意事项 |
|---|---|---|---|
| 1 | 送电前基础检查 | 1.查看验收记录(或整改情况),确认计量装置合格<br>2.对验收合格的计量装置,查看封印是否与验收时封印一致<br>3.对上次验收不合格的计量装置或上次验收合格但封印不全的应进行接线检查<br>4.检查主要计费参数(互感器实际变比、电能表起码)、二次回路接线与安装和验收情况是否一致 | — |

续表

| 序号 | 作业内容 | 作业程序及要求 | 安全措施及注意事项 |
|---|---|---|---|
| 2 | 检查运行中的电能表 | 1.检查多功能表时间、日期是否正确,与北京时间相差不超过 5 min<br>2.检查多功能电能表电池是否低电压<br>3.检查各费率电量与总电量是否清零<br>4.检查多功能电能表参数(时钟、电池、失压记录、时段、最大需量、循显项目)<br>5.检查一次功率与二次功率是否相符<br>6.检查电能信息采集终端运行是否正常,核对每个被测计量点功率与测量模块显示功率是否一致 | — |
| 3 | 试验接线 | 1.先接标准表侧,试验导线对应颜色接入标准表相应桩头,并确认接线可靠牢固<br>2.后接被校表二次试验端子侧,并按先电流后电压顺序接入<br>3.接线完成后,工作负责人应检查接线正确 | 严禁电流互感器二次侧开路 |
| 4 | 电能表检验 | 1.电能表现场校验仪预热时间不少于 15 min<br>2.将校验仪设置到观察电能参数界面,断开电流回路连片,断开过程中应注意校验仪中电流的变化<br>3.检查电能表相位关系是否正常(六角图试验),电压电流幅值是否与电能表一致<br>4.检查校验仪显示的功率是否与电能表功率一致<br>5.连接脉冲采样线,设置现场校验仪检验参数<br>6.记录误差测量数据 | 1.如电能表误差超差或与以前检验记录变化较大,应进一步确认接线情况、标准表设置以及光电采样情况<br>2.如经检查并多次检验,电能表误差超差,则应发起故障处理工单 |
| 5 | 恢复试验接线 | 1.恢复电流试验连片,同时通过现场检验仪监视电流的大小,以保证短路可靠<br>2.恢复后,依次拆除被检电能表侧的光电采样连接线、电压线、电流线<br>3.检查恢复后一次功率与电能表二次功率乘倍率后是否相符 | 严禁电流互感器二次侧开路 |

续表

| 序号 | 作业内容 | 作业程序及要求 | 安全措施及注意事项 |
|---|---|---|---|
| 6 | 装置加封 | 1.送电完成后,应对运行计量装置进行施封<br>2.使用计量专用编号封印。封印应压实,印模清晰,封丝无松动情况<br>3.封印情况及加封位置应逐一记录在运行台账本,并请客户核对签字<br>4.拆回旧封印统一登记回收 | 1.注意加封过程中封丝、封钳与带电部分距离<br>2.注意柜门加封后,检查封印的可靠性 |
| 7 | 工作完结 | 现场送电检查完成后,检查人员填写送电检查报告。对计量装置进行评定并记录 | — |

# 【任务评价】

客户计量装置新装或改造后的送电任务评价表

| 三相四线电能计量装置的现场新装、改造后的送电工作评价表 | | | | | | |
|---|---|---|---|---|---|---|
| 姓名 | | 学号 | | 成绩 | | |
| 序号 | 评分项目 | 评分内容及要求 | 评分标准 | 满分 | 扣分 | 得分 |
| 1 | 1.工作前准备 | 1.1 准备工作安排 | 准备工作安排合理 | 5 | | |
| 2 | | 1.2 人员准备 | 人员准备合理 | 5 | | |
| 3 | | 1.3 设备工器具材料准备 | 设备工器具材料准备充分 | 10 | | |
| 4 | 2.风险辨识及控制措施 | 2.1 风险点分析 | 风险点分析正确 | 10 | | |
| 5 | | 2.2 控制措施 | 控制措施合理 | 10 | | |
| 6 | 3.送电前检查 | 3.1 送电前基础检查 | 送电前基础检查正确 | 10 | | |
| 7 | | 3.2 检查运行中的电能表 | 检查运行中的电能表正确 | 10 | | |
| 8 | | 3.3 试验接线 | 试验接线正确 | 10 | | |
| 9 | | 3.4 电能表检验 | 电能表检验正确 | 10 | | |
| 10 | 4.送电 | 4.1 送电 | 送电操作正确 | 10 | | |
| 11 | 5.综合素质 | 5.1 着装整齐,精神饱满<br>5.2 现场组织有序,工作人员之间配合良好<br>5.3 独立完成相关工作<br>5.4 执行工作任务时,大声呼唱<br>5.5 不违反电力安全规定及相关规程 | | 10 | | |
| | 总分 | | | 100 | | |
| | 教师 | | | | | |

## 【情境总结】

通过对本情境的系统学习,使学生在遵循相关法律法规和标准的前提下,对电力客户服务能做到整体把握。本情境要求以供用电网和客户服务组织构建客户服务大情境。明确电力客户服务分类与挑战、电力客户服务规范和要求、电力客户服务礼仪和电力客户服务语言。掌握电力客户服务的基本规范和基本要求,具备电力客户服务基本技能。

## 【学习与思考】

1.供电服务按渠道分包括哪些方面的服务?

2.供电服务人员在服务过程中面临哪些挑战?

3.供电服务礼仪包括哪些内容?

4.如何按照供电服务礼仪要求规范自己的言谈、举止和行为?

5.客服 95598 服务内容有哪些?

6.客服 95598 服务语言有何要求?

7.供电现场服务主要包括哪些内容?供电现场服务的注意事项有哪些?

8.电力客户服务"十项承诺"是什么?

# 情境 2　业务扩充

## 【情境描述】

本情境是在遵循相关法律法规和技术标准的前提下,以 10 kV 单电源高压用电客户新装或低压客户新装作为研究对象,完成业务扩充的用电申请受理、供电方案制订、客户受电工程设计图纸审核、客户受电工程检查与验收工作。其关键技能为供电方案的确定和客户用电工程设计图纸审核工作。

## 【情境目标】

1.知识目标

(1)熟悉业务扩充的概念、工作内容及工作流程。

(2)明确业务扩充工作的意义。

2.能力目标

(1)根据客户用电情况,能正确填写用电申请表。

(2)根据客户用电情况和电网情况,能正确制订客户供电方案。

(3)根据客户供电方案,能正确审核客户工程图纸。

(4)根据企业技术规范标准进行客户用电工程检查与验收工作。

3.态度目标

(1)能主动提出业务扩充相关的问题,并积极查找相关资料。

(2)能团结协作,共同学习与提高。

# 任务 2.1　新装和增容业务受理

## 【任务目标】

1.能简要说明业务扩充的含义及其主要内容。
2.能简要说明单电源高压客户新装和增容所需提供的报装资料。
3.能正确填写客户用电申请书。
4.能正确理解业务扩充的工作流程。

## 【任务描述】

依据相关技术规程,学会受理低压客户新装或单电源高压客户新装,明确业务扩充的工作流程、工作内容及工作要求,并能正确处理客户新装受理工作。

## 【相关知识】

## 2.1.1　业务扩充的定义

### (1)业务扩充

业务扩充又称业扩报装,简称业扩。其主要含义是接受客户用电申请后,根据电网供应能力等实际情况,按照相关规定,为客户办理供电相关服务业务,以满足客户扩充用电的需求。业扩报装主要包括用电客户新装、增容用电等业务。

### (2)业务扩充的重要性

业务扩充是电力客户服务的受理环节,业务扩充的数据是电力客户服务其他业务的基础。业务扩充业务与其他类型业务的关系如下:

①为客户关系管理业务类提供客户信息。

②从客户联络业务类获取客户申请信息,进行受理确认。

③从 95598 业务处理业务类获取客户服务历史纪录。

④从电费收缴及账务管理业务类获取客户及其集团客户的欠费信息。

⑤向电费收缴及账务管理业务类传递业务费用信息。

⑥向用电检查业务类传递竣工报验资料信息。

⑦向核算管理业务类"电量电费计算"传递计费信息,作为电费计算的依据。

⑧为供用电合同管理业务类提供客户申请信息、供电方案及其他相关信息。

⑨为计量点管理业务类提供客户申请信息,计量装拆信息,同时从计量点管理业务类返回计量装置安装信息。

## 2.1.2 业务扩充主要工作内容

①客户新装、增容和增设电源的用电业务受理。

②通过现场勘查,根据客户负荷情况和电网的情况,提出并确定供电方案。

③答复客户并收取业务费用。

④受(送)电工程设计的审核、受(送)电工程的中间检查及竣工检验。

⑤签订供用电合同。

⑥装设电能计量装置、办理接电事宜。

⑦汇集整理有关资料并建档立户。

新装用电是指任何单位和个人因用电需要,初次向供电企业申请报装的用电。增容用电即增加用电容量,是指原有用户由于原协议约定的用电容量或注册容量不能满足用电需要,申请在原约定用电的基础上增加新的用电容量。

## 2.1.3 业务扩充的基本原则

**(1)主动服务原则**

主动服务原则是指强化市场竞争意识,前移办电服务窗口,由等待客户到营业厅办电,转变为客户经理上门服务,搭建服务平台,统筹调度资源,创新营销策略,制订个性化、多样化的套餐服务,争抢优质客户资源,巩固市场竞争优势。

**(2)一口对外原则**

一口对外原则是指健全高效的跨专业协同运作机制,营销部门统一受理客户用电申请,承办业扩报装具体业务,并对外答复客户;发展、财务、运检等部门按照职责分工和流程要求,完成相应工作内容;深化营销系统与相关专业系统集成应用和流程贯通,支撑客户需求、电网资源、配套电网工程建设、停(送)电计划、业务办理进程等跨专业信息实时共享和协同高效运作。

**(3)便捷高效原则**

便捷高效原则是指精简手续流程,推行"一证受理"和容量直接开放,实施流程"串改并",取消普通客户设计文件审查和中间检查;畅通"绿色通道",与客户工程同步建设配套电网工程;拓展服务渠道,加快办电速度,逐步实现客户最多"只进一次门,只上一次网",即可办理全部用电手续;深化业扩全流程信息公开与实时管控平台应用,实行全环节量化、全过程管控、全业务考核。

**(4)三不指定原则**

三不指定原则是指严格执行国家规范电力客户工程市场的相关规定,按照统一标准规范提供办电服务,严禁以任何形式指定设计、施工和设备材料供应单位,切实保障客户的知情权和自主选择权。

**(5)办事公开原则**

办事公开原则是指坚持信息公开透明,通过营业厅、"掌上电力"手机 App、95598 网站等渠道,公开业扩报装服务流程,工作规范,收费项目、标准及依据等内容;提供便捷的查询方式,方便客户查询设计、施工单位,业务办理进程,以及注意事项等信息,主动接受客户及社会监督。

# 2.1.4　低压居民新装(增容)

**(1)业务受理**

客户需新装用电或增加用电容量都必须事先提出申请,到供电企业办理用电手续。

1)实行营业厅"一证受理"

受理时,应询问客户申请意图,向客户提供业务办理告知书,告知客户需提交的资料清单、业务办理流程、收费项目及标准、监督电话等信息。

2)提供"掌上电力"手机 App、95598 网站等线上办理服务

通过电子渠道业务办理指南,引导客户提交申请资料、填报办电信息。服务调度人员在一个工作日内完成资料审核,并将受理工单直接传递至相关班组,严禁层层派单。

3)实行同一地区可跨营业厅受理用电申请

各级供电营业厅均应受理各电压等级客户的用电申请。同城异地营业厅应在 1 个工作日内将收集的客户报装资料传递至属地营业厅,实现"内转外不转"。

**(2)现场勘查及方案答复**

1)预约勘查时间

业务受理人员或服务调度人员与客户预约现场勘查时间,并将流程发至现场工作班组,同步将预约日期告知客户及客户经理。具备条件的,可由客户自主选择预约服务时间。

2)现场勘查

现场勘查前,应预先了解待勘查地点的现场供电条件。现场勘查时,应重点核实用电容量,确认供电电压、计量装置位置以及接户线的路径和长度,结合现场供电条件,初步确定电

源、计量和计费方案,并填写现场勘查单,或在移动作业终端上录入相关信息。

3)确定供电方案

①具备直接装表条件的,在勘查后直接确定电源、计量和计费方案。

②对现场不具备供电条件的,应在勘查意见中说明原因,并向客户做好解释工作。

客户申请新装或增容用电时,应向供电企业提供用电工程项目批准的文件及有关的用电资料,包括用电地点、电力用途、用电设备清单、用电负荷、保安电力及用电规划等。

**(3)装表接电**

①具备直接装表条件的,在勘查确定供电方案后当场装表接电。

②现场勘查不具备直接装表条件的,应根据与客户约定的时间或配套电网工程竣工当日完成采集终端、电能计量装置的安装,并由客户在纸质电能计量装接单或移动作业终端上签字(电子签名方式)确认表计底度。

**(4)归档**

完成装表接电后,将流程发送至归档环节。归档工作包括信息归档和资料归档。信息归档过程中发现的问题,由工作人员发起相应的流程进行处理。

表 2-1-1 低压居民新装(增容)流程收取资料清单

| 业务环节 | 序号 | 资料名称 | 线上 | | 线下 | |
|---|---|---|---|---|---|---|
| | | | 类型 | 是否必备 | 类型 | 是否必备 |
| 业务受理 | 1 | 低压居民生活用电登记表 | 电子 | 是(系统自动) | 低质 | 是(系统自动、客户确认) |
| | 2 | 客户身份证明(包括身份证、军人证、护照、户口簿或公安机关户籍证明) | 电子 | 是 | 低质 | 是 |
| | 3 | 房屋产权证明(复印件)或其他证明文件(包括房管部门、村委会等有权部门出具的房屋所有权证明) | 电子 | 否 | 低质 | 否 |
| | 4 | 经办人有效身份证明 | 电子 | 委托代理人办理用电业务时必备 | 低质 | 委托代理人办理用电业务时必备 |
| | 5 | 居民生活供用电合同 | 电子 | 是(系统自动) | 低质 | 是(系统自动) |

**(5)低压居民新装(增容)办理须知**

①按照"便捷高效、智能互动、办事公开"的原则,推行线上办电、移动作业和客户档案电子化,坚决杜绝系统外流转。

②推行居民客户"免填单"服务,业务办理人员了解客户申请信息,并录入营销业务应用系统,生成用电登记表,打印后交由客户签字确认。

③严格按照价格主管部门批准的项目、标准收取业务费用,严禁自立收费项目或擅自调整收费标准。具备条件的,可通过线上渠道收取业务费用。

④对低压居民客户,可采取背书方式签订供用电合同;具备条件的,可通过手机 App、移动作业终端告知确认、电子签名等方式签订电子合同。

⑤装表接电时限。对无配套电网工程的低压居民客户,在正式受理用电申请后,2 个工作日内完成;对有配套电网工程的低压居民客户,在受理用电申请后 10 个工作日内完成;对有特殊要求的客户,按照与客户约定的时间完成。

## 2.1.5　高压新装的工作流程和工作内容

**(1)高压新装业务**

高压新装业务适用于电压等级为 10(6)kV 及以上客户的新装用电。供电企业依据服务规范,在一定的时限内,受理用电设备容量在 100 kW 及以上或变压器容量在 50 kV·A 以上客户的用电新装申请,完成其现场勘查,供电方案制订,业务费用收取,供电工程的立项、设计、图纸审查、工程预算、设备供应、施工、中间检查及竣工验收,签订供用电合同,并给予装表送电,完成归档立户全过程管理。

**(2)高压新装的工作流程**

高压新装业务工作流程如图 2-1-1 所示。

**(3)高压新装的工作内容**

1)业务受理

作为高压新装业务的入口,接收并审查客户资料,了解客户同一自然人或同一法人主体的其他用电地址的用电情况及客户前期咨询、服务历史信息,接受客户的报装申请。业务受理员应做下列工作:

①为客户提供信息宣传与咨询服务,引导并协助客户填写《用电申请书》及《用户用电设备清单》。

②查询客户以往的用电大项目前期咨询及咨询服务记录,审核客户历史用电情况、欠费情况、信用情况,以及是否列入失信客户。如单位法人所代表的其他单位欠费,则须缴清欠费后方可办理。

③查验客户资料是否齐全,申请单信息是否完整,判断证件是否有效。

④详细记录客户的客户名称、用电地址、客户身份证号、证照名称、证照号码、法人代表、法人代表身份证号、业务联系人、业务联系电话、报装容量、用电设备清单、行业类别及用电类别等申请信息。

⑤根据客户申请信息及《关于加强重要电力用户供电电源及自备应急电源配置监督管理的意见》的要求,记录客户的重要性等级。

⑥生成对应的新装工作单,向客户提供《客户联系卡》。

```
                    ┌─────────┐
                    │   开始   │
                    └─────────┘
                         │
                    ┌─────────┐
                    │  业务受理 │
                    └─────────┘
                         │
                    ┌─────────┐
                    │  现场勘查 │
                    └─────────┘
                         │
                    ┌─────────┐
                    │ 拟订供电方案│
                    └─────────┘
                         │
                    ┌─────────┐
                    │   审批   │
                    └─────────┘
                         │
                    ┌─────────┐          ┌─────────┐
                    │ 答复供电方案├──────────┤ 有供电工程│
                    └─────────┘          └─────────┘
                         │
                    ┌─────────┐
                    │  确定费用 │
                    └─────────┘
                         │
                    ┌─────────┐
                    │  业务收费 │
                    └─────────┘
                         │
                    ┌─────────┐
                    │ 设计文件审核│
                    └─────────┘
                         │
                    ┌─────────┐          ┌─────────┐
     ┌─────────┐     │  中间检查 │          │ 供电工程 │
     │  签订合同 ├─────┤         │          │ 进度跟踪 │
     └─────────┘     └─────────┘          └─────────┘
                         │
                    ┌─────────┐
                    │  竣工报验 │
                    └─────────┘
                         │
                    ┌─────────┐          ┌─────────┐
                    │  竣工验收 │          │ 安装采集终端│
                    └─────────┘          └─────────┘
                         │
                    ┌─────────┐
                    │   装表   │
                    └─────────┘
                         │
                    ┌─────────┐
                    │   送电   │
                    └─────────┘
                         │
     ┌─────────┐     ┌─────────┐
     │  客户回访 ├─────┤  信息归档 │
     └─────────┘     └─────────┘
                         │
                    ┌─────────┐
                    │   归档   │
                    └─────────┘
                         │
                    ┌─────────┐
                    │   结束   │
                    └─────────┘
```

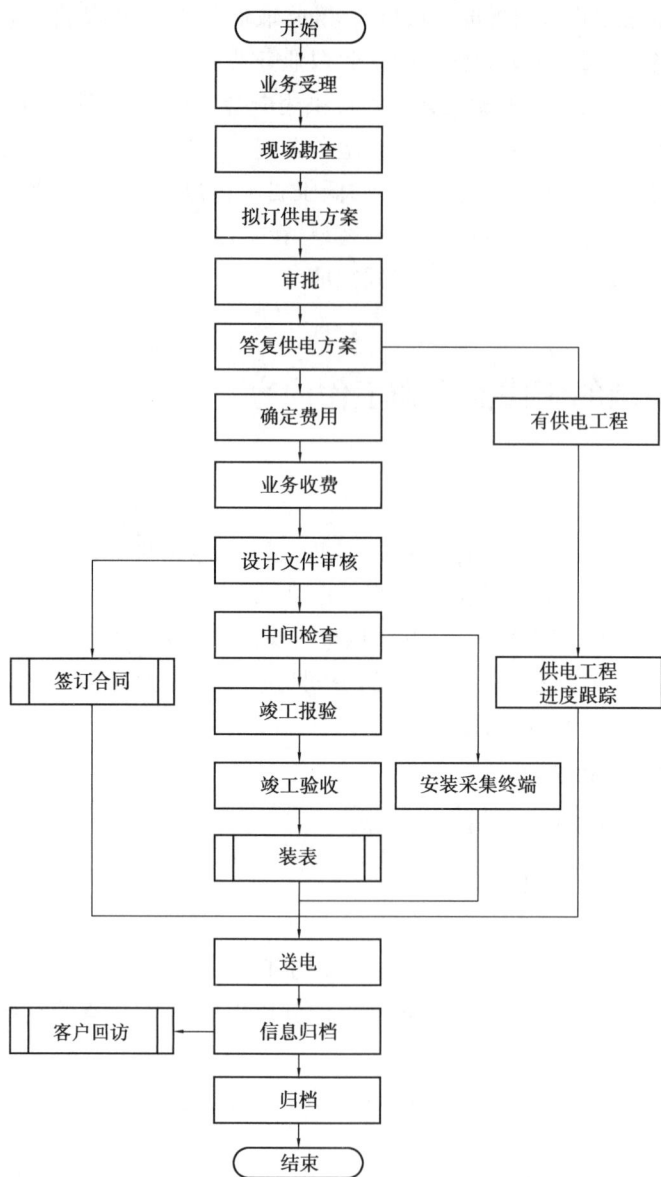

图 2-1-1 高压新装业务工作流程图

2）现场勘查

勘查人员根据派工结果或事先确定的工作分配原则,接受勘查任务,与客户沟通确认现场勘查时间,组织相关部门进行现场勘查,核实用电容量、用电类别等客户申请信息,根据客户的用电类别、用电规模以及现场供电条件,对供电可能性和合理性进行调查,初步提出供电、计量和计费方案。

现场勘查工作内容如下:

①根据派工结果或事先确定的工作分配原则,接受现场勘查任务。

②预先了解所要勘查地点的现场供电条件,提前与客户预约现场勘查的时间,携带《业

扩现场勘查工作单(高压)》,准备好相应作业资料,组织相关人员准时到达现场进行勘查。

③现场勘查的主要内容包括:审核客户的用电需求、确定客户新增用电容量、用电性质及负荷特性,以及初步确定供电电源、上一电压等级的电源位置、供电电压、供电线路、计量方案、计费方案、重要性等级等,勘查结果应在勘查工作单上记录。

④如发现客户现场情况不具备供电条件时,应列入勘查意见并向客户做好解释,提出合理的整改措施或建议,取得客户的理解。

3)拟订供电方案

根据现场勘查结果,拟订初步电源接入方案、计量方案以及计费方案等,并组织相关部门审查,形成最终供电方案。拟订供电方案的工作内容包括:

①根据现场勘查结果、配网结构及客户用电需求,确定供电方案和计费方案,拟订供电方案意见书,包括客户接入系统方案、客户受电系统方案、计量方案及计费方案等。

②召集相关部门对供电方案进行会审,会审结束后形成最终供电方案意见书。

拟订供电方案的工作要求:

A.《供电营业规则》第七条规定,供电企业对申请用电的用户提供的供电方式,应从供用电的安全、经济、合理和便于管理出发,依据国家的有关政策和规定、电网的规划、用电需求以及当地供电条件等因素,进行技术经济比较,与用户协商确定。

B.电能计量装置的配置应符合《电能计量装置技术管理规程》(DL/T 448—2016)及相关技术规程的要求。

C.计费方案的制订应符合国家规定的电价政策。

D.重要电力用户供电电源的配置应执行《关于加强重要电力用户供电电源及自备应急电源配置监督管理的意见》,至少应符合以下要求:

a.特级重要电力用户具备三路电源供电条件,其中的两路电源应来自两个不同的变电站。当任何两路电源发生故障时,第三路电源能保证独立正常供电。

b.一级重要电力用户具备两路电源供电条件,两路电源应来自两个不同的变电站。当一路电源发生故障时,另一路电源能保证独立正常供电。

c.二级重要电力用户具备双回路供电条件,供电电源可来自同一个变电站的不同母线段。

E.临时性重要电力用户按照供电负荷重要性,在条件允许情况下,可通过临时架线等方式具备双回路或两路以上电源供电条件。

F.重要电力用户供电电源的切换时间和切换方式要满足重要电力用户允许中断供电时间的要求。

4)审批

供电方案拟订后,按电压等级、变压器容量大小等提交相关级别部门审批,签署审批意见,在规定的时限内完成供电方案审批。对接入系统方案、受电系统方案、计量方案及计费方案进行审批,签署审批意见;对审批不通过的,重新拟订供电方案,并重新审批。

5）答复供电方案

根据审批确认后的供电方案，书面答复客户。要求在规定时间内提供《供电方案答复单》供客户签字确认。

6）确定费用

按照国家有关规定及物价部门批准的收费标准，确定相关费用，并通知客户缴费。

7）业务收费

按确定的收费项目和应收业务费信息，收取业务费，打印发票/收费凭证。业务收费的工作内容如下：

①按确定的应收金额收取费用，建立客户的实收信息。

②对缓收的费用，需经审批同意，可分多次交纳打印收费凭证，更新客户的欠费信息，费用结清后打印正式发票；同时，记录操作人员、审批人员、时间以及减免的费用信息等。

③对需要退补客户的费用，按确定的金额退还并打印凭证。

8）供电工程进度跟踪

根据工程进度情况，依次登记工程立项，设计情况，工程的图纸审查情况，工程预算情况，工程费的收取情况，施工单位、设备供应单位，工程施工过程，中间检查，竣工验收情况，以及登记工程的决算情况。

9）设计文件审核

根据国家相关设计标准，审查客户受电工程设计图纸及其他设计资料，在规定时限内答复审核意见。设计文件审核工作内容包括：

①接收并审查客户受电工程的设计图纸及其他资料，答复审核意见《受电工程设计文件审核结果通知单》。

②将审核通过的设计图纸及其他资料存档。

10）中间检查

客户受电工程在施工期间，供电企业应根据审核同意的设计和有关施工标准，对客户受电工程中的隐蔽工程进行中间检查。

11）安装采集终端

安装采集终端引用电能信息采集业务类的运行管理的"终端安装"。采集终端安装的工作要求如下：

①终端的安装应严格按通过审查的施工设计和确定的供电方案进行。

②应及时完成采集终端的安装工作。

③终端安装完成后应反馈现场安装信息。

12）竣工报验

接收客户的竣工验收要求，审核相关报送材料是否齐全有效，通知相关部门准备客户受电工程的竣工验收工作。竣工报验的工作内容如下：

①接收并检查竣工报验的资料。

②通知相关部门准备客户受电工程的竣工验收工作，形成《受电工程竣工验收登记表》。

13）竣工验收

按照国家和电力行业颁发的设计规程、运行规程、验收规范以及各种防范措施等要求，根据客户提供的竣工报告和资料，组织相关部门对受电工程的工程质量进行全面检查、验收。

竣工验收的工作要求如下：

①依据客户提交的报验资料，按照国家和电力行业颁发的技术规范、规程和标准，在约定时间内组织相关部门对受电工程的建设情况进行全面检验。

②对工程不符合规程、规范和相关技术标准要求的，应以书面形式通知客户整改，整改完成后再次验收，直至合格。

③经多次验收合格的受电工程，客户须按相关政策交纳重复验收费用。

④受电工程经验收合格后方可送电。

14）签订合同

供电单位需在送电前完成与客户签订供用电合同的工作。完成合同签订后，应记录客户签订供用电合同的日期、供用电双方的签字、签章日期、签订地点。

15）装表

装表工作人员根据安装任务单完成配表、领表和装表等计量装置工作。

电能计量装置的安装应严格按通过审查的计量方案进行，严格遵守电力工程安装规程的有关规定。应及时完成计量装置的安装工作。计量装置安装完成后，应反馈现场安装信息。

16）送电

装表工作完成后组织相关部门送电。送电的工作内容如下：

①送电前，根据变压器容量核对电能计量装置的变比和极性是否正确。

②应对全部电气设备做外观检查，拆除所有临时电源，对二次回路进行联动试验。

③应核对一次相位、相序。

④送电后，应检查电能表运转情况是否正常，相序是否正确。对计量装置进行验收试验并实施封印，并会同客户现场抄录电能表指示数作为计费起始依据。

⑤按照《送电任务现场工作单》格式记录送电人员、送电时间、变压器启用时间及相关情况。

⑥将填写好的《送电任务现场工作单》交与客户签字确认，并存档以供查阅。

⑦国家电网营销业扩报装工作管理规定受电装置检验合格并办结相关手续后，由客户服务中心组织接电。接电期限要求，高压电力客户不超过7个工作日。

17）信息归档

信息归档由系统自动处理。应保证其他相关部门能及时获取高压新装客户的立户信息。应能根据电能计量装置分类规则，生成电能计量装置分类，建立客户基本档案、电源档案，计费档案，计量档案和合同档案等，形成正式客户编号。

18）客户回访

在完成现场装表接电后，向客户征询对供电企业服务态度、流程时间和装表质量等意见。在规定回访时限内，按比例完成客户回访工作，并准确、规范记录回访结果。

19）归档

收集、整理并核对客户待归档信息和报装资料，建立客户档案。资料归档的工作主要要求是应核对客户档案资料的完整性。档案信息主要包括客户申请信息、设备信息、基本信息、供电方案信息、计费信息及计量信息等。如果存在档案信息错误或信息不完整，则发起相关流程纠错。

# 【学习与训练任务】

## 万达食品加工厂用电受理

万达食品加工厂，注册工商营业执照名为"万达食品加工厂"，法人代表为赵×；法人身份证号为 430122××××12240103；固定电话为 88225623；移动手机号 139××××8888；邮政编码为：410018，联系地址为：长沙市人民东路 98 号；用电地址为：长沙市人民东路 98 号；联系人：李×，联系电话：139××××8888；联系人身份证号为：430122××××12240103；组织机构代码：79912292-1。准备在人民东路 98 号办一小型万达食品加工厂，具体负荷为食品生产线一条 120 kW，办公区照明 60 kW，生活区照明 20 kW，同时使用系数为0.75，功率因数 0.7，最近 3 年无扩大再生产需求。按 0.85 考虑配变负载率。客户表示目前流动资金紧张，要求尽可能经济一点。试以客户受理员身份受理万达食品加工厂用电。

# 【任务实施】

①查询客户以往的用电大项目前期咨询及咨询服务记录，审核客户历史用电情况、欠费情况、信用情况，以及是否列入失信客户。如单位法人所代表的其他单位欠费，则须缴清欠费后方可办理。

②查验客户资料是否齐全，申请单信息是否完整，证件是否有效。

③详细记录客户的客户名称、用电地址、客户身份证号（对于普通客户）、证照名称、证照号码、法人代表、法人代表身份证号、业务联系人、业务联系电话、报装容量、用电设备清单、行业类别及用电类别等申请信息。

④为客户提供信息宣传与咨询服务，正确引导并协助客户填写《客户用电设备清单》及《用电申请书》，见表 2-1-2 和表 2-1-3。

⑤根据客户申请信息及《关于加强重要电力用户供电电源及自备应急电源配置监督管理的意见》的要求,记录客户的重要性等级。

⑥生成对应的新装工作单,向客户提供《客户联系卡》。

表 2-1-2    客户用电设备清单

| | 设备名称 | 相数 | 额定电压 | 额定容量 | 台数 | 容量小计 | 负荷等级 | 允许中断供电时间/h |
|---|---|---|---|---|---|---|---|---|
| 动力设备 | 电动机 | 3 | 380 | 20 | 2 | 40 | 三 | 无要求 |
| | 烘干机 | 3 | 380 | 10 | 3 | 30 | 三 | 无要求 |
| | 搅拌机 | 3 | 380 | 25 | 2 | 50 | 三 | 无要求 |
| 小　计 | | | | | 7 | 120 | — | — |
| | 设备名称 | 相数 | 额定电压 | 额定容量 | 台数 | 容量小计 | 负荷等级 | 允许中断供电时间/h |
| 照明设备 | 办公室照明（含空调） | 3 | 380 | 60 | | 60 | 三 | 无要求 |
| | 宿舍照明（含楼道用电） | 3 | 380 | 20 | | 20 | 三 | 无要求 |
| 小　计 | | | | | | 80 | | |
| 保安负荷容量 | 无 | | | | | | | |
| 中断供电超过允许时间可能带来的影响或后果 | 无 | | | | | | | |
| 客户签章:李× | | | | 日期:2019-04-28 | | | | |

表 2-1-3    用电申请书

| 客户编号 | ××××| 客户名称 | 万达食品加工厂 |
|---|---|---|---|
| 用电地址 | 长沙市人民东路 98 号 | 邮政编码 | 410018 |
| 通信地址 | 长沙市人民东路 98 号 | | |
| 证件类别 | □营业执照<br>☑法人证明<br>□部队证明<br>□组织机构代码证<br>□房产证<br>□其他 | 证件号码 | 430122××××12240103 |

61

续表

| 联系人 | 李× | | | 联系电话 | | |
|---|---|---|---|---|---|---|
| 联系人手机 | 139××××8888 | | | 电子邮件地址 | | |
| 联系人证件类别 | ☑身份证<br>□士官证<br>□其他 | | | 联系人证件号码 | 430122××××12240103 | |
| 申请容量 | 200 kV·A | 重要性等级 | □特级<br>□一级<br>□二级<br>□临时性 | 用电类别 | □大工业　☑普通工业<br>□非工业　□商业<br>□非居民照明　□居民生活<br>□农业生产　□趸售 | |

客户在以下业务项中选择:(√)

一、新装增容业务

☑高压新装　　　□低压非居民新装　　□低压居民新装　　□小区新装

□装表临时用电　□无表临时用电　　　□高压增容　　　□低压非居民增容

□低压居民增容

二、变更业务

□减容　　　　　□减容恢复

□暂停　　　　　□暂停恢复　　　□暂换　　　□暂换恢复

□迁址　　　　　□移表　　　　　□暂拆　　　□复装　　　□更名

□过户　　　　　□分户　　　　　□并户　　　□销户　　　□改压

□改类　　　　　□计量装置故障　□更改交费方式　□批量销户　□申请校表

□无表临时用电延期　□无表临时用电终止

申请事由:

| 客户申明: | 本表及附件中的信息和提供的相关文件资料真实准确,谨此确认。<br><br>　　　　　　　　经办人签字:　李×<br>　　　　　　　　填表日期:2019 年 4 月 27 日 |
|---|---|

## 【任务评价】

**万达食品加工厂用电受理任务评价表**

| 用电客户受理任务评价表 | | | | | | |
|---|---|---|---|---|---|---|
| 姓名 | | 学号 | | | 成绩 | |
| 序号 | 评分项目 | 评分内容及要求 | 评分标准 | 满分 | 扣分 | 得分 |
| 1 | 1.查询客户历史信息 | 1.1 查询用电历史情况 | 正确确定客户用电历史情况 | 5 | | |
| 2 | | 1.2 查询欠费情况 | 正确确定客户欠费情况 | 5 | | |
| 3 | | 1.3 查询信用情况 | 正确确定客户信用情况 | 10 | | |
| 4 | 2. 查验客户资料 | 2.1 查验申请报告 | 申请报告查验正确 | 5 | | |
| 5 | | 2.2 查验营业执照 | 营业执照查验正确 | 5 | | |
| 6 | | 2.3 查验相关证件 | 相关证件查验正确 | 10 | | |
| 7 | 3.用电申请书填写 | 3.1 客户基本信息填写 | 客户基本信息填写正确 | 15 | | |
| 8 | | 3.2 客户用电信息填写 | 客户用电信息填写正确 | 15 | | |
| 9 | 4.用电设备清单填写 | 4.1 用电设备清单填写 | 用电设备清单填写正确 | 20 | | |
| 10 | 5.综合素质 | 5.1 着装整齐,精神饱满<br>5.2 现场组织有序,工作人员之间配合良好<br>5.3 独立完成相关工作<br>5.4 执行工作任务时,大声呼唱<br>5.5 不违反电力安全规定及相关规程 | | 10 | | |
| | 总分 | | | 100 | | |
| | 教师 | | | | | |

# 任务2.2 供电方案制订

## 【任务目标】

1.能简要说明供电方案的基本概念及主要内容。

2.能简要说明制订供电方案的基本原则和基本要求。

3.能正确确定供电方案的接入系统方案、受电系统方案、计量方案及计费方案。

4.能正确理解供电方案制订的风险。

# 【任务描述】

依据相关技术规程,根据单电源高压客户新装客户用电资料和电网情况,能正确确定其供电方案的接入系统方案、受电系统方案、计量方案及计费方案,并画出供电接线简图。

# 【知识准备】

## 2.2.1 企业工作技术标准

**(1)《国家电网公司业扩供电方案编制导则》(2015年)**

本导则规定了业扩供电方案的编制原则和主要内容,明确了电力客户的界定和分级原则,确定了供电方式、计量方式、计费计价方式、自备应急电源配置、无功补偿、继电保护等主要技术原则。本导则适用于国家电网公司所属各区域电网公司、省(自治区、直辖市)电力公司及供电企业对 220 kV 及以下供电的各类客户业扩供电方案的确定。

**(2)《电能计量装置技术管理规程》(DL/T 448—2016)**

运行中的电能计量装置按计量对象重要程度和管理需要分为 5 类。分类细则及要求如下:

1)Ⅰ类电能计量装置

220 kV 及以上贸易结算用电能计量装置;500 kV 及以上考核用电能计量装置;计量单机容量 300 MW 及以上发电机发电量的电能计量装置。

2)Ⅱ类电能计量装置

110(66)~220 kV 贸易结算用电能计量装置;220~500 kV 考核用电能计量装置;计量单机容量 100~300 MW 发电机发电量的电能计量装置。

3)Ⅲ类电能计量装置

10~110(66)kV 贸易结算用电能计量装置;10~220 kV 考核用电能计量装置;计量单机容量 100 MW 以下发电机发电量、发电企业厂(站)用电量的电能计量装置。

4)Ⅳ类电能计量装置

380 V~10 kV 电能计量装置。

5）V类电能计量装置

220 V 单相电能计量装置。

## 2.2.2　供电方案基本概念

### （1）供电方案的含义

供电方案是由供电企业提出经供用双方协商后确定满足客户用电需求的电力供应具体实施计划，是对客户供电的各种技术条件的特指及其相应的供电工程实施方案。供电方案是客户受电工程设计的依据，也是签订供用电合同的重要依据。

供电方案主要解决两个问题，即"供多少"和"如何供"。"供多少"是指批准变压器的容量是多少比较适宜；"如何供"是确定供电电压等级，选择供电电源，以及明确供电方式与计量方式等。

### （2）供电方案的主要内容

客户供电方案主要依据客户的用电需求、用电性质和现场调查的信息以及电网结构和运行情况来确定。供电方案的主要内容包括客户接入系统方案、客户受电系统方案、计量方案、计费方案及相关说明组成。

①客户接入系统方案

客户接入系统方案包括供电电压等级，供电容量，供电电源位置、供电电源数（单电源或多电源），供电回路数、路径、出线方式，以及供电线路敷设等。

②客户受电系统方案

客户受电系统方案包括进线方式，受电装置容量，主接线，运行方式，继电保护方式，调度通信，保安措施，产权及维护责任分界点，以及主要电气设备技术参数等，并明确应急电源及保安措施配置，以及谐波治理等要求。

③计量方案

计量方案包括计量点设置，电能计量装置配置类别，以及接线方式、计量方式、用电信息采集终端安装方案等。

④计费方案

计费方案包括用电类别、电价分类和功率因数考核标准等信息。

供电方案按照电压等级分为低压供电方案和高压供电方案。

## 2.2.3　制订供电方案应遵循的原则及应掌握的信息

### （1）制订供电方案的基本原则

①应能满足供用电安全、可靠、经济、运行灵活、管理方便的要求，并留有发展余度。

②符合电网建设、改造和发展规划的要求;满足客户近期、远期对电力的需求,具有最佳的综合经济效益。

③具有满足客户需求的供电可靠性及合格的电能质量。

④符合相关国家标准、电力行业技术标准和规程,以及技术装备先进要求,并应对多种供电方案进行技术经济比较,确定最佳方案。

**(2)制订供电方案应满足的基本要求**

①根据客户的用电容量、用电性质、用电时间及用电负荷重要程度等因素,确定高压供电、低压供电和临时供电等供电方式。

②根据用电负荷的重要程度确定供电电源及数量,提出保安电源、自备应急电源及非电性质的应急措施的配置要求。

③客户的自备应急电源及非电性质保安措施的配置、谐波负荷治理的措施应与供用电工程同步设计、同步建设、同步投运、同步管理。

**(3)制订供电方案应掌握的信息**

制订供电方案时,需要了解客户以下信息:

①用电地点。

②电力用途。

③用电性质。

④用电设备清单。

⑤用电负荷性质。

⑥保安电力。

⑦用电规划等。

现场勘查人员应根据客户的用电申请,主动到客户现场核查上述信息,并将核查后的资料信息作为制订供电方案的依据。

## 2.2.4 供电方案的制订

**(1)供电方式及适用范围**

1)供电方式的含义

供电方式是指电力供应的方法与形式。它具体包括:供电电源的参数,如频率、相数、电压;供电电源的地点、数量;受电装置位置、容量、进线方式、主接线及运行方式,供用电之间的合同关系,以及供电时间的时限等。

2)供电方式的分类

按电压分为高压与低压供电方式;按电源相数分为单相与三相供电方式;按电源数量分为单电源、双电源和多电源供电方式;按供电回路数分为单回路与多回路供电方式;按用电期限分为临时与正式供电方式;按供电计量形式分为非装表与装表;按管理关系分为直接与间接方式(委托转供、趸售)。

3)低压供电方式适用范围

低压供电方式是指采用低压单相 220 V 或三相 380 V 电压等级的供电。低压供电方式的适用范围如下:

①客户单相用电设备总容量在 10 kW 及以下时,可采用低压 220 V 供电。在经济发达地区,用电设备容量可扩大到 16 kW。

②客户用电设备总容量在 100 kW 及以下或需用变压器容量在 50 kV·A 及以下者,可采用低压 380 V 供电。在用电负荷密度较高的地区,经经济技术比较,采用低压供电的技术经济性明显优于高压供电时,低压供电的容量可适当提高。

③农村地区低压供电容量,应根据当地农村电网综合配电容量小、多布点的配置特点确定。

4)高压供电方式适用范围

高压供电方式是指采用高压供电的方式,供电电压等级在 1 kV 以上。高压供电方式的适用范围如下:

①客户受电变压器总容量在 50 kV·A~10 MV·A 时(含 10 MV·A),宜采用 10 kV 供电。无 35 kV 电压等级的地区,10 kV 电压等级的供电容量可扩大到 15 MV·A。

②客户受电变压器总容量在 5~40 MV·A 时,宜采用 35 kV 供电。

③有 66 kV 电压等级的电网,客户受电变压器总容量在 15~40 MV·A 时,宜采用66 kV 供电。

④客户受电变压器总容量在 20~100 MV·A 时,宜采用 110 kV 及以上电压等级供电。

⑤客户受电变压器总容量在 100 MV·A 及以上,宜采用 220 kV 及以上电压等级供电。

⑥10 kV 及以上电压等级供电的客户,当单回路电源线路容量不满足负荷需求且附近无上一级电压等级供电时,可合理增加供电回路数,采用多回路供电。

⑦临时供电。基建施工、市政建设、抗旱打井、防汛排涝、抢险救灾及集会演出等非永久性用电,可实施临时供电。具体供电电压等级取决于用电容量和当地的供电条件。

**(2)用电负荷分级**

1)分级原则

用电负荷应根据对供电可靠性的要求,中断供电将危害人身安全和公共安全,以及在政治或经济上造成损失或影响的程度等因素进行分级。

2)负荷分类

①特级负荷

特级负荷是指在管理国家事务中具有特别重要作用,中断供电将可能危害国家安全的电力客户的负荷。

②一级负荷

中断供电将产生下列后果之一的,为一级负荷:

a.引发人身伤亡的。

b.造成环境严重污染的。

c.发生中毒、爆炸和火灾的。

d.造成重大政治影响、经济损失的。

e.造成社会公共秩序严重混乱的。

③二级负荷

中断供电将产生下列后果之一的,为二级负荷:

a.造成较大政治影响、经济损失的。

b.造成社会公共秩序混乱的。

c.造成较大环境污染的。

④三级负荷

不属于一级负荷和二级负荷的,为三级负荷。

具有特级负荷、一级负荷兼或二级负荷的客户,统称重要客户。例如,国家重要广播电台、电视台、通信中心;重要国防、军事、政治工作及活动场所;重要交通枢纽;国家信息中心及信息网络、电力调度中心、金融中心、证券交易中心;重要宾馆、饭店、医院、学校;大型商场、影剧院等人员密集的公共场所;煤矿、金属非金属矿山、石油、化工、冶金等高危行业的客户。根据管理需要,可依据负荷分级对重要客户进行细化分类或分级。

**(3)制订供电方案的步骤**

1)确定客户用电负荷性质及级别

根据《国家电网公司业扩供电方案编制导则(试行)》规定的用电负荷分级原则及分级标准,分析客户用电负荷级别,明确客户的分类,以便确定供电方式。

①用电负荷分级。用电负荷分级应根据客户对供电可靠性的要求,以及中断供电将危害人身安全和公共安全,在政治或经济上造成损失或影响程度等因素进行分级,分为一级负荷、二级负荷和三级负荷3种。

②重要电力客户的分级。重要客户是指在国家或者一个地区(城市)的社会、政治、经济生活中占有重要地位,对其中断供电将可能造成人身伤亡、较大环境污染、较大政治影响、较大经济损失、社会公共秩序严重混乱的用电单位或对供电可靠性有特殊要求的用电场所。

③根据对供电可靠性的要求以及中断供电危害程度,可将电力客户分为特级、一级、二级重要电力客户,临时性重要电力客户, 以及普通电力客户。

2)确定供电电压

对用户供电的电压,应根据用电容量、用电设备特性、供电距离、供电线路的回路数、当地公共电网现状、通道等社会资源利用效率及其发展规划等因素,经技术经济比较后确定。

供电公司对电力客户的供电电压,应从供用电的安全、经济、合理以及便于管理等综合效益出发,依据国家的有关政策和规定、电网的规划、用电需求以及当地供电条件等因素,进行技术经济比较,与客户协商确定。

①客户单相用电设备总容量不足 10 kW 的可采用低压 220 V 供电,但有单台设备容量超过 1kW 的单相电焊机、换流设备时,客户必须采取有效的技术措施,以消除对电能质量的

影响,否则应改为其他方式供电。

②客户用电设备总容量在 100 kW 及以下或需用变压器容量在 50 kV·A 及以下者,可采用低压三相四线制 380 V 供电,特殊情况也可采用高压供电。

③对用电设备总容量超过 100 kW 或需用变压器容量超过 50 kV·A 的客户,一般采用 10 kV 供电。

④对农村用电,应根据负荷大小和距离远近,采用 35~110 kV 输电,10 kV 配电。在灌溉用电较多的地区,10 kV 电压很难保证合格的电压质量,可采用 35 kV 直配电和 35 kV 降压 10 kV 配电两种联合供电的方式。

3)确定供电容量

供电容量确定的原则是:综合考虑客户申请容量、用电设备总容量,并结合生产特性兼顾主要用电设备同时率、同时系数等因素。

根据客户提供并经现场核实的负荷情况,合理选用需要系数法、二项式系数法、产品单耗定额法或负荷密度法等方法计算负荷,并确定供电容量。

①采用用电负荷密度法确定供电容量

对高层住宅和高层商业用电等,可采用用电负荷密度的方法,确定供电容量。

a.繁华地区商贸用电 80~100 W/m²。

b.商贸、写字楼、金融、高级公寓混合用电 80~100 W/m²。

居民住宅以及公共服务设施用电容量的确定应综合考虑所在城市的性质、社会经济、气候、民族、习俗及家庭能源使用种类。一般为 50 W/m²左右。

建筑面积在 50 m² 及以下的住宅客户,每户容量不小于 4 kW,建筑面积在 50 m² 以上的住宅客户,每户容量不小于 8 kW。

②采用需要系数法确定供电容量

a.一般用电设备的计算负荷。一般用电设备包括长时、短时工作制设备(电动机和照明电热设备)。这样的单个用电设备铭牌上标明的额定功率 $P_N$,即为计算负荷,则

$$P_c = P_N \tag{2-2-1}$$

式中　$P_c$——计算负荷,kW;

　　　$P_N$——用电设备额定功率,kW。

b.反复短时工作制用电设备的计算负荷。包括反复短时工作制电动机和电焊设备两种。对反复短时工作制的单台用电设备,计算其额定容量 $P_{CN}$(或 $S_{CN}$),即为计算负荷,即

$$P_c = P_{CN} \tag{2-2-2}$$

式中　$P_c$——计算负荷,kW;

　　　$P_{CN}$——用电设备计算额定容量,kW。

需要指出,用电设备计算额定容量不是铭牌额定容量,需要依据铭牌额定容量,按照设备暂载率进行换算,即

$$P_{CN} = \sqrt{\frac{\varepsilon_N}{\varepsilon_o}} P_N \tag{2-2-3}$$

式中  $\varepsilon_N, \varepsilon_0$ ——负载运行时实际额定暂载率和标准暂载率。

c.用电设备组的计算负荷。当有多台工作性质相同或相似的一组用电设备时,其中有的设备可能满载运行,有的设备轻载或空载运行,还有的设备处于备用或检修状态。将所有影响计算负荷的诸多因素归并一个系数来表示,即为需要系数 $K_d$。不同工作性质的设备需要系数不同,其值一般可查有关设计手册及设计标准中的需要系数表得到。

用电设备组的计算负荷,将用电设备组的设备容量之和乘以用电设备组的需用系数,即

$$P_C = K_d \sum P_N \tag{2-2-4}$$

式中  $P_C$ ——有功计算负荷,kW;

$K_d$ ——需用系数;

$\sum P_N$ ——用电设备组有功功率之和,kW。

d.用电设备计算负荷确定后,可根据国家规定客户应达到的功率因数计算出用电负荷的视在功率,确定供电容量为

$$S_c = \frac{P_c}{\cos\varphi} \tag{2-2-5}$$

【例2-2-1】  有一木器加工厂,用电设备为三相交流电动机接在380 V电源上,其中功率为4.8 kW的有5台,4.5 kW的有6台,2.5 kW的有10台,求此用户的总负荷(需要系数取0.35,综合功率因数为0.65)。

解  因 $K_d = 0.35$ , $\cos\varphi = 0.65$ ,故 $\tan\varphi = 1.33$ ,则

$$\sum P_N = 5 \times 4.8 \text{ kW} + 6 \times 4.5 \text{ kW} + 10 \times 2.5 \text{ kW} = 76 \text{ kW}$$

$$P_C = K_d \sum P_N = 0.35 \times 76 \text{ kW} = 27 \text{ kW}$$

$$Q_C = P_C \tan\varphi = 26.6 \times 1.33 \text{ kVar} = 35 \text{ kVar}$$

$$S_C = \frac{P_C}{\cos\varphi} = \frac{27}{0.65} = 42 \text{ kV} \cdot \text{A}$$

4)确定供电电源和进户线

根据用电负荷性质和重要程度确定单电源、双电源或多电源供电,以及是否需要配置自备应急电源。

①供电电源配置的一般原则

a.供电电源应依据客户的负荷等级、用电性质、用电容量以及当地供电条件等因素进行技术经济比较,与客户协商确定。

对具有一级、二级负荷的客户应采用双电源或多电源供电,其保安电源应符合独立电源的条件。该类客户应自备应急电源,同时应配备非电性质的应急措施。

对三级负荷的客户可采用单电源供电。

b.双电源、多电源供电时,宜采用同一电压等级电源供电。

c.应根据客户的负荷性质及其对用电可靠性要求和城乡发展规划,选择采用架空线路、电缆线路或架空-电缆线路供电。

②供电电源点确定的一般原则

a.电源点应具备足够的供电能力,能提供合格的电能质量,满足客户的用电需求,保证接电后电网安全运行和客户用电安全。

b.对多个可选的电源点进行技术经济比较并确定。

c.根据客户分级和用电需求,确定电源点的回路数和种类。

d.根据城市地形、地貌和城市道路规划要求,就近选择电源点。路径应短捷顺直,减少与道路交叉,避免近电远供、迂回供电。

③确定供电电源和进户线的注意事项

a.进户线应尽可能接近供电电源线路处。

b.容量较大的客户应尽量接近负荷中心处。

c.进户线应错开泄雨水的沟、墙内烟道,并与煤气管道、暖气管道保持一定距离。

d.一般应在墙外地面上看到进户点,便于检查、维修。

e.进户点的墙面应坚固,能牢固安装进户线支持物。

5)电气主接线及主设备配置

①确定电气主接线的一般原则:

a.根据进出线回路数、设备特点及负荷性质等条件确定。

b.满足供电可靠、运行灵活、操作检修方便、节约投资和便于扩建等要求。

c.在满足可靠性要求的条件下,宜减少电压等级和简化接线。

②电气主接线形式。电气主接线主要有桥形接线、单母线、单母线分段、双母线及线路变压器组,根据需要进行合理选择。

③具有两回线路供电的一级负荷客户,其电气主接线的确定应符合下列要求:

a.35 kV 及以上电压等级应采用单母线分段接线或双母线接线。装设两台及以上主变压器的6~10 kV 侧应采用单母线分段接线。

b.10 kV 电压等级应采用单母线分段接线。装设两台及以上变压器的0.4 kV 侧应采用单母线分段接线。

④具有两回线路供电的二级负荷客户,其电气主接线的确定应符合下列要求:

a.35 kV 及以上电压等级宜采用桥形、单母线分段、线路变压器组接线。装设两台及以上主变压器的中压侧应采用单母线分段接线。

b.10 kV 电压等级宜采用单母线分段、线路变压器组接线。装设两台及以上变压器的0.4 kV 侧应采用单母线分段接线。

⑤单回线路供电的三级负荷客户,其电气主接线,采用单母线或线路变压器组接线。

⑥受电主变压器的配置:

a.主变压器台数和容量应根据地区供电条件、负荷性质、用电容量和运行方式等条件综合考虑;设备选型应考虑低损耗、低噪声设备。目前,我国常用的10 kV 变压器形式主要有S11,SC10,SG10,SCB10,SCR10,以及各种新型箱式变等。

b.安装于有特殊安全要求场所(如高层建筑、地下配电房等)的变压器,应选择干式变压器。

c.装设有两台变压器及以上的配电站,其中任何变压器断开时,其余变压器容量应不小于全部负荷容量的60%,并应能满足全部一类负荷和二类负荷的用电。

6)计量方式的确定、计量装置配置

①计量点的确定

计量点是计量装置或计费电能表的安装位置。原则上,电能计量点应设定在供电设施与受电设施的产权分界处。

②计量方式的确定

a.低压供电客户,负荷电流为60 A及以下时,电能计量装置接线宜采用直接接入式;负荷电流为60 A以上时,电能计量装置接线宜采用经电流互感器接入式。

b.高压供电的客户,宜在高压侧计量。但对10 kV供电且容量在315 kV·A及以下、35kV供电且容量在500 kV·A及以下的,高压侧计量确有困难时,可在低压侧计量,即采用高供低计方式。

c.有两路及以上线路分别来自不同供电点或有多个受电点的客户,应分别装设电能计量装置。

d.客户一个受电点内不同电价类别的用电,应分别装设计费电能计量装置。

③电能计量装置的接线方式

接入中性点绝缘系统的电能计量装置,宜采用三相三线接线方式;接入中性点非绝缘系统的电能计量装置,应采用三相四线接线方式。

④电能计量装置的配置

根据《电能计量装置技术管理规程》(DL/T 448—2015)规定的电能计量装置的分类及技术要求进行配置。

a. Ⅰ,Ⅱ,Ⅲ类电能计量装置应按计量点配置计量专用电压、电流互感器。电能计量专用电压、电流互感器及其二次回路不得接入与电能计量无关的设备。

b.计量装置中电压互感器二次回路,应不装设隔离开关辅助接点和熔断器。

c.应配置全国统一标准的专用电能计量柜或计量箱。

d.高压电能计量装置应装设电压失压计时器。

e.互感器二次回路的连接导线应采用铜质单芯绝缘线。对电流二次回路,连接导线截面积应按电流互感器的额定二次负荷计算确定,至少应不小于4 mm$^2$。对电压二次回路,连接导线截面积应按允许的电压降计算确定,至少应不小于2.5 mm$^2$。

f.互感器实际二次负荷应在25%~100%额定二次负荷范围内;电流互感器额定二次负荷的功率因数应为0.8~1.0;电压互感器额定二次功率因数应与实际二次负荷的功率因数接近。

g.电流互感器额定一次电流的确定,应保证其在正常运行中的实际负荷电流达到额定值的60%左右,至少应不小于30%;否则,应选用高动热稳定电流互感器以减小变化。

h.为提高低负荷计量的准确性,应选用过载4倍及以上的电能表。

i.经电流互感器接入的电能表,其标定电流宜不超过电流互感器额定二次电流的30%,其额定最大电流应为电流互感器额定二次电流的120%左右。直接接入式电能表的标定电流应按正常运行负荷电流的30%左右进行选择。

j.执行功率因数调整电费的客户,应安装能计量有功电量、感性和容性无功电量的电能计量装置;按最大需量计收基本电费的客户,应装设具有最大需量计量功能的电能表;实行分时电价的客户,应装设复费率电能表或多功能电能表。

k.带有数据通信接口的电能表,其通信规约应符合《多功能电能表通信协议》(DL/T 645)的要求。

l.具有正向、反向送电的计量点,应装设计量正向和反向有功电量以及四象限无功电量的电能表。

m.用电信息采集终端的配置。所有电能计量点均应安装用电信息采集终端。根据应用场所的不同,选配用电信息采集终端。对高压供电的客户配置专变采集终端,对低压供电的客户配置集中抄表终端,对有需要接入公共电网分布式能源系统的客户配置分布式能源监控终端。

各类电能计量装置的配置电能表、互感器准确度等级应不低于表2-2-1。

表 2-2-1　电能表、互感器准确度等级

| 电能计量装置类别 | 准确度等级 (DL/T448—2016) | | | |
|---|---|---|---|---|
| | 有功电能表 | 无功电能表 | 电压互感器 | 电流互感器 |
| Ⅰ | 0.2 s | 2.0 | 0.2 | 0.2 s |
| Ⅱ | 0.5 s | 2.0 | 0.2 | 0.2 s |
| Ⅲ | 1.0 | 2.0 | 0.5 | 0.5 s |
| Ⅳ | 2.0 | 3.0 | 0.5 | 0.5 s |
| Ⅴ | 2.0 | — | — | 0.5 s |

注:0.2级电流互感器仅指发电机出口电能计量装置中配用。

7)确定执行电价

客户执行电价应按照国家电价政策和各省、自治区、直辖市电价政策及说明执行。

8)功率因数要求及无功补偿装置配置

①无功补偿装置的配置原则

a.无功电力应分层分区、就地平衡。客户应在提高自然功率因数的基础上,按有关标准设计并安装无功补偿设备。

b.并联电容器装置,其容量和分组应根据就地补偿、便于调整电压和不发生谐振的原则进行配置。

c.无功补偿装置宜采用成套装置,并应装设在变压器低压侧。

②功率因数要求

100 kV·A 及以上高压供电的电力客户,在高峰负荷时的功率因数不宜低于 0.95;其他电力客户和大中型电力排灌站、趸购转售电企业,功率因数不宜低于 0.90;农业用电,功率因数不宜低于 0.85。

③无功补偿容量计算

a.电容器的安装容量,应根据客户的自然功率因数计算后确定。

b.当不具备设计计算条件时,10 kV 变电所电容器安装容量可按变压器容量的 20%～30%确定。

## 2.2.5　供电方案制订风险点分析及防范措施

**(1)风险点**

①供电电源配置与用户负荷重要性不相符。

②供电线路容量不能满足用户用电负荷需求。

③特殊用户(谐波源、冲击性负荷)的供电电压、接入点、继电保护方式选择不合理。

④未向重要用户提供双电源,重要用户未配备自备应急电源与非电性质的保安措施。

**(2)风险影响**

①不合理的供电方案将使供电线路、受电装置等过载运行,直接影响电网安全稳定运行和其他用户的正常用电。

②重要用户安全可靠供电得不到保障。

③影响公用电网的电能质量。

④影响用户与供电企业的投资和运行费用是否经济合理。

**(3)风险点防范措施**

①提高业扩勘查质量,严格审核用户用电需求、负荷特性、负荷重要性、生产特性及用电设备类型等,掌握用户用电规划。

②根据用户负荷等级分类,尤其是重要用户,要严格按照《国家电网公司业扩供电方案编制导则(试行)》等相关规定来制订供电方案。

③非线性用户要求其进行电能质量评估,整治方案和措施必须做到同步。

④供电企业内部要建立供电方案审查的相关制度,规范供电方案的审查工作。

# 【学习与训练任务】

## 万达食品加工厂供电方案定制

注册工商营业执照名为:万达食品加工厂;法人代表为:赵×;法人身份证号为:430122××××12240103;固定电话为:88225623;移动手机号:139××××8888;邮政编码为:410018;联系地址为:长沙市人民东路98号;用电地址为:长沙市人民东路98号;联系人:李×,联系电话:139××××8888;联系人身份证号为:430122××××12240103;组织机构代码:79912292-1。准备在人民东路98号办一小型万达食品加工厂,具体负荷为食品生产线一条120 kW,办公区照明60 kW,生活区照明20 kW,同时使用系数为0.75,功率因数0.7,最近3年无扩大再生产需求。按0.85考虑配变负载率。客户表示目前流动资金紧张,要求尽可能经济一点。客户用电设备清单见表2-1-2,经勘查知现场电源有两个,见表2-2-2。

表 2-2-2　供电网电源情况

| 变电站名称 | 线路名称 | "T"接杆号 | 相对位置 | 可接入负荷 |
|---|---|---|---|---|
| 110 kV 体育新城变 | 10 kV 白沙湾线 | 11 号杆 | 距离客户受电点250 m | 3 300 kV·A |
| 110 kV 合丰变 | 10 kV 武侯线 | 52 号杆 | 距离客户受电点160 m | 2 600 kV·A |

试以客户受理员的身份受理万达食品加工厂用电,确定其供电方案,并画出供用电接线简图。

# 【任务实施】

(1)客户基本信息

申请客户:万达食品加工厂;行业分类:食品制造;用电地址:长沙市人民东路98号。

负荷特性:三级负荷;申请供电容量:200 kV·A。

相关证件:营业执照(注册号3701111101012345)。

联系人:赵×;联系电话:139××××8888。

(2)接入系统方案确定

1)供电容量

供电容量计算为

$$P_c = K_d P = 0.75 \times (120 + 60 + 20)\,\text{kW} = 150\,\text{kW}$$

$$S_c = \frac{P_c}{\cos\varphi} = \frac{150}{0.95} = 157.89 \text{ kV} \cdot \text{A}$$

$$S_n = \frac{S_c}{\beta} = \frac{157.89}{0.85} = 185.75 \text{ kV} \cdot \text{A}$$

故可选用 200 kV·A。

2）供电电压、频率

该客户供电容量大于 100 kW 或 50 kV·A ≤ 200 kV·A ≤ 10 MV·A 时，应采用 10 kV 供电。

3）供电电源的接入点

①供电电压两个电源都满足要求。

②开放接入负荷两个电源都满足要求。

③但从合丰变 10 kV 武侯线 52 号杆"T"接距离近，其投资建设线路成本少，另运行线路损耗也会少一些。

因此，选择第二个电源。

4）电源进线敷设方式、技术要求

合丰变 10 kV 武侯线 52 号杆"T"接，并经架空线路引入。

5）投资界面及产权分界点

52 号杆"T"接点附近。

**（3）受电系统方案确定**

①用户电气主接线及运行方式。线路变压器组接线。

②受电装置容量及电气参数配置要求。变压器容量，200 kV·A，型号 S11。

③无功补偿配置。

无功补偿配置计算为

$$
\begin{aligned}
\Delta Q &= Q_1 - Q_2 = K_D P(\tan\varphi_1 - \tan\varphi_2) \\
&= K_D P\left(\sqrt{\frac{1}{\cos^2\varphi_1} - 1} - \sqrt{\frac{1}{\cos^2\varphi_2} - 1}\right) \\
&= 0.75 \times 200\left(\sqrt{\frac{1}{0.7^2} - 1} - \sqrt{\frac{1}{0.95^2} - 1}\right) \\
&= 103.72 \text{ kVar}
\end{aligned}
$$

选取无功补偿容量为 120 kVar，无功补偿方式为低压集中补偿。

④自备应急电源及非电性质保安措施配置要求（无，但可有非电性质保安措施）。

⑤谐波治理、调度通信、继电保护及自动化装置要求（500 kV·A 以下，可采用跌落式熔断器或电流速断保护和过流保护作为主保护和后备保护）。

⑥配电站房选址要求（杆上变）。

⑦低压配电箱。

（4）计量方案确定

①计量点的设置（产权分界点处或变压器低压侧处）。

②计量方式。高供低计。

③互感器和电能表选择与配置：

a.主计量点

$$I_{2N} = \frac{S_N}{\sqrt{3}\,U_{2N}} = \frac{200}{\sqrt{3}\times0.4}\ A = 303.87\ A$$

可选择 3 只低压 TA,变比:300/5。

电能表选择与配置。三相四线智能电能表,3×1.5(6)A,3×220/380 V。

b.子计量点

$$I = \frac{P}{\sqrt{3}\,U\cos\varphi}$$

$$= \frac{20}{1.732\times0.38\times0.7}\ A = 43.4\ A$$

$$I_b = I \times 30\% = 43.4 \times 0.3\ A = 13.02\ A$$

三相四线智能表　3×15(60)A,3×220/380 V。

④二次回路要求（电流二次回路导线 4 mm² 单芯铜质导线,电压二次回路导线 2.5 mm² 单芯铜质导线）。

⑤计量柜（箱）等计量装置的核心技术要求（按规定选取）。

⑥用电信息采集终端安装方案（按规定选取）。

（5）计费方案确定

①用电类别（食品加工和居民生活照明）。

②电价说明（一般工商业及其他和居民生活）。

③功率因数考核办法（0.9,不考核）。

（6）供电方案接线简图

万达食品加工厂供电接线简图如图 2-2-1 所示。

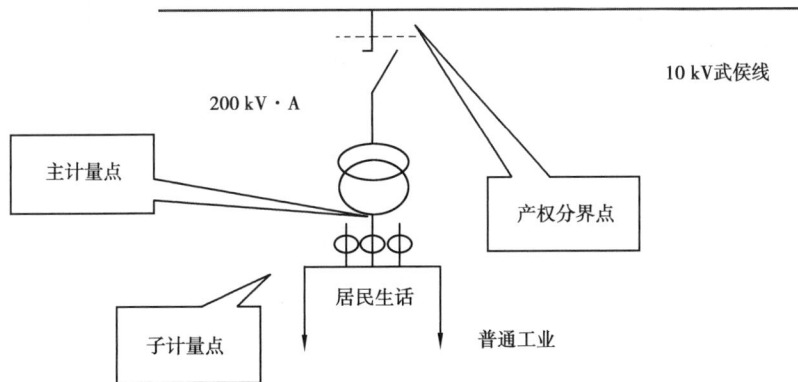

图 2-2-1　万达食品加工厂供电接线简图

# 【任务评价】

**万达食品加工厂供电方案制订任务评价表**

| 供电方案制订任务评价表 | | | | | | |
|---|---|---|---|---|---|---|
| 姓名 | | 学号 | | | 成绩 | |
| 序号 | 评分项目 | 评分内容及要求 | 评分标准 | 满分 | 扣分 | 得分 |
| 1 | 1.接入系统 | 1.1 确定负荷等级 | 正确确定负荷等级 | 5 | | |
| 2 | | 1.2 确定用户负荷接入系统方案 | 正确确定用户负荷接入系统方案 | 5 | | |
| 3 | | 1.3 确定进线方式 | 进线方式正确 | 10 | | |
| 4 | 2.受电系统 | 2.1 确定用户受电容量 | 到出计算公式,并计算受电容量大小 | 10 | | |
| 5 | | 2.2 确定配电方式 | 配电方式正确 | 5 | | |
| 6 | | 2.3 确定无功补偿方式及补偿容量 | 无功补偿方式及补偿容量确定正确 | 10 | | |
| 7 | 3.计量方案 | 3.1 确定用户计量方式 | 正确确定计量点、计量方式 | 10 | | |
| 8 | | 3.2 配置计量装置 | 通过计算正确配置互感器和电能表 | 15 | | |
| 9 | 4.计费方案 | 4.1 电价电费结算方式 | 电价电费结算方式确定正确 | 10 | | |
| 10 | 5.绘图 | 5.1 绘制供电方案草图 | 绘制草图 | 10 | | |
| 11 | 6.综合素质 | 6.1 着装整齐,精神饱满<br>6.2 现场组织有序,工作人员之间配合良好<br>6.3 独立完成相关工作<br>6.4 执行工作任务时,大声呼唱<br>6.5 不违反电力安全规定及相关规程 | | 10 | | |
| | 总分 | | | 100 | | |
| | 教师 | | | | | |

# 任务 2.3　客户受电工程设计图纸审核

## 【任务目标】

1.了解客户受电工程设计图纸审核的目的和意义。
2.熟悉客户受电工程设计图纸审核所需提供的资料和审核依据。
3.能根据客户受电工程技术标准和供电方案进行低压客户受电工程设计图纸审核。

## 【任务描述】

本任务为客户新装受电工程设计图纸审核。要求能根据低压客户新装供电方案和相关技术标准进行低压客户新装受电工程设计图纸审核。

## 【知识准备】

## 2.3.1　工程设计图纸审核的目的和意义

工程设计图纸审核是指供电企业依据国家法律、法规、技术标准对客户受(送)电工程设计及文件的审核。其目的是保障电力系统和用户安全、可靠、经济供用电。

受电工程不仅是客户工程中的重要组成部分,同时也是电力系统的重要组成部分。客户受电工程处于电力系统的最末端,是整个电力系统最终服务的对象。电力系统是由发电、输电、变电、配电及用电等环节组成的电能生产与消费系统。电能生产、供应和使用是在瞬间完成的,并需保持平衡。因此,受电工程质量的好坏不仅影响客户工程的质量,而且对整个电力系统有着重要的影响。审图质量的高低直接影响受电工程质量、造价以及受电设备及电网安全运行。客户受电工程电气图纸只有在经过供电企业审核后,客户方可依据进行施工,否则供电企业不予以检验和接电。

## 2.3.2　工程设计图纸审核的依据

### (1)审核的依据

受电工程设计的审查,应按照供电部门确定的供电方案,依据国家、电力行业的有关设计标准、规程进行,特殊行业或场所还应符合相关的国家标准。

审核中,如果确实需要修改供电方案的,必须经过供电方案批复部门的同意。审查时,应倡导采用节能环保的先进技术和产品,禁止使用国家明令淘汰的设备和工艺。

### (2)审核的资料

一般受电工程的设计分为初步设计和施工设计两个阶段。首先,设计单位根据工程的具体需要和供电方案答复单内容进行初步设计,初步设计完成后由供电部门对设计进行审核。设计部门根据审查意见,对设计图纸进行修改,完成后送审,并根据初步设计完成施工设计。对简单的受电工程,可不进行施工设计。在初步设计审查意见出具后,图纸审查人员对受电工程的施工设计应进行过程跟踪,确保审图意见在设计中的实施和落实。客户受电工程电气图纸审核的主要资料是用户受电工程设计图纸,主要包括电气施工图和配电房土建施工图。另外,还应包括与其相关的技术资料。

## 2.3.3　工程设计图纸审核的内容

### (1)受电工程设计资质的审查

资质是一种资格认证。一般分为设计和施工两大类。根据中华人民共和国建设部2007年修订的《工程设计资质标准》规定,设计资质分为4个序列:工程设计综合资质、工程设计行业资质、工程设计专业资质及工程设计专项资质。

工程设计综合资质是指涵盖通用行业的设计资质;工程设计行业资质是指涵盖某个行业资质标准中的全部设计类型的设计资质;工程设计专业资质是指某个行业资质标准中某一个专业的设计资质;工程设计专项资质是指为适应和满足行业发展的需要,对已形成产业的专项技术独立进行设计以及设计、施工一体化而设立的资质。

受电工程设计单位必须取得相应的设计资质。根据中华人民共和国建设部2007年修订的《工程设计资质标准》规定,110 kV及以下客户受电工程(包括低压用户受电工程)的设计单位必须取得工程设计综合资质、电力行业工程设计丙级(变电工程、送电工程)以上资质、电力专业工程设计丙级(变电工程、送电工程)以上资质。国家电监会对设计单位的资质有明确规定,设计单位应取得国家发改委颁发的相应级别的电力行业设计资质,或国家建设部门颁发的相应级别的电力工程总承包资质。

**（2）核查送审设计文件的完整性**

完整的设计文件是整个受电工程设计文件审核的基础和前提,并且对后期工程的施工有着重要的意义。通过严格的管理手段,才能实现工程项目的施工进度、质量、成本、安全及环境整治等综合指标的完成,更重要的是充分展示施工企业的形象和驾驭工程项目的能力,充分体现施工企业综合素质和管理水平,必须予以高度的重视。不完整的设计文件可能会影响图纸审查意见的正确出具,还可能造成工程返工。

低压供电的客户报送的资料包括负荷组成和用电设备清单;高压供电的客户受电工程设计审查报送的完整设计文件一般应包括:

①设计单位资质及材料。

②受电工程设计及说明书。

③用电负荷分布图以及用电负荷性质。

④主要电气设备一览表。

⑤影响电能质量的用电设备清单。

⑥隐蔽工程设计资料。

⑦主要生产设备、生产工艺耗电以及允许中断供电时间。

⑧高压受电设备一次、二次接线图,以及平面布置图。

⑨用电功率因数计算及无功补偿方式。

⑩继电保护、过电压保护及电能计量的方式。

⑪配电网布置图。

⑫对有冲击负荷、不对称负荷、非线性负荷等有可能影响电网供电客户,还应提供消除其对电网不良影响的技术措施及有关的设计资料。

⑬供电企业认为应提供的其他资料。

上述资料应提供一式两份,供电企业审查人员对不完整的设计文件可不予接收,对部分缺少而需要进一步补充的设计文件,应列举好清单,一次性书面进行告知用户。用户应根据告知书提供完整。

**（3）建构筑物总平面图的审核**

总平面图主要表示整个建筑基地的总体布局,具体表达新建房屋的位置、朝向以及周围环境(原有建筑、交通道路、绿化、地形)基本情况的图样。总平面图作为新建房屋定位、施工放线、布置施工现场的依据。

建构筑物总平面图布置,首先要满足电气主接线的要求,力求导线、电缆和交通运输线路短捷、通顺,避免迂回,尽可能减少交叉;其次应根据供电方案和设计说明,审查变配电所所址的选择、电气设备的平面布置等是否符合国家相关规定,特殊场所还应满足相关的特殊行业的设计规范。应根据下列要求并经技术、经济分析比较确定:

1)接近负荷中心

以减少配电距离,降低配电系统的电能损耗、电压损耗和有色金属消耗量。

2）进出线方便

变电所位置的选择应充分考虑变电所电源进线和出线的布局,充分保证架空线路和电缆线路的安全、可靠、经济及检修方便。

3）接近电源侧

用户变电所的选址应综合考虑与系统电源的距离和主要用电设备的距离,合理的布局,无论在保证电能质量还是节约成本上都有积极的作用。

4）设备吊装、运输方便

无论在前期的设备进场安装、试验调试设备进出还是在后期设备的检修维护,都需要考虑大型机械和车辆的进出。

5）不应设在有剧烈振动的场所

变配电设备处于剧烈振动的场所,可能会导致保护装置拒动,甚至误动作;开关设备误动作,从而造成全所失电的事故。

6）不应设在污染源的下风侧

污染源的下风侧会造成污染物沉降,沉降物附着在变配电设备上会造成设备绝缘水平下降,造成污闪,严重的产生短路,造成设备爆炸。

7）不应设在厕所、浴室等经常积水场所的正下方或贴邻

长期处于空气相对湿度超过75%环境的变配电设备易造成设备锈蚀,严重的还会引起闪络、放电,产生臭氧,引起爆炸。

8）不应设在爆炸危险场所以内

不宜设在有火灾危险场所的正上方或正下方,如布置在爆炸危险场所范围以内或与火灾危险场所的建筑物毗连时,应符合《爆炸危险环境电力装置设计规范》(GB 50058—2014)的规定。

9）其他要求

除应满足上述规定外,在特定场所,还应符合以下要求:

①高层建筑地下层变配电所的位置宜选择在通风、散热条件较好的场所。

②变配电所位于高层建筑的地下室时,不宜设在最底层。

③装有可燃性油浸电力变压器的变电所,不应设在耐火等级为三、四级的建筑中。

④大中城市居住小区、人群密集处等民用建筑中不宜采用露天或半露天的变电所。

⑤总布置设计还应重视控制噪声,宜使主要工作和生活场所避开噪声源,减轻噪声危害。

### (4) 电气图纸的审核

对于用电工程来说,电气图纸是整个设计的核心部分,设计是否合理关系设备和电网是否安全运行。应根据供电部门答复的供电方案,对照设计说明,对整个设计的可靠性、合理性、经济性进行审查,并且不应与供电方案答复单的内容有冲突。同时,根据目录清点图纸是否齐全,设计是否全面。电气图纸审核应先一次后二次,先高压后低压,先电气后土建。

电气一次主接线的审核如下:

1）电气主接线形式和运行方式

电气主接线是受电工程设计的首要部分,也是构成电力系统的重要环节。主接线的确定对电力系统及客户受电工程运行的可靠性、灵活性和经济性密切相关,并且对电气设备的选择、配电装置的布置、继电保护和控制方式的拟订有较大影响。

审查时,应根据用户的重要等级和负荷的分类确定用户的一次主接线是否满足。其基本原则如下:

①两回线路供电的一级负荷客户,其电气主接线的确定应符合下列要求:35 kV 及以上电压等级应采用单母线分段接线或双母线接线;装设两台及以上主变压器的 6~10 kV 侧应采用单母线分段接线。10 kV 电压等级应采用单母线分段接线;装设两台及以上变压器的 0.4kV 侧应采用单母线分段接线。如图 2-3-1 所示为 10 kV 高供高计用户的一次主接线图,采用双电源供电,一路常供,一路备用。10 kV 采用单母分段接线,设 10 kV 母分开关。两台主变,在 0.4 kV 侧进行低压联络,设低压母分开关。

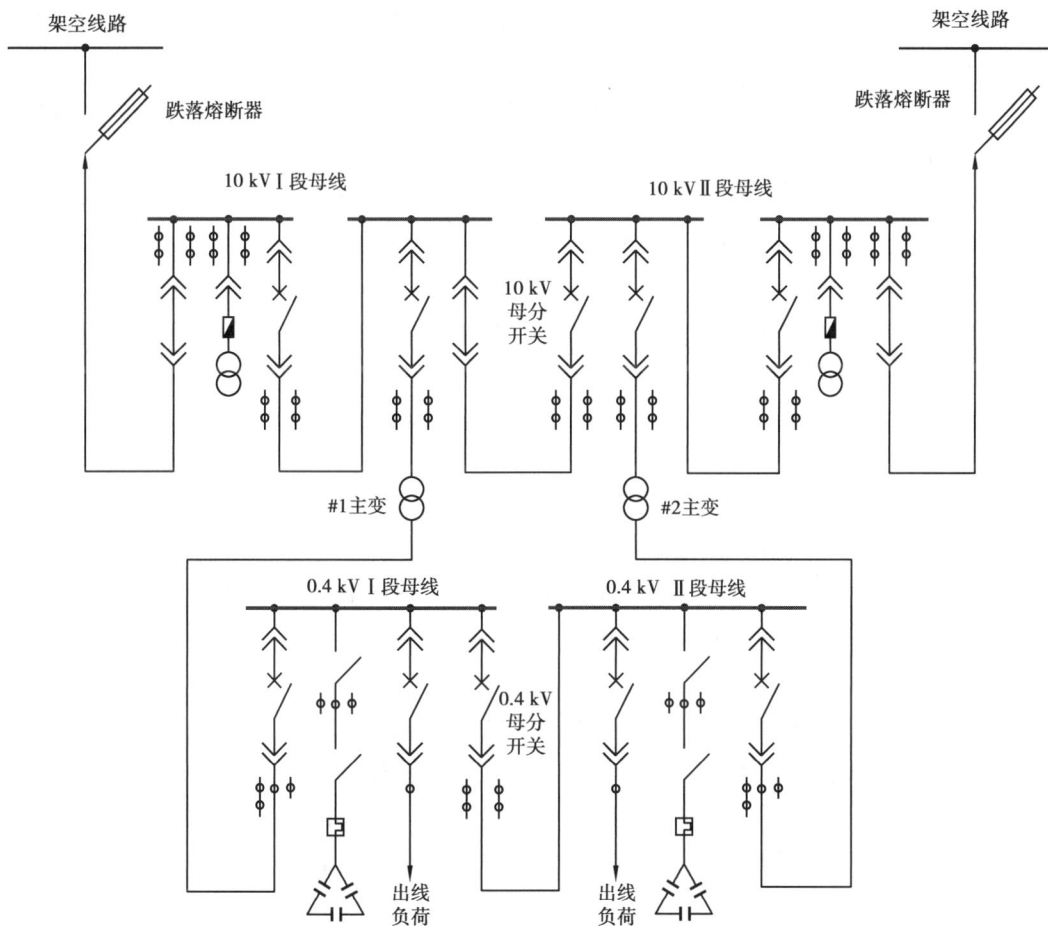

图 2-3-1　10 kV 单母分段接线

②具有两回线路供电的二级负荷客户,其电气主接线的确定应符合下列要求:35 kV 及

以上电压等级宜采用桥形、单母线分段、线路变压器组接线;装设两台及以上主变压器的中压侧应采用单母线分段接线。10 kV 电压等级宜采用单母线分段、线路变压器组接线;装设两台及以上变压器的 0.4 kV 侧应采用单母线分段接线。

③线路供电的一般负荷客户,其电气主接线,采用单母线或线路变压器组接线。

2)进线方式和配电设备的布置方式

进线方式一般可分为架空线路进线和电缆进线。尽管电缆线路存在一次性投资大、成本高、故障点较难发现等缺点,但相对于架空线路进线,电缆进线具有占地面积少、施工方便、故障率少等优点。近年来,随着土地资源的紧张和变电所日趋集成化,进线方式大多选择电缆进线,尤其是在 20 kV 及以下配电工程中。架空线路进线多采用穿墙套管方式进线。

**(5)主要电气设备的审查**

1)变配电设施"五防"审查

开关柜的"五防"功能是保证人身安全和防止误操作的重要措施,包括防止带负荷拉、合隔离开关,防止误分、误合断路器,防止带电挂接地线,防止带接地线合隔离开关,以及防止误入带电间隔。

电气图纸的设计应考虑"五防"功能在开关柜的实现方式。以 KYN 柜型(见图 2-3-2)为例,I 段进线隔离柜与 I 段进线柜开关之间应加装电气、机械连锁,防止带负荷操作进线隔离手车,从而造成"防止带负荷拉、合隔离开关",造成拉弧,以免损伤设备,造成线路越级跳闸。这种电气连锁应在二次图纸上体现出来。

2)母排、进出线电缆的审查

应根据工作电流、经济电流密度、电晕及热稳定等技术条件,结合环境温度、日照等使用环境进行校验。高、低压母线一般选用铜质或铝质矩形硬母线。母线设 3 根相排,一根零排,零排的截面规格一般是相排的 1/2,但若考虑三相不平衡电流较大的情况,则零排选相排同样截面。

设计选用电缆的额定电压应等于或大于所在网络的额定电压。最高工作电压不得超过其额定电压的 15%。三相动力回路电缆,一般选用三芯或四芯电缆。电缆截面的核定应保证电缆截面能满足持续允许电流、短路稳定、允许电压降等要求,当最大负荷利用小时数 $T_m$ > 5 000 h 且长度超过 20 m 时,还应核算电流经济密度。

3)隔离开关、负荷开关、断路器、接地闸刀的审核

隔离开关主要用来断开无负荷电流的电路、隔离高压电源,在分闸状态时有明显断开点,以保证其他电气设备安全检修。常用的隔离开关设备有两种形式:闸刀式和手车式。手车式以手车拉出开关柜本体作为隔离方式。闸刀、触头的额定电流与断路器相匹配。常见闸刀型号有 GN19-10C/630。由于隔离开关没有专门灭弧装置,因此,不允许用来开断负荷电流和短路电流。

设计图纸如采用负荷开关,还应注意负荷开关是用来在不超过额定电流下接通和切断高压电路的专用电器。具有灭弧机构,相当于隔离开关和简单灭弧装置的结合,但灭弧能力较小,只能切断和接通正常负荷电流,不能用来切断短路电流,这是与断路器的主要区别。

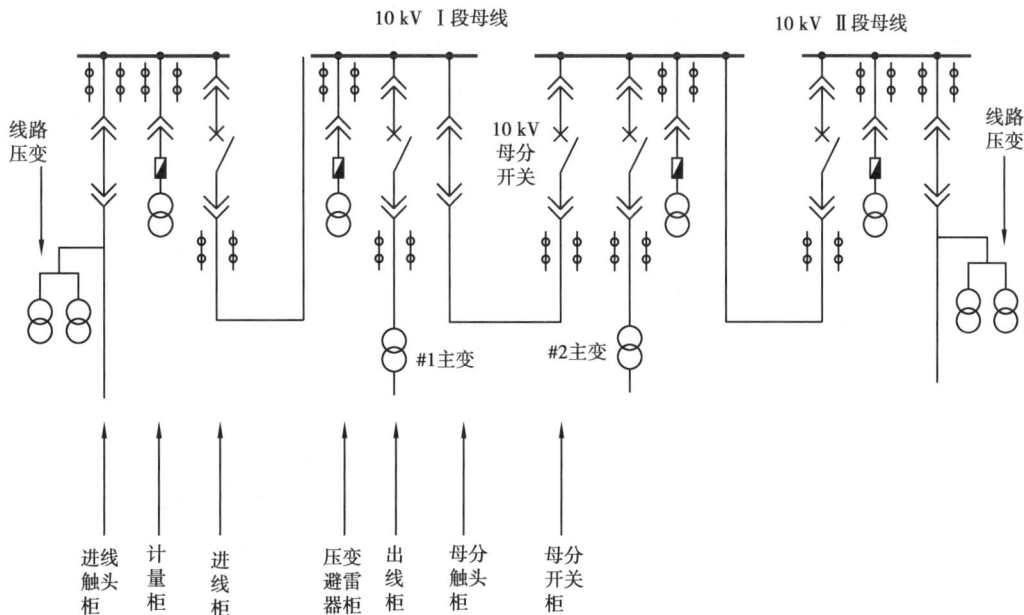

图 2-3-2 开关柜布置图(带备自投)

负荷开关与高压熔断器配合使用,由负荷开关开断负荷电流,用高压熔断器作为过负荷和短路保护。应当注意的是,如果采用负荷开关加高压熔断器的模式,无法配置继电保护,可靠性不如断路器。一旦熔丝故障没有断开,可能引起越级跳闸。熔体的额定电流可进行核定,即

$$I_{rr} = KI_{g\,max} \tag{2-3-1}$$

式中  $I_{rr}$——熔体的额定电流,A;

  $K$——系数,当不考虑电动机自启动时,可取 1.1~1.3,当考虑电动机自启动时,可取 1.5~2.0;

  $I_{g\,max}$——电力变压器回路最大工作电流,A。

接地闸刀用于设备检修时隔离开关和联装的接地开关之间应设置机械连锁,根据用户的要求也可设置电气联锁,封闭式组合电器可采用电气联锁。

为了防止在电源侧没有拉闸的情况下误合进线接地闸刀,进线柜不安装接地闸刀。

4)主变压器的审核

对主变的设计的审查,应考虑变压器容量是否按供电方案配置,并综合考虑客户申请容量、用电设备总容量,并结合生产特性兼顾主要用电设备同时率、同时系数等因素后进行审核。在满足近期生产需要的前提下,客户受电变压器应保留合理的备用容量,为发展生产留有余地。在保证受电变压器不超载和安全运行的前提下,应同时考虑减少电网的无功损耗。一般客户的计算负荷宜等于变压器额定容量的 70%~75%。

对变压器的选型的审查,还应充分考虑用户生产环境,见表 2-3-1。

当用户生产用电设备存在着较大的谐波源,如充放电设备、变频炉等,$3n$ 次谐波电流比较突出时,变压器结线组别尽量选择 D,yn11。

表 2-3-1　各类变压器的适用范围及参考型号

| 变压器形式 | 适用范围 | 参考型号 |
|---|---|---|
| 普通油浸式<br>密闭油浸式 | 一般正常环境的变电所 | 应优先选用 S9—S11,S15,S9—M 型配电变压器 |
| 干　式 | 用于防火要求较高或潮湿、多尘环境的变电所 | SC(B)9—SC(B)11 等系列环氧树脂浇铸变压器,SG10 型非包封线圈干式变压器 |
| 密封式 | 用于具有化学腐蚀性气体、蒸汽或具有导电及可燃粉尘、纤维会严重影响变压器安全运行的场所 | S9—$M_a^b$,S11—M。R 型油浸变压器 |
| 防雷式 | 用于多雷区及土壤电阻率较高的山区 | SZ 等系列防雷变压器,具有良好的防雷性,能承受单相负荷能力也较强。变压器绕组连接方法一般为 D,yn11,Y,zn0 |

一般情况下,应采用无载手动调压的变压器。在电压偏差不能满足要求时,35 kV 降压变电所的主变压器应采用有载调压变压器。但在当地 10(6) kV 电源电压偏差不能满足要求时,且用电单位对电压要求严格的设备,单独设置调压装置在技术经济上不合理时,也可采用 10(6) kV 有载调压变压器。审图中还应注意节能环保,倡导变压器选用低损耗型,降低变压器的自身损耗,如 S11,S11—M,SC11,SCB11,SH11 等。

5)避雷器的审核

为了防止雷击过电压和操作过电压,保护电气设备不因过电压受损,配电变压器进出线都装设避雷器。另外,在配电装置的每组母线上也应安装避雷器。采用架空线路供电的低压用户入户处应装设浪涌保护器或保护间隙,并接地且与绝缘子铁脚、金具一起接地。

6)无功补偿装置审核

无功补偿一般采用就地平衡补偿,即低压部分的无功功率宜由低压电容器补偿,高压部分的无功功率宜由高低压电容器补偿。对容量较大、负荷平稳且经常使用的用电设备的无功功率,宜单独就地补偿。补偿基本无功功率的电容器组宜在配、变电所内集中补偿。对补偿低压基本无功功率的电容器组以及常年稳定的无功功率和投切次数较小的高压电容器组,宜采用手动投切。为避免过补偿或在轻载时电压过高,造成某些用电设备损坏等,宜采用自动投切。在采用高、低压自动补偿装置效果相同时,宜采用低压自动补偿装置。

补偿容量的计算为

$$Q_C = P(\tan \varphi_1 - \tan \varphi_2) \tag{2-3-2}$$

式中　$P$——用电设备的计算负荷,kW;

　　　$\tan \varphi_1$——补偿前用电设备自然功率因数的正切值;

　　　$\tan \varphi_2$——补偿后用电设备功率因数的正切值,一般情况下补偿后 $\cos \varphi_2 \geq 0.95$。

当不具备设计计算条件时,电容器安装容量的确定应符合下列规定:35kV 及以上变电所可按变压器容量的 10% ~ 30% 确定;10 kV 变电所可按变压器容量的 20% ~ 30% 确定。

7)其他设备的审核

设计图纸审查中,还应注意一些辅助设备的设计。例如,带电显示器、凝露加热器、接地故障指示仪等。如高压柜配置带电显示器和加热器等原件,应在相应的图纸上有体现。带电显示器在一次系统图中表示,加热器应在二次系统图中表示。

**(6)计量装置审核**

电能计量点原则上应设置在供电设施与受电设施的产权分界处,符合国家相关法规和标准,并能保证计量的正确性。

1)计量装置的接线方式

①接入中性点绝缘系统的电能计量装置,应采用三相三线有功、无功电能表。接入非中性点绝缘系统的电能计量装置,应采用三相四线有功、无功电能表。

②接入中性点绝缘系统的 3 台电压互感器,35 kV 及以上的宜采用 Y/y 方式接线;35 kV 以下的宜采用 V/V 方式接线。接入非中性点绝缘系统的 3 台电压互感器,宜采用 $Y_0/y_0$ 方式接线。

③低压供电,负荷电流为 60 A 及以下时,宜采用直接接入式电能表;负荷电流为 60 A 以上时,宜采用经电流互感器接入式的接线方式。

④对三相三线制接线的电能计量装置,其两台电流互感器二次绕组与电能表之间宜采用四线连接。对三相四线制连接的电能计量装置,其 3 台电流互感器二次绕组与电能表之间宜采用六线连接。

2)计量用电能表、互感器选型和注意事项

①电能表审核

在图纸中,应根据用户的性质和用电容量确定该户的计量类别,并根据设计采用的计量表计的型号、精度、量程等核对与供电方案答复的计量方式是否匹配,所采用表计的安装尺寸与所选柜型是否冲突。

②电流互感器和电压互感器审核

计量柜内计量 CT 为固定安装。计量 CT 变比二次侧采用 5A,额定一次电流根据《电能计量装置管理规程》的规定,应保证其在正常运行中的实际负荷电流达到额定值的 60% 左右,至少应不小于 30%。计量 CT 准确级应选用带"S"级的电流互感器。各类电能计量装置应配置的电能表、互感器的准确度等级符合《电能计量装置技术管理规程》(DL/T 448—2016)的要求。

③计量 CT,PT 二次回路

35 kV 以上贸易结算用电能计量装置中电压互感器二次回路,应不装设隔离开关辅助接点,但可装设熔断器;35 kV 及以下贸易结算用电能计量装置中电压互感器二次回路,应不装设隔离开关辅助接点和熔断器。

计量 CT,PT 二次回路的连接导线应采用铜质单芯绝缘线,并相色分开。二次回路连接导线截面积,连接导线截面积应按电流互感器的额定二次负荷计算确定,至少应不小于

4 mm$^2$;电压二次回路,连接导线截面积应按允许的电压降计算确定,至少应不小于2.5 mm$^2$。

**(7)应急电源图纸的审查**

1)独立于正常电源的发电机组

包括应急燃气轮机发电机组、应急柴油发电机组。快速自启动的发电机组适用于允许中断供电时间为 15 s 以上的供电。

2)UPS 不间断电源

适用于允许中断供电时间为毫秒级的负荷。

3)EPS 应急电源

一种把蓄电池的直流电能逆变成交流电能的应急电源。适用于允许中断供电时间为 0.25 s 以上的负荷。

4)有自动投入装置的有效地独立于正常电源的专用馈电线路

适用于允许中断供电时间 1.5 s 或 0.6 s 以上的负荷。

5)蓄电池

适用于容量不大的特别重要负荷,有可能采用直流电源者。

**(8)电能质量保证审核**

主要审核内容如下:

①对注入电网谐波超标的客户,应核查相关的消谐装置的设计。

②对带有冲击负荷、波动负荷和非对称负荷超标的客户,应核查相应的消除装置的设计。

③对采用有载调压装置的客户,应核查相关设计。

④核查其他改善电能质量的设计。

## 2.3.4 设备平面布置图、土建图的审核

配电房土建图的审核主要内容是审核各平面间距、垂直间距、门的设计等是否符合规范要求,柜体、变压器布置是否合理,以及预埋件布置等隐蔽工程设计是否到位等。

**(1)平面布置图审核**

电气平面布置图主要审核:柜体布局的合理性,如布局导致高低压进出线多处交叉等。高低压柜屏前操作通道、屏后维护通道应符合《10 kV 及以下变电所设计规范》(GB 50053—2013)的要求,并注意高、低压配电柜排列顺序是否与系统图一致。

配电室通向其外通道的门设计是否充足。配电装置的长度超过 6 m 或配电室长度超过 7 m 时,屏后通道应设两个出口,且宜布置在配电室两端。低压配电装置两个出口间的距离超过 15 m 时,应增加出口;高压配电室长度大于 60 m 时,应设 3 个出口。高压值班室应有一扇向外开启的门,通向高配室的门为双向开启式。高低压配电室内宜留有适当数量的备

用位置。

**（2）剖面图审核**

剖面图主要审核竖向垂直距离是否符合相关要求。高压配电柜柜顶与屋顶距离不小于800 mm，当有梁时，梁下与柜顶距离不小于 600 mm；设置在地下室的配电房不宜设在最底层，其地面应抬高，抬高部分可设计成电缆沟；电缆沟弯曲半径、两侧电缆支架、地下配电室电缆沟设集水井；变压器基础应满足安装和事故处理的需要；桥架与柜顶距离不小于600 mm。

**（3）预埋件布置图审核**

预埋件布置图重要审查以下内容：二次信号线通道需预留，如变压器至高压柜、高压柜至信号箱等；高压出线柜至变压器一次电缆预埋管；油浸式变压器其下油池有电缆经过，其通道与油池应有挡墙隔离；接地网接地电阻不大于 4 Ω；接地系统布置图中接地体的位置、间距，布置方式；接地每隔 5 m 一桩，接地扁钢不小于 40 mm×4 mm；图纸中注释的接地电阻值是否符合标准；发电机室是否有独立接地网。

**（4）照明布置图审核**

应审查照明数量是否足够，考虑检修的安全，灯的位置不宜装设在高、低压封闭配电柜的正上方。在配电室裸导体的正上方不应布置灯具和明敷线路。当在配电室裸导体上方布置灯具时，灯具与裸导体的水平净距应不小于 1.0 m。

## 2.3.5　电气图纸审核其他要求

①设计文件审核应依据国家及电力行业相关规范、规定的标准进行，相关标准可参见不同电压等级审图的依据。

②根据《供电监管办法》的要求，对用户受电工程设计文件和有关资料审核的期限，自受理之日起，低压供电用户不超过 8 个工作日，高压供电用户不超过 20 个工作日。

③设计文件审核应一次性出具书面的《受电工程设计文件审核结果通知单》，通知单应有专人审核。

④表格中，客户信息部分填写完整、正确，不能漏项，审图意见应逐条填写，注意条理和次序，尽量根据图纸的前后顺序，并写清存在问题的图纸编号；尽量在逐条意见中标清楚条款的出处。

⑤审图意见审图人、主管、客户应分别签名并填写日期。

⑥对缺少的资质、图纸应写清楚，并注明其他图纸的审图意见待图纸齐全后出具。

## 2.3.6　电气图纸审核的注意事项

①设计文件审核所依据的国家标准和电力行业标准应使用最新的版本;审图人员必须遵守《供电服务规范》和上级有关部门的相关规定,充分尊重用电客户的选择权和知情权,不得指定客户受电工程设计单位、施工单位和设备材料供应单位。

②完成《受电工程设计文件审核结果通知单》相关内容的填写工作,并将设计文件及《受电工程设计文件审核结果通知单》送指定人员审核、签名。

③客户受电工程设计文件审查结束后,将通过审核的设计文件,加盖图纸审核章并将《受电工程设计文件审核结果通知单》的客户联,连同加盖了审核章的设计文件移交营业受理部门,返回客户,并依此进行施工。将《受电工程设计文件审核结果通知单》的存根联,连同客户提交的另一套设计文件一并移交的客户档案管理部门归档。

## 【学习与训练任务】

### 兴盛物资管理站受电工程图纸审核

兴盛物资管理站申请从低压公用线路接80 kW用电容量,其中居民生活用电容量20 kW,功率因数取0.85,现场勘查需新建架空线路150 m,建低压配电室一座。客户委托××电力设计有限公司对其进行了设计,设计后客户向供电企业营销部门申请审查图纸,请你代表供电企业予以审核。

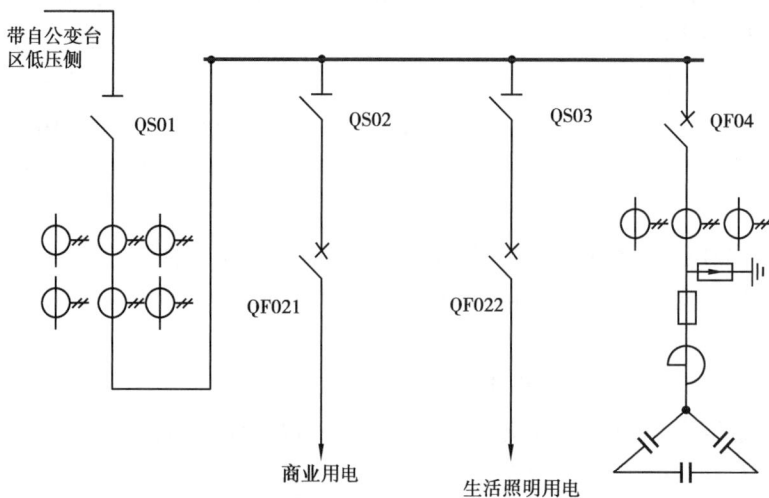

图 2-3-3　客户低压配电室一次接线图

## 【任务实施】

（1）审核客户低压受电工程设计提供的资料

①设计单位资质及材料。

②受电工程设计及说明书。

③用电负荷分布图以及用电负荷性质。

④主要电气设备一览表。

⑤影响电能质量的用电设备清单。

⑥隐蔽工程设计资料。

⑦受电设备接线图及平面布置图。

⑧自备电源及其接线方式。

⑨继电保护及电能计量的方式。

⑩供电企业认为应提供的其他资料。

（2）要求客户填写受电工程图纸审核申请表

客户受电工程图纸审核申请表见表2-3-2。

表2-3-2　客户受电工程图纸审核申请表

| 报装号 | | 2009128 | 户　号 | 03A006589 |
|---|---|---|---|---|
| 户　名 | | 兴盛物资管理站 | 用电地址 | 城区迎宾路30号 |
| 客户联系人 | | ××× | 联系电话 | 139××××2688 |
| 设计单位 | | ××电力设计有限公司 | 设计资质 | 丙级 |
| 设计单位联系人 | | ××× | 联系电话 | 138××××1666 |
| 设计内容 | 1.从公用低压线路"T"接，新建架空线路150 m<br>2.建低压配电室一座<br>3.在配电室内安装计量装置 | | | |
| 序号 | 资料名称 | | | 份数 |
| 1 | 设计单位资质证明复印件 | | | 2 |
| 2 | 物资管理站受电工程送电部分图 | | | 2 |
| 3 | 物资管理站受电工程土建部分图 | | | 2 |
| 4 | 物资管理站受电工程配电部分图 | | | 2 |

续表

| 事项说明:设计完成,请进行审核 | | | |
|---|---|---|---|
| 用电单位签章:<br><br>××××年××月××日 | | 供电公司签章:<br><br>××××年××月××日 | |
| 供电公司受理人 | ××× | 受理日期 | ××××年××月××日 |

### (3)实施客户低压受电工程设计图纸审核

1)设计单位资质审查

低压受电工程设计单位必须取得相应的设计资质。根据中华人民共和国建设部2007年修订的《工程设计资质标准》规定,低压用户受电工程的设计单位只要取得工程设计综合资质、电力行业工程设计丙级(变电工程、送电工程)以上资质、电力专业工程设计丙级(变电工程、送电工程)以上资质的企业就可进行低压受电工程设计。

2)设计图纸审核

设计图纸审核须知:

①设备选择、配置合理,无淘汰和高耗能设备。

②低压各出线回路是否合理,大负荷设备尽量单独出线。

③审查是否装有无功补偿设备,补偿容量是否合理。

④有冲击、不对称和谐波负载的客户应有谐波治理措施。

⑤执行力率调整电费的客户是否安装无功电能表,电能计量装置的准确度等级是否符合规程,电流互感器的变比是否适当。

⑥线路路径是否符合规程要求,选择的导线截面积载流量能否满足负荷要求。

⑦自备电源是否能确保客户和电网双重安全要求。

### (4)在规定时间内完成图纸审核,并出具审核结果

客户受电工程图纸审核结果通知单见表2-3-3。

表2-3-3 客户受电工程图纸审核结果通知单

| 报装号 | 2009128 | 户 号 | 03A006589 |
|---|---|---|---|
| 户 名 | 兴盛物资管理站 | 用电地址 | 城区迎宾路30号 |
| 客户联系人 | ××× | 联系电话 | 139×××2688 |
| 设计单位 | ××电力设计有限公司 | 设计资质 | 丙级 |
| 设计单位联系人 | ××× | 联系电话 | 138×××1666 |
| 审核开始时间 | ××××年××月××日 | 审核完成时间 | ××××年××月××日 |
| 审核部门 | ××供电支公司 | 审核人员 | ××× |

| 图纸审核内容和结果(可另附) |
|---|
| 经审核,设计图纸存在下列问题: |
| 1.从公用低压线路"T"接,新建架空线路 150 m,未标明型号 |
| 2.0.4kV 进线未装断路器 |
| 3.在配电室出线柜内应安装两套计量装置,分别计量商业用电和居民生活用电电量 |
| 4.无功补偿柜未说明补偿容量,补偿设备型号 |

| 供电公司意见: |
|---|
| 1.经审查设计单位资质不符合要求 |
| 2.客户应要求设计单位尽快对所设计的图纸进行更改,客户应将变更后的设计再送供电企业复核 |
| 3.客户受电工程设计文件,未经供电企业审核同意,客户不得据以施工,否则供电企业将不予检验和接电 |

| 客户签收 | ××× | 签收日期 | ××××年××月××日 |
|---|---|---|---|

| 提示:客户在组织进行隐蔽工程施工前需告知供电公司,以便进行中间检查,否则,供电公司有权对竣工的隐蔽工程提出返工暴露检查 |
|---|

# 【任务评价】

兴盛物资管理站受电工程图纸审核任务评价表

| 客户受电工程设计图纸审核任务评价表 | | | | | | |
|---|---|---|---|---|---|---|
| 姓名 | | 学号 | | | 成绩 | |
| 序号 | 评分项目 | 评分内容及要求 | 评分标准 | 满分 | 扣分 | 得分 |
| 1 | 1.资料审核 | 1.1 设计资质审核 | 工程设计资质符合标准 | 5 | | |
| 2 | | 1.2 提供资料审核 | 提供资料齐全完整 | 5 | | |
| 3 | | 1.3 建构筑物总平面图的审核 | 建构筑物总平面图符合标准要求 | 10 | | |
| 4 | 2.电气图纸审核 | 2.1 电气一次主接线的审核 | 电气主接线形式和运行方式、进线方式及配电方式符合技术标准和规范要求 | 10 | | |
| 5 | | 2.2 电气主设备审核 | 电气主设备选型符合技术标准和规范要求 | 10 | | |
| 6 | | 2.3 无功补偿方式及补偿容量审核 | 无功补偿方式及补偿容量符合设计方案要求 | 10 | | |

续表

| 序号 | 项目 | 评分内容及要求 | 评分标准 | 满分 | 扣分 | 得分 |
|---|---|---|---|---|---|---|
| 7 | 3. 计量方案审核 | 3.1 计量装置的计量点和接线方式审核 | 计量点、计量方式符合技术标准和规范要求 | 10 | | |
| 8 | | 3.2 电能表和互感器选型审核 | 互感器和电能表选型符合技术标准和规范要求 | 10 | | |
| 9 | 4.设备平面布置图、土建图的审核 | 4.1 平面布置图及剖面图审核 | 平面布置图及剖面图符合技术标准和规范要求 | 10 | | |
| 10 | | 4.2 预埋件布置图审核 | 预埋件布置图符合技术标准和规范要求 | 10 | | |
| 11 | 5.综合素质 | 5.1 着装整齐,精神饱满<br>5.2 现场组织有序,工作人员之间配合良好<br>5.3 独立完成相关工作<br>5.4 执行工作任务时,大声呼唱<br>5.5 不违反电力安全规定及相关规程 | | 10 | | |
| | 总分 | | | 100 | | |
| | 教师 | | | | | |

# 任务 2.4  客户受电工程检查与验收

## 【任务目标】

1.了解客户用电工程中间检查和竣工验收的条件、验收依据。

2.熟悉客户用电工程中间检查和竣工验收的验收项目、内容和验收标准。

3.能根据客户用电工程技术标准进行客户用电工程中间检查和竣工验收。

## 【任务描述】

本任务为客户新装用电工程检查与验收。要求能根据客户新装用电工程验收项目、验收条件和验收标准进行低压客户新装用电工程检查与验收。

## 【相关知识】

### 2.4.1　客户工程检查与验收原则

客户用电工程检查与验收是以供电企业批复的供电方案、经供电企业审定的相应设计图纸、《电气装置安装工程施工及验收规范》和电力企业行业规章为依据,保证客户工程安全优质。

### 2.4.2　客户工程检查与验收程序

客户用电工程施工期间可随施工进度,向供电企业书面申请土建施工验收、中间检查和竣工送电验收。供电企业按程序对整个用电工程的施工质量进行全面检查。

**（1）土建验收**

在土建施工完工后进行。对电缆、接地装置预埋件、暗敷管线等隐蔽工程,应配合土建事先检查验收。

**（2）中间检查**

在电气设备安装约 2/3 时开始,对用电工程进行中间检查,一般 1~4 次,直至检查合格。对低压供电的客户工程不进行中间检查。中间检查就是要按照审定的设计文件,对客户用电的电气设备、变压器容量、继电保护、防雷设施及接地装置等方面进行的检查。中间检查的主要工作如下:

①检查工程是否符合设计要求。

②检查有关的技术文件是否齐全。例如,设备的规格及其说明书、产品出厂合格证等。

③检查所有的安全措施是否符合《电气装置安装工程施工及验收规范》及现行的安全技术规程的规定,对电气距离小于规定安全净距的设备,应采取相应的安全措施。

④对所有电气装置进行外观检查,确定工程质量是否符合规定。

⑤检查隐蔽工程。隐蔽工程完工后需验收,确保不留隐患,合格后才能进行后续施工。

⑥检查所有高压断路器的连锁装置,双电源的客户还必须加装防串电的连锁装置。

⑦检查通信联络装置是否安装完毕。35 kV 及以上的变电站,要求安装专用电话;10 kV 及以下的客户,应明确联系人和联系电话。

在中间检查期间应通知装表、负荷检测、试验及继电保护等进行相应的调试,并进行进网电工培训。检查客户的安全工具、消防器材、必要的规程、管理制度建立情况(包括一次系统模拟图),以及各种记录的配备情况。

### （3）竣工送电前验收

客户依据供电企业中间检查后的改进意见、逐项整改，客户的用电工程竣工并提供有关资料后，供电企业组织客户、设计和施工单位有关人员到现场进行竣工送电前验收。

1）申请工程竣工验收应具备的条件

①供电企业已书面登记受理的用电申请书。

②供电企业根据用电量需求和供电可能性已批准的供电方案。

③客户受电工程必须根据用电情况和按照已批准的供电方案进行设计，并经供电企业审核同意。

④客户受电工程施工、试验完工。

2）客户提出受电工程验收申请

申请受电工程竣工验收，应提交《受电工程竣工验收申请书》，同时提交以下资料：

①竣工报告。

②工程施工资质、安全生产许可证及施工委托。

③符合现场实际的一次、二次回路图。

④电气设备出厂说明书和出厂试验报告。

⑤电气设备调试报告和继电保护调试报告。

⑥现场操作和运行管理的有关规程及运行人员名单。

⑦安全工具、试验报告和隐蔽工程报告。

⑧供电企业认为必要的其他资料或记录。

3）申请受理

供电企业按照受电工程竣工验收条件对客户申请及所附资料的充分性和真实性进行审查。对提交的文件资料符合规定的，当场予以受理。受理之日起 5 日内安排验收，并告知申请人现场验收时间，届时组织现场验收；对提交资料不全的，应一次性告知申请人补齐，待资料齐全后再受理。

## 2.4.3　客户受电工程竣工验收方法

### （1）受电工程验收流程

供电企业接到符合规定的客户资料后，在规定时间内组织供电部门和设计施工单位的有关人员到现场验收检查，提出改进意见，确定改进办法和完成日期。经各方同意会签后，供电企业以书面形式一次性通知客户消缺，直至合格。

### （2）受电工程验收的内容

①客户受电工程建设是否符合已审定的设计图，是否符合国家有关规程规定。

②隐蔽工程施工情况，包括电缆工程、电缆头的制作和接地装置的埋设等。

③各种电气设备试验是否合格、齐全。

④变电站(室)土建是否符合规定标准。

⑤全部受电工程是否符合安全运行规程以及防火规范。

⑥安全工器具是否配备齐全,是否经过试验。

⑦操作规程、运行值班制度等规章制度的审查。

⑧作业电工、运行值班人员的资格审查。

**(3)受电工程验收的电气设备项目**

①电源"T"接点编号、进户线引入方式、电源数量及架空线路或电缆的型号和长度是否与设计图一致,以及安装情况。

②户外断路器(柱上真空断路器或跌落式熔断器)所设位置是否与方案设计图一致。

③高压一次系统接线方式、计量方式、变压器容量是否与设计图纸一致。

④断路器及传动装置的型号规格是否与设计图纸一致,以及安装情况。

⑤隔离开关及操作机构的型号规格是否与设计图纸一致,以及安装情况。

⑥测量用和计量用互感器及其二次回路的型号规格是否与设计图纸一致,以及安装情况。

⑦母线、绝缘子及其导管等的型号规格是否与设计图纸一致,以及安装情况。

⑧变压器及其附件的型号规格是否与设计图纸一致,以及安装情况;容量测试报告与名牌相符。

⑨电力电容器的型号规格是否与设计图纸一致,以及安装情况。

⑩高低压成套配电柜的型号规格是否与设计图纸一致,以及安装情况;高压开关柜必须满足"五防"功能。

⑪继电保护及控制回路、整定值配合等的型号规格是否与设计图纸一致,以及安装情况。

⑫接地装置及其回路是否与设计图纸一致,以及安装情况。

⑬双电源或有自备发电机的受电客户,电源开关闭锁方式是否与设计图纸一致。

⑭110 kV 及以上线受电工程验收时,要测量线路参数。

⑮验收过程中,检查出在确定方案和审查设计图纸时,发现影响人身和设备安全的问题,必须依据现行的安全技术规程加以纠正。

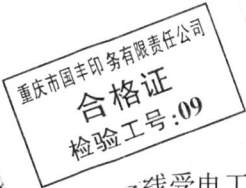

# 【学习与训练任务】

**兴盛物资管理站受电工程验收**

兴盛物资管理站申请从低压公用线路接80 kW用电容量,其中居民生活用电容量20 kW,功率因数取0.85,现场勘查需新建架空线路150 m,建低压配电室一座。低压受电工程申请竣工验收,试进行处理。

## 【任务实施】

### (1) 受理客户竣工验收申请

低压客户受电工程竣工后,由客户向供电企业递交《低压客户受电工程竣工验收申请表》(见表 2-4-1),同时客户还应提供下列资料:

① 设计图纸变更的证明文件。

② 施工单位的施工资质。

③ 竣工图纸、电缆走向图、电缆路径协议文件、制造厂提供的产品说明书、合格证件等技术文件。

④ 电气设备相关调试记录、电缆试验报告、接地系统试验报告及隐蔽工程施工报告等。

⑤ 计量装置校验合格证书。

表 2-4-1　低压客户受电工程竣工验收申请表

| 户名 | 兴盛物资管理站 | 报装号 | 20098 | 用电地址 | 城区迎宾街 61 号 |
|---|---|---|---|---|---|
| 客户联系人 | ××× | | | 联系电话 | 139××××2688 |
| 设计内容 | 1.低压架空线路<br>2.低压配电室<br>3.计量装置 | | | | |
| 序号 | 相关资料名称 | | | | 份数 |
| 1 | 施工单位的施工资质 | | | | 2 |
| 2 | 兴盛物业管理站受电工程竣工图 | | | | 2 |
| 3 | 低压柜、低压开关产品说明书、合格证件 | | | | 10 |
| 4 | 低压柜、接地、计量装置交接试验报告等 | | | | 5 |
| 5 | 电缆沟等隐蔽工程中间检查记录等 | | | | 2 |
| 事项说明:工程已竣工,申请验收 | | | | | |
| 用电单位签章:<br><br>××物业管理站<br>××××年××月××日 | | | 供电公司签章:<br><br>××供电公司<br>××××年××月××日 | | |
| 供电公司受理人 | ××× | | 供电公司受理日期 | | ××××年××月××日 |

### (2) 资料审查

① 客户委托的低压受电工程施工单位,不仅取得由建设行政部门颁发的施工企业资质及安全施工许可证,还必须取得电监会颁发的《承装、修、试电力设施许可证》,所有证件均必须对照审查原件后复印存档。

②客户提供的竣工图齐全,低压受电工程应提供的竣工图明细和低压受电工程设计单位提供的设计图纸明细相符。

③根据《电气装置安装工程　电气设备交接试验标准》(GB 50150—2016)规定,凡应试验的电气设备均提供试验报告,如开关柜、断路器、电缆及避雷器等试验报告,并审查试验报告内容是否合格。

**(3)工程验收**

1)低压受电工程验收的组织

①低压受电工程竣工后,施工单位项目负责人应对工程质量进行自查自改,确认工程质量无缺陷后,向业主(客户)提交工程验收报告。

②业主(客户)收到施工单位工程验收报告后,组织设备运行单位的工程技术人员按照设计要求对工程进行预验收。

a.对不符合设计要求的工程单元提出建议或整改方案。

b.工程项目符合设计要求后,由业主(客户)向供电企业(业扩部门)递交工程验收申请。

c.验收时,业主(客户)应通知设计单位、施工单位及主要设备供货商。

③收到业主(客户)工程验收申请后应在规定时限内,由供电企业的营销、生产等部门的专业人员组成专家组到现场进行受电侧工程的验收,从接受客户报验申请到实际现场验收的时限一般不超过 3 个工作日。

2)低压受电工程验收的范围

①"T"接点及以后的架空线路及电缆。

②电能计量装置。

③与供电电压同等级的受电装置,重点是一次配电设备、继电保护装置(含整定值)、工作接地及保护接地装置等。

④低压配电装置。

⑤多电源客户受电工程验收时,必须验电源(含自备应急电源)联锁装置。

⑥无功补偿装置、谐波抑制装置等。

⑦供电企业认为应验收的其他部分。

3)低压受电工程验收内容

①低压线路

a.电缆规格应符合规定;截面选择满足载流量要求;排列整齐、无机械损伤;标志牌应装设齐全、正确、清晰,路径标志清晰。

b.电缆终端、电缆接头应固定牢靠:电缆接线端子与所接设备端子应接触良好:弯曲半径、相序排列等应符合要求。

c.电缆线路所有应接地的接点应与接地极接触良好,接地电阻值应符合设计要求。

d.电缆终端的相色应正确,电缆支架等的金属部件防腐层应完好,电缆管口应为喇叭口,光滑无毛刺,管口应封堵密实。

e.电缆沟内应无杂物,盖板齐全,隧道内应无杂物,照明、通风、排水等设施应符合设计要求。

f.直埋电缆路径标志,应与实际路径相符,路径标志应清晰、牢固。

g.架空线路杆号,相序标志正确齐备,沿线障碍、树木清理完毕。

h.架空线路杆塔档距、导线的型号和规格、导线弧垂符合设计要求,对地距离、与其他通信、有线线路距离、交叉跨越距离及建筑物距离符合设计要求和安全规定,绝缘器件无裂纹,金具无锈蚀,金属拉线应加装绝缘并装设夜光防撞标志。

②计量装置

a.电力接户线的安装,其各部电气距离应满足设计要求。

b.接户线档距内不应有接头。

c.接户线两端应设绝缘子固定,绝缘子安装应防止瓷裙积水。

d.接户线采用绝缘线时,外露部位应进行绝缘处理。

e.接户线两端遇有铜铝连接时,应设有过渡措施。

f.接户线进户端支持物应牢固。

g.接户线跨越道路时,对地距离符合要求,接户线在最大摆动时,不能接触树木和其他建筑物。

h.1 kV 及以下的接户线不能跨越铁路、穿越高压引线。

i.由两个不同电源引入的接户线不能同杆架设。

j.接户线固定端当采用绑扎固定时,其绑扎长度应符合表2-4-2的要求。

表 2-4-2 接户线固定端绑扎固定绑扎长度表

| 导线截面积/mm² | 绑扎长度/mm | 导线截面/mm² | 绑扎长度/mm |
|---|---|---|---|
| ≤10 | ≥50 | 25~50 | ≥120 |
| ≤16 | ≤80 | 70~120 | ≥200 |

k.低压客户计量装置安装容量与报装容量相符。

l.低压专用计量柜(箱)安装合格,计量装置准确度符合规程要求,接线正确规范,安装工艺符合规定,所有设备外壳接地良好,计量装置的型号和规格符合设计要求。

③其他

a.验收低压受电工程时,供电企业业扩报装人员必须复核施工单位的施工资质,检验施工单位是否提供虚假资质,或转借资质,遇有提供虚假资质或转让资质情况,应立即书面通知客户。

b.整个接地网外露部分的连接可靠,接地线规格正确,防腐层完好,标识齐全明显。

c.各种标志齐全完好、字迹清晰。

d.配电室管理制度建立并完善。

e.配电室应急照明及通风设备安装调试合格,沟道及孔洞封堵完毕,安全工器具及消防设备齐全。

f.供电企业验收专家认为应验收的其他部分。

**（4）验收结果及处理**

对低压受电工程进行验收后,应对专家组提出的建议和整改措施进行一次性汇总,确认无误后,与客户、施工单位进行答疑,将答疑后的结果填写在《客户受电工程竣工验收单》（见表 2-4-3）上,经专家组会签,以书面形式通知客户,再由客户通知施工单位进行整改。

施工单位和客户应依据专家组意见逐项整改。整改后,再报供电企业进行复验,直至合格。自第二次复验起,每次复验前客户须按规定交纳重复检验费。

表 2-4-3　低压客户受电工程竣工验收单

| 户名 | 物业管理站 | 报装号 | 2009128 | | 用电地址 | | 城区步行街 61 号 | | |
|---|---|---|---|---|---|---|---|---|---|
| 申请类别 | 新装 | 客户联系人 | ××× | | 联系电话 | | ×××××××× | | |
| 以下由验收人员现场填写 | | | | | | | | | |
| 电源性质（主/备） | 出线变电站/配变 | 供电电压/kV | 线路名称 | 线路杆号 | 专线/"T"接 | 用电总容量/(kV·A) | | 保安负荷容量/kW | |
| 主供 | 步行街 10 号台 | 0.38 | 王和线 | 67 号 | "T"接 | 80 | | 无 | |
| 自备线路型号 | JKLYJ-50 mm² | 自备线路长度/km | 0.1 | 产权分界点 | 67 号杆隔离开关 | 保安电源类型 | 无 | 非电性质保安措施 | 应急性预案 |
| 验收项目 | 验收结果 | | 验收人 | | 验收项目 | | 验收结果 | | 验收人 |
| 线路（电缆） | 合格 | | ××× | | 继电保护 | | 无 | | |
| 备用电源 | 无 | | | | 计量装置 | | 合格 | | ××× |
| 自备（保安）电源 | 无 | | | | 隐蔽工程质量 | | 合格 | | ××× |
| 变压器 | 无 | | | | 电气试验结果 | | 合格 | | ××× |
| 电容器 | 无 | | | | 安全工器具配备 | | 齐全 | | |
| 避雷器 | 合格 | | ××× | | 消防器材 | | 无 | | |
| 配电装置 | 合格 | | ××× | | 进网作业人员资格 | | 有 | | ××× |
| 接地网 | 合格 | | ××× | | 安全规章制度 | | 已建立 | | ××× |
| 受电设备类型 | 台数 | 型号 | | 容量 | 一次侧电压 | 二次侧电压 | 一次侧电流 | 二次侧电流 | 接线组别 | 空载损耗 |
| 热水器 | 2 | AG-90 | | 5 kW | | | | | | |
| 计量组号 | 计量电压/V | 电价类别 | TA 变比 | TV 变比 | TA 准确度 | TV 准确度 | 倍率 | 备注 | 短路电压 |
| 001145378 | 380 | 一般工商业 | 150/5 | 无 | 0.5s | 无 | 30 | | |
| 001145379 | 380 | 居民生活 | 无 | 无 | 无 | 无 | 1 | | |
| 验收总体结论（可另附）:受电工程各项内容全部验收合格 | | | | | | | | | |
| 验收负责人:×××　　　×××年××月××日 | | | | | | | | | |

续表

| 初次验收日期 | ××××年××月××日 | 验收合格日期 | ××年××月××日 |
|---|---|---|---|
| 客户意见：同意供电企业验收结果,请尽快给予送电<br><br>客户签章:×××　　　　××××年××月××日 | | | |
| 核准意见:该客户受电工程验收合格,设备具备送电条件,签订供用电合同后,同意装表接电<br><br>核准人:×××　　　　××××年××月××日 | | | |

# 【任务评价】

### 兴盛物资管理站受电工程验收任务评价表

| 低压客户受电工程竣工验收任务评价表 | | | | | | |
|---|---|---|---|---|---|---|
| 姓名 | | 学号 | | | 成绩 | |
| 序号 | 评分项目 | 评分内容及要求 | 评分标准 | 满分 | 扣分 | 得分 |
| 1 | 1.受理申请 | 1.1 竣工申请 | 正确填写受电工程竣工申请书 | 10 | | |
| 2 | | 1.2 提供资料 | 资料提供齐全 | 10 | | |
| 3 | 2.资料审查 | 2.1 资质审查 | 施工企业资质及安全施工许可证等符合要求 | 10 | | |
| 4 | | 2.2 图纸审查 | 受电工程图纸与实际相符 | 10 | | |
| 5 | | 2.3 试验报告审查 | 电气设备试验报告齐全且符合要求 | 10 | | |
| 6 | 3.工程验收 | 3.1 低压线路验收 | 低压线路逐项验收符合要求 | 10 | | |
| 7 | | 3.2 计量装置验收 | 计量装置逐项验收符合要求 | 10 | | |
| 8 | | 3.3 其他验收 | 接地、标识、制度、消防等验收符合要求 | 10 | | |
| 9 | 4.验收结果及其处理 | 4.1 验收结果及其处理 | 验收结果及其处理正确 | 10 | | |
| 10 | 5.综合素质 | 5.1 着装整齐,精神饱满<br>5.2 现场组织有序,工作人员之间配合良好<br>5.3 独立完成相关工作<br>5.4 执行工作任务时,大声呼唱<br>5.5 不违反电力安全规定及相关规程 | | 10 | | |
| | 总分 | | | 100 | | |
| | 教师 | | | | | |

# 【情境总结】

通过对本情境的系统学习,使学生能熟练掌握业务扩充的基本概念、主要内容及工作流程,掌握本情境中用电申请受理、供电方案制订、受电工程图纸审核及客户工程检查与验收的相关理论知识及相关技能,明确各项任务的目的、意义、风险点及防范措施,能根据客户用电情况,正确填写用电申请表;能根据客户用电情况和电网情况,正确制订客户供电方案;能根据客户供电方案,依据技术标准,正确审核工程图纸;能根据企业技术规范标准进行客户用电工程的检查与验收工作。

# 【学习与思考】

1.简述业务扩充的含义及其主要内容。

2.简述单电源高压客户新装和增容所需提供的报装资料。

3.如何正确填写客户用电申请书?

4.简述说明业务扩充的工作流程。

5.制订客户用电供电方案的依据是什么?

6.制订客户用电供电方案主要解决哪些问题?

7.如何确定客户用电受电容量和供电电压?

8.如何选择和配置互感器和电能表?

9.客户受电工程设计图纸审核的依据是什么?

10.客户受电工程设计图纸审核具体应审核哪些项目?

11.在客户受电工程设计图纸审核中,具体应如何审核电气布置情况?

12.如何审核客户受电工程设计图纸?

13.客户受电工程检查与验收原则是什么?

14.客户受电工程检查与验收程序是怎样的?

15.客户受电工程验收条件是什么?

16.客户受电工程验收应验收哪些项目? 如何验收?

# 情境 3  变更用电

## 【情境描述】

本情境是在遵循相关法律法规和技术标准的前提下,以某用电客户实际变更用电案例分析为基础,对高压客户和低压客户用电变更业务进行处理与操作。要求学习本情境后能熟悉用电变更常用业务、工作流程及工作内容,达到掌握正确受理客户用电变更业务的目的,并能规范填写业务受理工单、收集、审查相关资料。

## 【情境目标】

1.知识目标

(1)熟悉变更用电的定义及其分类。

(2)明确变更用电工作内容和意义。

(3)熟悉掌握变更用电业务的办理和注意事项。

2.能力目标

(1)能简要说明低压客户变更用电业务主要类型及处理流程。

(2)能正确处理低压客户变更用电业务。

(3)能简要说明高压客户变更用电业务主要类型及处理流程。

(4)能正确处理高压客户变更用电业务。

(5)能指导高压客户、低压客户正确填写各种变更用电申请表。

3.态度目标

(1)能主动提出变更用电问题,并积极查找相关资料。

(2)能团结协作,共同学习与提高。

# 任务 3.1　低压客户的变更用电

## 【任务目标】

1.能简要说明变更用电的定义及其分类。

2.能简要说明低压客户变更用电业务的主要类型及处理流程。

3.能正确叙述低压客户变更用电业务的处理要点及注意事项。

4.能正确处理低压客户变更用电业务。

## 【任务描述】

依据相关法律法规和技术规程,根据所给低压客户资料和用电情况,能正确处理低压客户变更用的更名、过户、改类及移表等用电业务。

## 【相关知识】

## 3.1.1　用电变更业务分类

用电变更是指客户在不增加用电容量和供电回路的情况下,要求改变原《供用电合同》中约定的用电性质、方式等事宜的业务。

**(1)《供电营业规则》的规定**

用电业务变更有减容、暂停、暂换、迁址、移表、暂拆、更名或过户、分户、并户、销户、改压及改类 12 大类。

①减少合同约定的用电容量,简称减容。

②暂时停止全部或部分受电设备的用电,简称暂停。

③临时更换大容量变压器,简称暂换。

④迁移受电装置用电地址,简称迁址。

⑤移动用电计量装置安装位置,简称移表。

⑥暂时停止用电并拆表,简称暂拆。

⑦改变客户的名称,简称更名或过户。

⑧一户分列为两户及以上的客户,简称分户。

⑨两户及以上客户合并为一户,简称并户。

⑩合同到期终止用电,简称销户。

⑪改变供电电压等级,简称改压。

⑫改变用电类别,简称改类。

**(2)SG186 营销应用系统的业务项表述**

减容(减容恢复)、暂停(暂停恢复)、暂换(暂换恢复)、迁址、暂拆(复装)、更名、过户、分户、并户、改压、改类、销户(批量销户)及移表。

## 3.1.2 变更用电办理方式与方法

**(1)变更用电办理方式**

1)营业厅受理

营业厅受理又称线下受理。受理时,业务受理人员应向用户提供业务办理告知书,告知用户需提交的资料清单、业务办理流程等信息,询问用户申请意图,录入系统,打印变更申请单(表单中办理时间等信息由系统自动生成),并由用户签字确认。申请资料不齐全的用户,业务受理人员应通过缺件通知书形式,告知用户需提供的缺件内容。

2)电子渠道受理

电子渠道受理又称线上受理,通过电子渠道业务告知页面,告知用户需提交的资料清单、业务办理流程等信息,用户提报相关资料,并写明申请原因。线上受理资料不齐全的,服务调度人员通过电子渠道,告知用户应补充的缺件内容。

**(2)变更用电办理方法**

1)首问负责制

首问负责制是指无论是办理业务是否对口,无论是面对面服务还是电话服务,接待人员都要认真倾听,热心引导,快速衔接,并为客户提供准确的联系人、联系电话和地址。

2)一证受理

实行营业厅"一证受理"。受理时,应询问客户申请意图,向客户提供业务办理告知书,告知客户需提交的资料清单、业务办理流程、收费项目及标准、监督电话等信息。对申请资料暂不齐全的客户,在收到其用电主体资格证明并签署"承诺书"后,正式受理用电申请,并启动后续流程,现场勘查时收资。已有客户资料或资质证件尚在有效期内,则无须客户再次提供。推行居民客户"免填单"服务,业务办理人员了解客户申请信息,并录入营销业务应用系统,生成用电登记表,打印后交由客户签字确认。

3)一次性告知

受理用户申请时,应主动向客户提供用电咨询服务,履行一次性告知义务。

**(3)变更用电办理需提供的资料**

①用电申请表(报告)。

②经办人居民身份证原件及复印件和法人委托书原件(或法人代表身份证原件及复印件)。

③营业执照(或组织机构代码证)复印件。

④企业法人身份证原件或复印件(个人电力客户提供身份证原件及复印件)。

⑤税务登记证复印件。

⑥一般纳税人资格证书复印件。

⑦房产证复印件(或相关法律文书)。

⑧总平面图原件及复印件,建筑总平面图、用电负荷特性说明、用电设备明细表、近期及远期用电容量。

⑨政府主管部门立项或批复文件;对高耗能等特殊行业客户,须提供环境评估报告、生产许可证等。

## 3.1.3 更名业务

**(1)业务描述**

更名一般只针对同一法人及自然人的名称的变更。在用电地址、用电容量、用电类别不变的条件下,仅因客户名称的改变,而不牵涉产权关系变更的,完成客户档案中客户名称的变更工作,并变更供用电合同。更名业务处理流程如图3-1-1(a)所示。

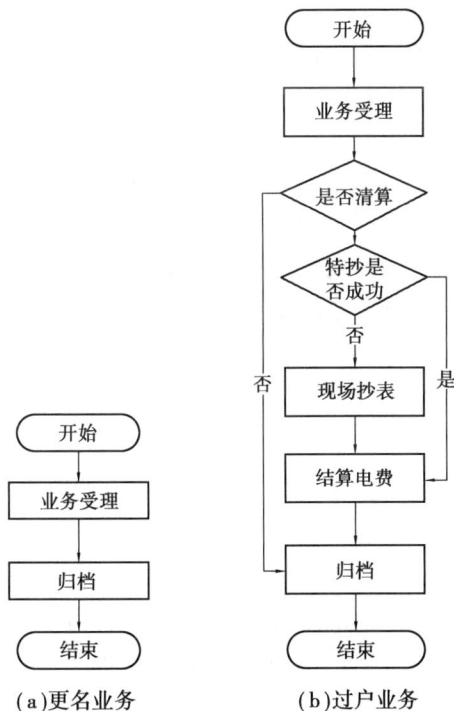

(a)更名业务        (b)过户业务

图 3-1-1 更名和过户处理流程

**(2)工作要求**

客户更名,更名申请可采用营业厅受理和电子渠道受理两种方式。供电企业应按下列规定办理:

①在用电地址、用电容量、用电类别不变的条件下,允许办理更名。

②更名一般只针对同一法人及自然人的名称的变更。

③用户申请符合条件后,由营业窗口业务受理员或服务调度人员实时发起相应的业务流程,核查更名内容,确认更名。

## 3.1.4 过户业务

**(1)业务描述**

当客户在用电地址、用电容量、用电类别不变的条件下,仅产权关系发生变更时,应办理过户。过户申请可采用营业厅受理和电子渠道受理两种方式。在现场勘查时,应重点核查用户用电地址、用电容量、用电类别等是否发生变化,以及提供资料与现场是否一致等信息,并填写现场勘查单、计量装接单或录入移动作业终端,由用户签字(或电子签名方式)确认后,依法与新客户签订供用电合同,注销原客户供用电合同,同时完成新客户档案的建立及原客户档案的注销。过户业务处理流程如图 3-1-1(b)所示。

**(2)工作要求**

客户过户应持有关证明向供电企业提出申请。供电企业应按下列规定办理:

①在用电地址、用电容量、用电类别不变的条件下,可办理过户。

②原用户应与供电企业结清债务。

③居民用户如为预付费控用户,应与用户协商处理预付费余额。

④涉及电价优惠的用户,过户后需重新认定。

⑤原用户为增值税用户的,过户时必须办理增值税信息变更业务。

⑥用户同一自然人或同一法人主体的其他用电地址的电费交费情况正常,如有欠费则应给予提示。

## 3.1.5 移表业务

**(1)业务描述**

移表是指客户因修缮房屋或其他原因需要移动用电计量装置安装位置。移表申请可采用营业厅受理和电子渠道受理两种方式。移表处理流程如图 3-1-2 所示。

**(2)工作要求**

客户移表(因修缮房屋或其他原因需要移动用电计量装置安装位置)须向供电企业提出

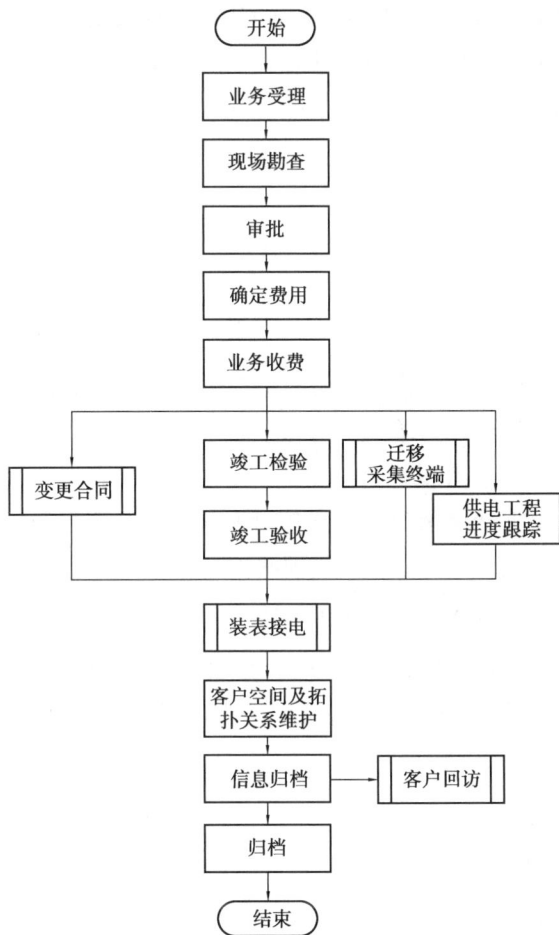

图 3-1-2　移表处理流程

申请。供电企业应按下列规定办理：

①用户移表应提前 5 个工作日申请。

②在用电地址、用电容量、用电类别及供电点等不变的情况下，可办理移表手续。

③移表所需的费用由客户负担。

④客户不论何种原因，不得自行移动表位，否则：属于居民客户的，应承担每次 500 元的违约使用电费；属于其他客户的，应承担每次 5 000 元的违约使用电费。

⑤根据与用户约定的时间进行现场勘查，确定移表具体实施方案，填写现场勘查单或录入移动作业终端，并由用户签字（或者电子签名方式）确认。现场勘查时限：正式受理后 5 个工作日内完成；对有特殊要求的用户，按照与用户约定的时间完成。

⑥现场具备直接移表条件的，应采用"一岗制"作业模式，当场完成移表工作。

⑦存在用户受电工程的，收到用户竣工检验申请后，按照国家、行业标准、规程，对用户受电工程的工程质量进行全面检验。具备条件的，可由用户自行通过电子渠道提交竣工检验申请；如需变更计量装置，由装表接电人员完成装表接电工作，并由用户在纸质电能计量

装接单或者移动作业终端上签字(电子签名方式)确认表计底度。

⑧完成装表接电环节后,将流程发送至归档环节,并在 3 个工作日内归档。归档工作包括信息归档和资料归档。

## 3.1.6 低压改类

**(1)普通改类**

改类是指客户在同一受电装置内,电力用途发生变化而引起用电电价类别的增加或减少。供电企业依据《供电营业规则》有关办理改类的有关规定进行客户变更申请的受理,并进行现场勘查、审批,与客户签订供用电变更合同,并给予装表接电,核实改类时的电表抄码,完成各项审核工作,根据变更情况对客户进行回访,最后归档完成整个改类变更的全过程。改类申请采用营业厅受理和电子渠道受理两种方式。

**(2)普通改类和改类-居民峰谷变更的工作流程**

①只适用于执行低压居民电价且为"一户一表"电价的用户。

②用户申请符合条件后,由营业厅受理人员或服务调度人员在营销系统内发起正式流程。若需要换表的,同步完成计量方案制订。

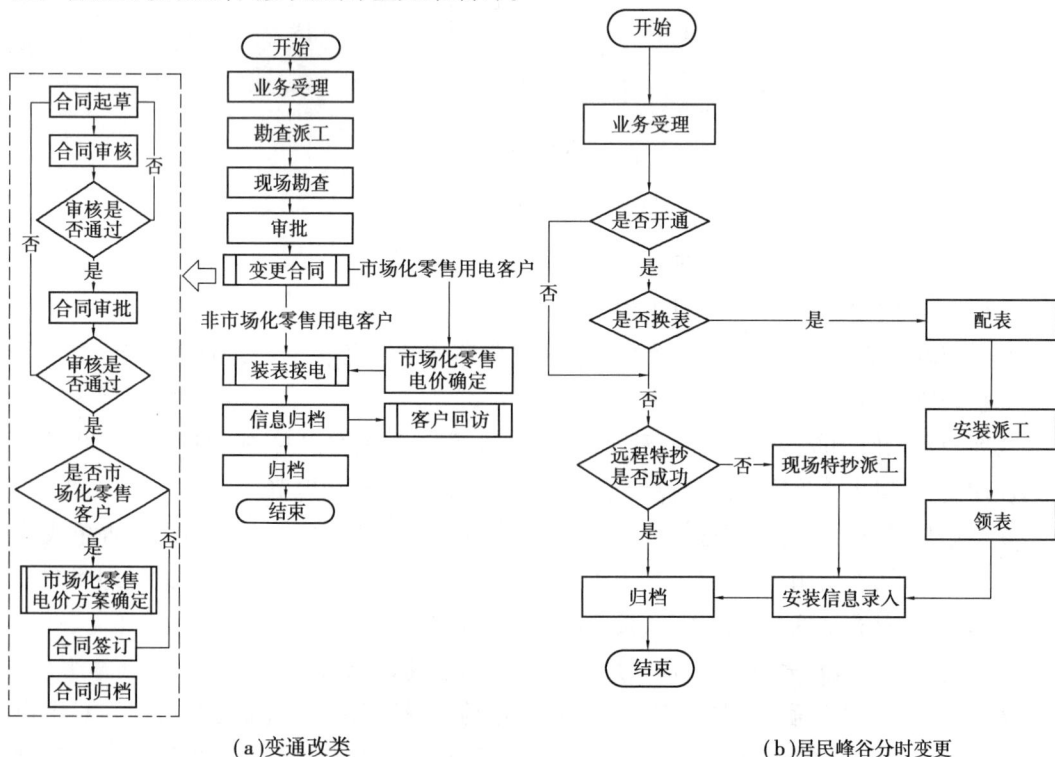

(a)变通改类　　　　　　　　　　　(b)居民峰谷分时变更

图 3-1-3　普通改类流程图和改类-居民峰谷变更流程

③按照与用户约定的时间,组织完成电能表换装或现场特抄作业,并由用户在纸质电能计量装接单或者移动作业终端上签字(电子签名方式)确认表计底度。

④在安装信息录入完成后,将流程发送至归档环节。时限要求:正式受理后,不需要换表的,在 5 个工作日内归档;需要换表的,在 10 个工作日内归档。

**(3)普通改类和改类-居民峰谷变更工作流程**

普通改类和改类-居民峰谷变更工作流程如图 3-1-3 所示。

## 3.1.7　暂拆及复装

**(1)业务描述**

暂拆是指客户因修缮房屋等原因需要暂时停止用电并拆表。复装是客户在暂拆业务后恢复装表用电。暂拆和复装业务流程如图 3-1-4 所示。

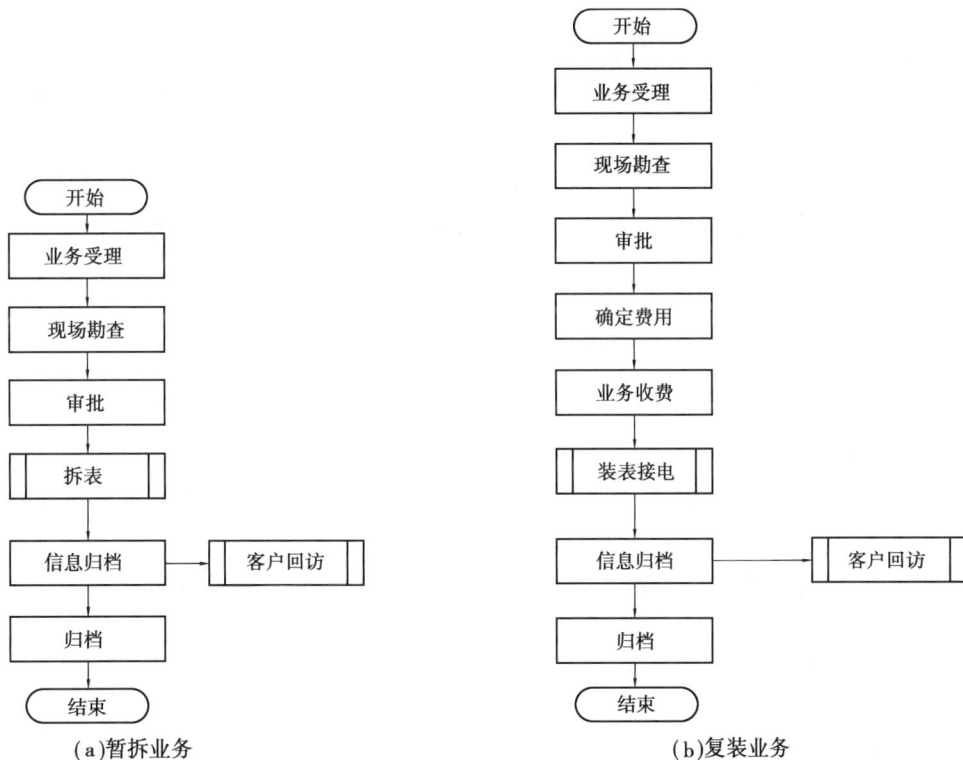

图 3-1-4　暂拆和复装业务流程

**(2)工作要求**

①暂拆和复装适用于低压供电用户。

②客户办理暂拆手续后,供电企业应在 5 天内执行暂拆。

③暂拆时间最长不得超过6个月。暂拆期间,供电企业保留该客户原容量的使用权。

④暂拆原因消除,客户要求复装接电时,须向供电企业办理复装接电手续并按规定交付费用。上述手续完成后,供电企业应在5天内为该客户复装接电。

⑤超过暂拆规定时间要求复装接电者,按新装手续办理。

⑥用户同一自然人或同一法人主体的其他用电地址的电费交费情况正常,如有欠费则应给予提示。

## 3.1.8　分户与并户

**(1)分户**

1)业务描述

分户是指一户分列为两户及以上的用户。

2)工作要求

客户分户,应持有关证明向供电企业提出申请。供电企业应按下列规定办理:

①在用电地址、供电点、用电容量不变且其受电装置具备分装的条件时,允许办理分户。

②在原客户与供电企业结清债务的情况下,再办理分户手续。

③分立后的新客户应与供电企业重新建立供用电关系。

④原客户的用电容量由分户者自行协商分割,需要增容者,分户后另行向供电企业办理增容手续。

⑤分户引起的工程费用由分户者负担。

⑥分户后受电装置应经供电企业检验合格,由供电企业分别装表计费。

**(2)并户**

1)业务描述

并户业务适用于同一供电点,同一用电地址的相邻两个及以上客户并户的变更业务。

2)工作要求

客户并户,应持有关证明向供电企业提出申请。供电企业应按下列规定办理:

①在同一供电点,同一用电地址的相邻两个及以上客户允许办理并户。

②原客户应在并户前向供电企业结清债务。

③新客户用电容量不得超过并户前各户容量之总和。

④并户引起的工程费用由并户者负担。

⑤并户的受电装置应经检验合格,由供电企业重新装表计费。

# 【学习与训练任务】

客户李×的"快乐心事"

①客户李×在市中心从赵×处购得二手房一套,现需用电,请问应办理什么手续? 如何办理?

②如果客户李×购得的二手房装修时,需移动电能计量装置的位置,请问自己能否移动? 应如何办理?

③客户李×临街而居,想利用自家房屋从事小商品买卖,除办理工商行政营业执照外,还需办理什么手续才能合法经营? 应如何办理?

# 【任务实施】

**(1)分析客户变更用电任务,明确任务要求**

①客户李×在市中心从赵×处购得二手房一套,如需继续用电应办理过户手续。办理要求应符合过户的具体规定。

②如果客户李×购得的二手房装修时,需移动电能计量装置的位置,应向当地供电企业申请办理移表业务。办理要求应符合移表业务的具体规定。

③客户李×临街而居,想利用自家房屋从事小商品买卖,除办理工商行政营业执照外,还需向当地供电企业申请办理改类业务才能合法经营。办理要求应符合改类业务的具体规定。

**(2)收集客户变更用电任务资料,制订任务实施计划**

①客户李×在市中心从赵×处购得二手房一套,如需继续用电应办理过户手续。办理用电过户手续,应提供过户双方的身份证明和电费缴费信息,并缴清以前的电费。其办理流程如下:

a.客户用电需求登记。

b.业务受理。

c.审核。

d.变更处理。

e.与客户签订供用电合同。

f.建立客户资料档案,重建抄表卡。

②如果客户李×购得的二手房装修时,需移动电能计量装置的位置,应向当地供电企业申请办理移表业务。办理用电移表业务,应提供客户用电地址等信息。其办理流程如下:

a.客户用电需求登记。

b.业务受理。

c.现场勘查。

d.业务收费。

e.移表送电。

f.资料归档。

③客户李×临街而居,想利用自家房屋从事小商品买卖,除办理工商行政营业执照外,还需向当地供电企业申请办理改类业务才能合法经营。办理用电改类业务,应提供客户用电地址等信息。其办理流程如下:

a.客户用电需求登记。

b.业务受理。

c.现场检查。

d.拟订检查意见。

e.领导审批。

f.签订供用电合同。

g.资料归档。

**(3)现场模拟,按计划完成学习任务**

教师引导,办理用电过户、移表和改类业务。

1)办理用电过户业务流程

①客户用电需求登记。

②业务受理。

③审核。

④变更处理。

⑤与客户签订供用电合同。

⑥建立客户资料档案,重建抄表卡。

2)办理用电移表业务流程

①客户用电需求登记。

②业务受理。

③现场勘查。

④业务收费。

⑤移表送电。

⑥资料归档。

3)办理用电改类业务流程

①客户用电需求登记。

②业务受理。

③现场检查。

④拟订检查意见。

⑤领导审批。

⑥签订供用电合同。

⑦资料归档。

**（4）总结评价，提高完成任务的质量**

①总结用电过户手续办理情况，进一步巩固用电过户手续办理的相关知识和技能。

②总结用电移表业务办理情况，进一步巩固用电移表业务办理的相关知识和技能。

③总结用电改类业务办理情况，进一步巩固用电改类业务办理的相关知识和技能。

# 【任务评价】

### 客户李×的"快乐心事"案例任务评价表

| 低压客户变更用电受理任务评价表 | | | | | | |
|---|---|---|---|---|---|---|
| 姓名 | | 学号 | | 成绩 | | |
| 序号 | 评分项目 | 评分内容及要求 | 评分标准 | 满分 | 扣分 | 得分 |
| 1 | 1.查询客户历史信息 | 1.1 查询用电历史情况 | 正确确定客户用电历史情况 | 5 | | |
| 2 | | 1.2 查询欠费情况 | 正确确定客户欠费情况 | 5 | | |
| 3 | | 1.3 查询信用情况 | 正确确定客户信用情况 | 10 | | |
| 4 | 2. 查验客户资料 | 2.1 查验申请报告 | 申请报告查验正确 | 5 | | |
| 5 | | 2.2 查验营业执照 | 营业执照查验正确 | 5 | | |
| 6 | | 2.3 查验相关证件 | 相关证件查验正确 | 10 | | |
| 7 | 3.用电申请书填写 | 3.1 客户基本信息填写 | 客户基本信息填写正确 | 15 | | |
| 8 | | 3.2 客户用电信息填写 | 客户用电信息填写正确 | 15 | | |
| 9 | 4.用电设备清单填写 | 4.1 用电设备清单填写 | 用电设备清单填写正确 | 20 | | |
| 10 | 5.综合素质 | 5.1 着装整齐，精神饱满<br>5.2 现场组织有序，工作人员之间配合良好<br>5.3 独立完成相关工作<br>5.4 执行工作任务时，大声呼唱<br>5.5 不违反电力安全规定及相关规程 | | 10 | | |
| | 总分 | | | 100 | | |
| | 教师 | | | | | |

# 任务 3.2　高压客户的变更用电

## 【任务目标】

1.能简要说明变更用电的定义及其分类。

2.能简要说明高压变更用电业务的主要类型及处理流程。

3.能正确叙述高压变更用电业务的处理要点及注意事项。

4.能正确处理高压变更用电业务。

## 【任务描述】

依据相关法律法规和技术规程,根据所给高压客户资料和用电情况,能正确处理高压客户变更用电减容和暂停等业务。

## 【相关知识】

## 3.2.1　减容业务

### (1)业务描述

减容是指客户在正式用电后,因生产经营情况发生变化,考虑原用电容量过大,不能全部利用,为了减少基本电费的支出或节能的需要,提出减少供用电合同约定的用电容量的一种用电变更业务。减容业务流程如图 3-2-1 所示。

### (2)用户申请减容条件

①减容一般只适用于高压供电用户。

②用户申请减容,应提前 5 个工作日办理相关手续。

③用户提出减少用电容量的期限最短不得少于 6 个月,但同一日历年内暂停满 6 个月申请办理减容的用户减容期限不受时间限制。

④用户同一自然人或同一法人主体的其他用电地址不应存在欠费。如有欠费,则给予

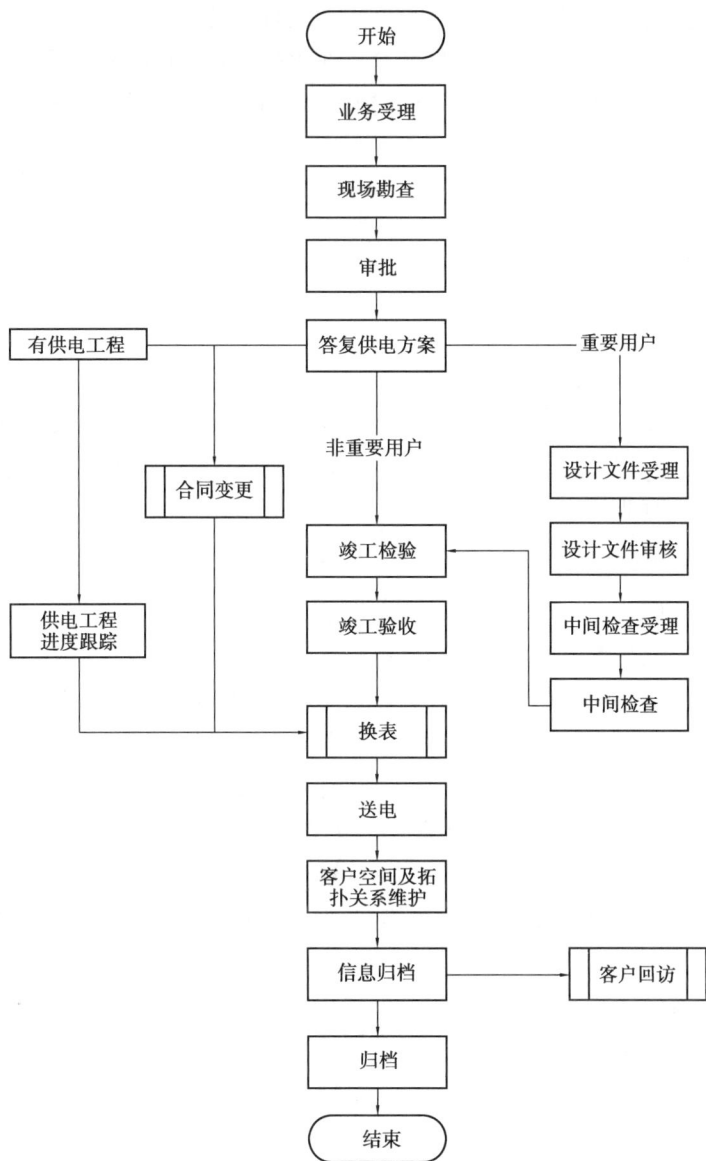

图 3-2-1　减容业务流程

提示。

**（3）工作要求**

①减容必须是整台或整组变压器的停止或更换小容量变压器用电,根据用户提出的减容日期,将对申请减容的设备进行拆除(或调换)。从拆除(或调换)之日起,减容部分免收基本电费。其减容后的容量达不到实施两部制电价规定容量标准的,应改为相应用电类别单一制电价计费,并执行相应的分类电价标准。

②减容后执行最大需量计费方式的,合同最大需量按减容后总容量申报,申请减容周期应以抄表结算周期或日历月为基本单位,起止时间应与抄表结算起止时间一致或为整日历

117

月。合同最大需量核定值在下一个抄表结算周期或日历月生效。

③减容分为永久性减容和非永久性减容。非永久性减容在减容期限内供电企业保留用户减少容量的使用权。减容两年内恢复的,按减容恢复办理;超过两年的按新装或增容手续办理。

## 3.2.2 暂停业务

### (1)业务描述

暂停是指客户在正式用电后,因生产经营情况发生变化,需要临时变更或设备检修或季节性用电等原因,为了节省和减少电费支出,需要短时间内停止使用一部分或全部用电设备容量的一种用电变更业务。

### (2)工作要求

①用户申请暂停须在 5 个工作日前提出申请。

②暂停用电必须是整台或整组变压器停止。

③申请暂停用电,每次应不少于 15 天,每一日历年内暂停时间累计不超过 6 个月,次数不受限制。暂停时间少于 15 天的,则暂停期间基本电费照收。

④当年内暂停累计期满 6 个月后,如需继续停用的,可申请减容,减容期限不受限制。

⑤自设备加封之日起,暂停部分免收基本电费。如暂停后容量达不到实施两部制电价规定容量标准的,应改为相应用电类别单一制电价计费,并执行相应的电价标准。

⑥减容期满后的用户以及新装、增容用户,两年内申办暂停的,不再收取暂停部分容量50%的基本电费。

⑦选择最大需量计费方式的用户暂停后,合同最大需量核定值按照暂停后总容量申报。申请暂停周期应以抄表结算周期或日历月为基本单位,起止时间应与抄表结算起止时间或整日历月一致。合同最大需量核定值在下一个抄表结算周期或日历月生效。

⑧暂停期满或每一日历年内累计暂停用电时间超过 6 个月的用户,不论是否申请恢复用电,供电企业须从期满之日起,恢复其原电价计费方式,并按合同约定的容量计收基本电费。

⑨用户同一自然人或同一法人主体的其他用电地址的电费交费情况正常。如有欠费,则应给予提示。

暂停恢复是指客户暂停期间或到期后需要恢复原容量用电。

依据《供电营业规则》的有关规定,供电部门受理客户暂停恢复申请并核实相关资料,进行现场勘查,记录勘查意见,更换计量装置,启封用电设备,审核、归档变更客户的档案信息。

## 3.2.3　高压客户改类

**（1）业务描述**

高压客户改类是指客户在同一受电装置内,电力用途或计费方式发生变化而引起用电电价类别的增加、改变或减少。高压客户改类业务细分为普通改类、基本电价计费方式变更、取消基本电价计费方式变更及调整最大需量核定值 4 个子业务。基本电价计费方式变更和调整最大需量核定业务流程如图 3-2-2 所示。

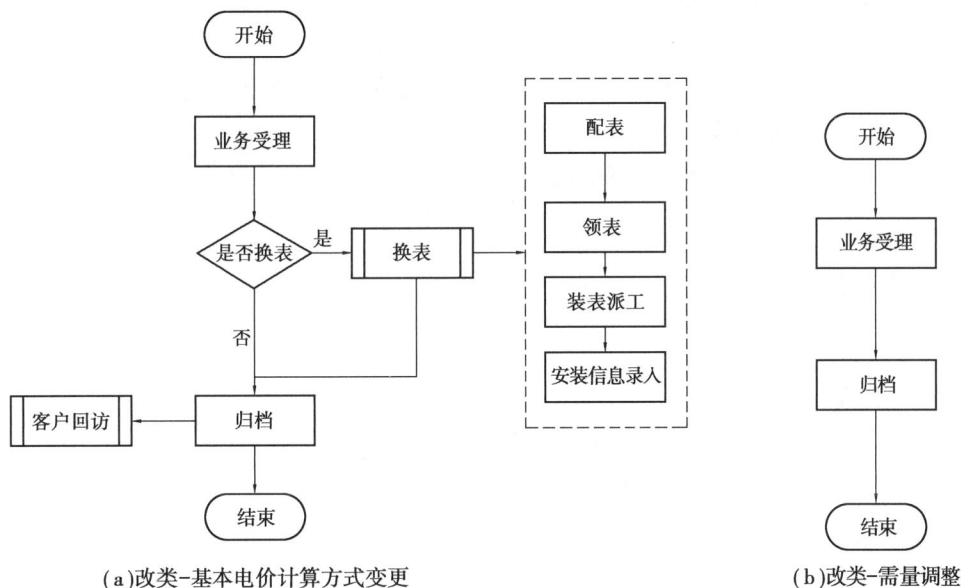

(a)改类-基本电价计算方式变更　　　　(b)改类-需量调整

图 3-2-2　基本电价计费方式变更和调整最大需量核定业务流程

**（2）工作要求**

1）改类-基本电价计费方式变更

①基本电价计费方式变更只适用执行两部制电价的用户。

②基本电价计费方式变更周期为按季度变更。用户可提前 15 个工作日向电网企业申请变更下一周期的基本电价计费方式。

③用户同一自然人或同一法人主体的其他用电地址的电费交费情况正常。如有欠费,则应给予提示。

④用户申请符合条件后,由营业厅受理人员或服务调度人员在营销系统内发起正式流程,并发送至下一环节。若需要换表,同步完成计量方案制订。

⑤按照与用户预约的时间完成计量装置与采集终端更换作业,对相关计量设备进行加封,并由用户在纸质电能计量装接单或者移动作业终端上签字(电子签名方式)确认表计底度。

119

⑥在安装信息录入完成后,将流程发送至归档环节。时限要求:正式受理后,不需要换表的,在5个工作日内归档;需要换表的,在10个工作日内归档。

2)改类-调需量值

①改类-调需量值是指实施两部制电价的用户,根据下个月预计达到的用电最大负荷,申请调整需量核定值的业务。

②用户可提前5个工作日申请。

③用户同一自然人或同一法人主体的其他用电地址的电费交费情况正常。如有欠费,则应给予提示。

④申请值最大需量核定低于变压器容量和高压电动机容量总和的40%时,按容量总和的40%核定合同最大需量;对按最大需量计费的两路及以上进线用户,各路进线分别计算最大需量,累加计收基本电费。

⑤用户申请符合条件后,由营业窗口业务受理员或服务调度人员实时发起相应的业务流程并核查、确认变更方案。

⑥将流程发送至归档环节。时限要求:正式受理后,在两个工作日内归档。

## 3.2.4　暂换

### (1)业务描述

因客户受电变压器故障而无相同容量变压器替代,需要临时更换大容量变压器。按照《供电营业规则》的有关规定,受理客户的暂换业务,安排现场勘查,确定客户的计量装置是否需更换,是否需供电工程进度跟踪,并组织现场验收,完成客户合同的变更,并给予装表接电,进行归档,完成暂换用电变更业务的流程管理。

### (2)工作要求

客户暂换(因受电变压器故障而无相同容量变压器替代,需要临时更换大容量变压器),须在更换前向供电企业提出申请。供电企业应按下列规定办理:

①必须在原受电地点内整台的暂换受电变压器。

②暂换变压器的使用时间,10 kV及以下的,不得超过两个月;35 kV以上的,不得超过3个月;逾期不办理手续的,供电企业可中止供电。

③暂换的变压器经检验合格后才能投入运行。

④暂换变压器增加的容量,对两部制电价客户须在暂换之日起,按替换后的变压器容量计收基本电费。

### (3)业务流程

暂换变压器到期,恢复原有容量变压器。按照《供电营业规则》的有关规定,暂换变压器到期后,客户要恢复原有容量的变压器,需办理恢复业务申请。通过受理客户的暂换恢复业务,安排现场勘查,确定客户的计量装置是否需更换,是否需供电工程进度跟踪,并组织现场验收,完成客户合同的变更,并给予装表接电,进行归档,完成暂换恢复用电变更业务的流程管理。

## 3.2.5  改压

**(1)业务描述**

改压业务适用于因客户原因需要在原址原容量不变的情况下改变供电电压等级的用电变更。

**(2)工作要求**

客户改压(因客户原因需要在原址改变供电电压等级),应向供电企业提出申请。供电企业应按下列规定办理:

①改压后超过原容量者,超过部分按增容手续办理。

②因客户原因改压引起的工程费用由客户负担。

③因供电企业的原因引起客户供电电压等级变化的,改压引起的客户外部工程费用由供电企业负担。

## 3.2.6  迁址

**(1)业务描述**

迁址是在客户供电点、容量、用电类别均不变的前提下迁移受电装置用电地址。

**(2)工作要求**

客户迁址,须在 5 天前向供电企业提出申请。供电企业应按下列规定办理:

①原址按终止用电办理,供电企业予以销户。新址用电优先受理。

②迁移后的新址不在原供电点供电的,新址用电按新装用电办理。

③新址用电引起的工程费用由客户负担。

④迁移后的新址仍在原供电点,但新址用电容量超过原址用电容量的,超过部分按增容办理。

⑤私自迁移用电地址而用电者,属于居民客户的,应承担每次 500 元的违约使用电费;属于其他客户的,应承担每次 5 000 元的违约使用电费。自迁新址不论是否引起供电点变动,一律按新装用电办理。

## 3.2.7　销户业务

**(1)业务描述**

1)销户

因客户拆迁、停产和破产等原因申请停止全部用电容量的使用与供电部门终止供用电关系,称为销户。

2)批量销户

适用于政府整体拆迁工程的实施或自然灾害造成的房屋倒塌等需批量销户的业务。

销户申请采用营业窗口受理方式,由营业窗口业务受理人员确认资料的有效性和完整性。销户业务流程如图 3-2-3 所示。

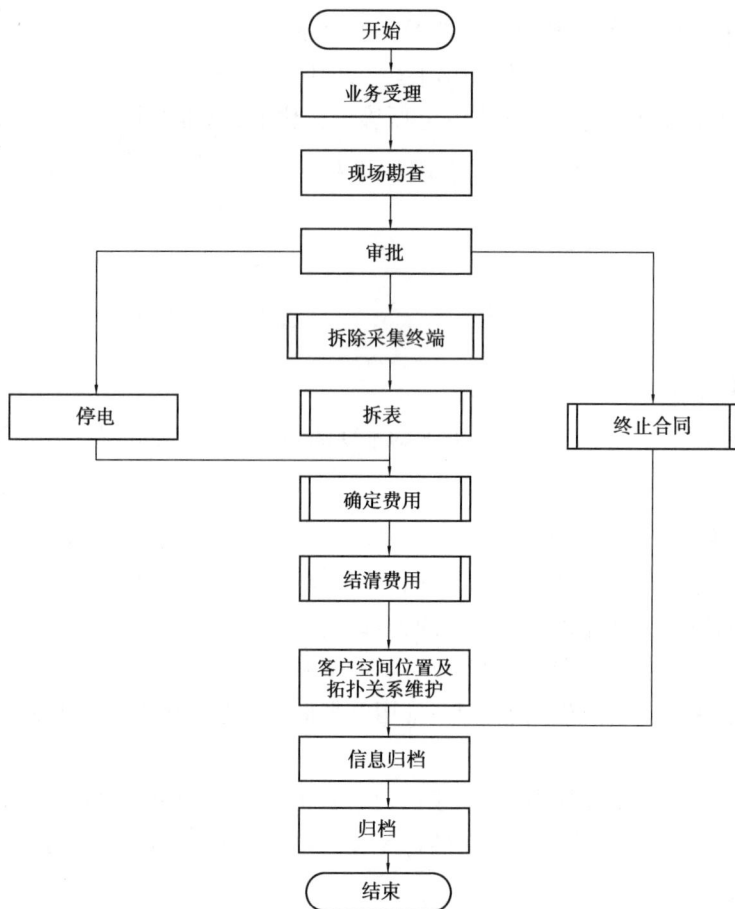

图 3-2-3　销户业务流程

（2）工作要求

①客户申请销户，须向供电企业提出申请，供电企业应按下列规定办理：

a.销户必须停止全部用电容量的使用。

b.客户已向供电企业结清相关费用；如用户为临时用电销户，按照合同约定确定是否退回临时接电费，确需退还临时接电费的，告知用户销户后办理临时接电费退费手续。

c.查验用电计量装置完好性后，拆除接户线和用电计量装置。

②客户连续 6 个月不用电，也不申请办理暂停用电手续者，供电企业须以销户终止其用电。客户需再用电时，按新装用电办理。

③客户依法破产时，供电企业应予销户，终止供电；在破产用户原址上用电的，按新装用电办理；从破产用户分离出去的新用户，必须在偿清原破产用户电费和其他债务后，方可办理用电变更手续；否则，供电企业可按违约用电处理。

④因政府政策性调整，客户被工商行政管理部门依法注销工商登记的，供电企业可配合政府相关部门以销户终止其用电。

# 【学习与训练任务】

## 德顺自来水公司经理的"理想生活"

××××年 12 月××日避暑胜地德顺自来水公司向××供电分公司申请暂停用电，供电分公司根据其申请于 12 月 10 日对该公司的 400 kV·A 和 630 kV·A 两台专用变压器暂停并加封。暂停 10 天后的 12 月 20 日，德顺自来水公司经理亲自带着申请到供电分公司，找到供电分公司领导，说是该公司接到上级紧急的任务，最近出现旅游热，有许多游客到此地观雪景，各宾馆饭店都住满了，为保障自来水供应，请求供电公司当天将两台专用变压器启封通电。供电分公司根据客户的请求，急客户之所急，对两台专用变压器恢复了供电。该公司在恢复供电一周后，又派人来到供电分公司，说是这次旅游热已过去，游客观光团结束了这次观雪景旅游，各宾馆饭店用水量减少，要求继续暂停两台专用变压器用电，根据该公司的请求，供电分公司又对这两台专用变压器进行了停电操作。试问该自来水公司暂停是否符合要求？能不能减少基本电费？试分析其暂停业务并说明处理之。

## 【任务实施】

### （1）分析客户变更用电任务，明确任务要求

××××年12月××日避暑胜地德顺自来水公司向××供电分公司申请于12月10日对该公司的400 kV·A和630 kV·A两台专用变压器暂停并加封。暂停10天后的12月20日，公司经理亲自带着申请到供电分公司，说是最近出现旅游热，有许多游客到此地观雪景，各宾馆饭店都住满了，为保障自来水供应，请求供电公司当天将两台专用变压器启封通电，应办理暂停恢复变更用电业务。在恢复供电一周后，又派人来到供电分公司，说是这次旅游热已过去，要求对该两台专用变压器进行了停电操作，应办理暂停变更用电业务。办理要求应符合暂停和暂停恢复业务的具体规定。

### （2）收集客户变更用电任务资料，制订任务实施计划

××××年12月××日避暑胜地德顺自来水公司向××供电分公司申请暂停恢复和暂停，应办理暂停和暂停恢复变更用电业务。

办理暂停业务，其办理流程如下：

①客户用电需求登记。

②业务受理。

③现场勘查。

④审核。

⑤表码录入。

⑥设备封停。

⑦信息归档。

办理暂停恢复业务，其办理流程如下：

①客户用电需求登记。

②业务受理。

③现场勘查。

④审核。

⑤确定方案。

⑥设备启封。

⑦信息归档。

### （3）现场模拟，按计划完成学习任务

教师引导分工协作，角色扮演办理暂停和暂停恢复变更用电业务。

1）办理暂停业务的流程

①客户用电需求登记。

②业务受理。

③现场勘查。

④审核。

⑤表码录入。

⑥设备封停。

⑦信息归档。

2）办理暂停恢复业务的流程

①客户用电需求登记。

②业务受理。

③现场勘查。

④审核。

⑤确定方案。

⑥设备启封。

⑦信息归档。

**（4）总结评价，提高完成任务的质量**

总结暂停和暂停恢复变更用电业务办理情况，进一步巩固暂停和暂停恢复变更用电业务办理的相关知识和技能。

# 【任务评价】

德顺自来水公司经理的"理想生活"案例任务评价表

| 高压客户变更用电受理任务评价表 | | | | | | |
|---|---|---|---|---|---|---|
| 姓名 | | 学号 | | 成绩 | | |
| 序号 | 评分项目 | 评分内容及要求 | 评分标准 | 满分 | 扣分 | 得分 |
| 1 | 1.查询客户历史信息 | 1.1 查询用电历史情况 | 正确确定客户用电历史情况 | 5 | | |
| 2 | | 1.2 查询欠费情况 | 正确确定客户欠费情况 | 5 | | |
| 3 | | 1.3 查询信用情况 | 正确确定客户信用情况 | 10 | | |
| 4 | 2. 查验客户资料 | 2.1 查验申请报告 | 申请报告查验正确 | 5 | | |
| 5 | | 2.2 查验营业执照 | 营业执照查验正确 | 5 | | |
| 6 | | 2.3 查验相关证件 | 相关证件查验正确 | 10 | | |
| 7 | 3.用电申请书填写 | 3.1 客户基本信息填写 | 客户基本信息填写正确 | 15 | | |
| 8 | | 3.2 客户用电信息填写 | 客户用电信息填写正确 | 15 | | |
| 9 | 4.用电设备清单填写 | 4.1 用电设备清单填写 | 用电设备清单填写正确 | 20 | | |

续表

| 序号 | 评分项目 | 评分内容及要求 | 评分标准 | 满分 | 扣分 | 得分 |
|---|---|---|---|---|---|---|
| 10 | 5.综合素质 | 5.1 着装整齐,精神饱满<br>5.2 现场组织有序,工作人员之间配合良好<br>5.3 独立完成相关工作<br>5.4 执行工作任务时,大声呼唱<br>5.5 不违反电力安全规定及相关规程 | | 10 | | |
| | 总分 | | | 100 | | |
| | 教师 | | | | | |

# 【情境总结】

通过对本情境的系统学习,使学生在遵循相关法律法规和标准的前提下,对电力老客户的变更用电业务有一个整体认识。熟悉减容、暂停、暂换、迁址、移表、暂拆、更名或过户、分户、并户、销户、改压及改类 12 种常规变更用电业务及其处理规范,能根据《供电营业规则》相关条款处理电力客户服务中所面临的问题,具备服务电力老客户的基本技能。

# 【学习与思考】

1.用电变更分哪十二大类?

2.供电企业对客户移表有哪些规定?

3.客户申请更名或过户,供电企业按哪些规定办理?

4.客户申请分户,供电企业应按哪些规定办理?

5.客户房屋买卖,要求办理电表更名,电力部门应如何处理?

6.客户办理用电变更时,应提供哪些相关资料?

7.客户申请减容,供电企业应按哪些规定办理?

8.客户连续 6 个月不用电,也不申请办理暂停用电手续者,供电企业应如何处理?

9.对客户办理暂拆用电手续有哪些规定?

10.客户申请暂换,供电企业应按哪些规定办理?

11.对客户办理暂停用电手续有哪些规定?

12.哪些用电变更业务完成后,须重新签订供用电合同?

# 情境 4    综合业务办理

## 【情境描述】

本情境是在遵循相关法律法规和标准的前提下,以某供电所内营业厅柜台服务和客户95598服务为情境设置的前提,完成客户用电业务咨询、客户用电信息查询、客户用电故障报修、及客户用电业务投诉与举报4个任务。其关键技能为客户用电受理服务的专业能力和行为能力。

## 【情境目标】

1.知识目标

(1)熟悉营业厅柜台服务和客户95598服务的工作内容。

(2)明确营业厅柜台服务和客户95598服务的工作流程。

2.能力目标

(1)能根据客户用电服务规范,按照客户用电要求正确进行用电业务咨询。

(2)能根据客户用电服务规范,按照客户用电要求正确进行用电信息查询。

(3)能根据客户用电服务规范,按照客户用电情况和电网情况受理客户用电故障报修。

(4)能根据客户用电服务规范,正确受理客户用电业务投诉与举报。

3.态度目标

(1)能主动提出咨询、查询、故障报修及投诉举报等相关问题,并积极查找相关资料。

(2)能团结协作,共同学习与提高。

# 任务 4.1　用电业务咨询

## 【任务目标】

1.能简要说明客户用电业务咨询的类型和主要内容。
2.能简要说明客户用电业务咨询的工作流程。
3.能正确受理客户用电业务咨询。

## 【任务描述】

依据相关法律法规,介绍用电业务咨询方面类型、工作流程及其工作内容以及处理方法。要求能受理用电客户用电咨询业务。

## 【相关知识】

## 4.1.1　用电业务咨询

### (1)用电业务咨询

用电业务咨询是指从 95598 电力客户服务热线、传真、E-mail、网站、掌上电力 App 受理的用电咨询。在接收到客户咨询请求后,受理员通过查询电力知识库和公共信息,答复客户有关政策法规、业务办理程序、电费电价标准及停电信息等。

### (2)用电业务咨询类型

1)法律法规

法律法规主要内容包括《中华人民共和国电力法》《电力供应与使用条例》《电力设施保护条例》《供电营业规则》《居民家用电器损坏处理办法》《供电服务监管办法》等。

2)服务规范

服务规范是指国家电网公司为提升服务品牌,勇于接受社会各界监督而对外发布的各类服务规范,主要内容包括《供电服务规范》、员工服务"十个不准"、"三公"调度"十项措施"、供电服务"十项承诺"、城市和农村供电营业规范化服务窗口标准等。

3）计量装置

计量装置是指所有涉及电能计量装置的信息。主要内容包括计量方式、计量装置配备、计量产权划分、计量异常、计量表计参数、计量故障处理、计量表校验及计量表轮换等。

4）停电信息

停电信息是指所有涉及用电客户停电的信息。主要内容包括计划检修停电、临时检修停电、故障停电、有序停电、欠费停电、违约停电及窃电停电等信息。

5）用电业务

用电业务主要内容包括业扩报装、业务变更和欠费复电等。业扩报装包括新装和增容；业务变更包括减容、暂停、暂换、暂停、暂拆、过户、销户、改压、改类等12类业务。

6）收费标准

收费标准是指供电企业为用电客户提供有偿服务的收费标准。主要内容包括业扩报装、业务变更、电力安装维护、电能计量装置检定、电力设备检修与调试等项目的收费标准。

7）电价电费

电价电费主要内容包括电价政策、电价分类、电价执行范围、销售电价表、交费方式、电费计算方法及交费期限等。

8）用电常识

用电常识主要内容包括客户依法用电、安全用电和节约用电等。

9）用电技术

用电技术是指推广高端、节能用电技术的咨询。主要内容包括蓄热式电锅炉、蓄冷式空调和低谷用电的效益分析等。

10）专业咨询

专业咨询是指专业性较强的用电咨询。主要内容包括供电方式、供电质量、经济运行、负荷分布、带电作业、安全距离、用电设备选型、变压器损耗及导线截面选择等。

**（3）用电业务咨询工作流程及其工作要求**

用电业务咨询工作流程如图4-1-1所示。

1）客户咨询

客户就自身用电问题向客户受理员咨询。

2）咨询受理

①接听来电

客户拨打95598热线电话,座席铃响4声内接听,接听电话时使用规范的问候语,超过4声应向客户致歉。

②咨询处理

对一般简单咨询由95598服务班座席当场答复,无须形成工单。对复杂问题或不能当场答复的,95598服务班座席将内容录入咨询工单,询问或发送工单至相关部门负责人员,待答复后再回复客户。

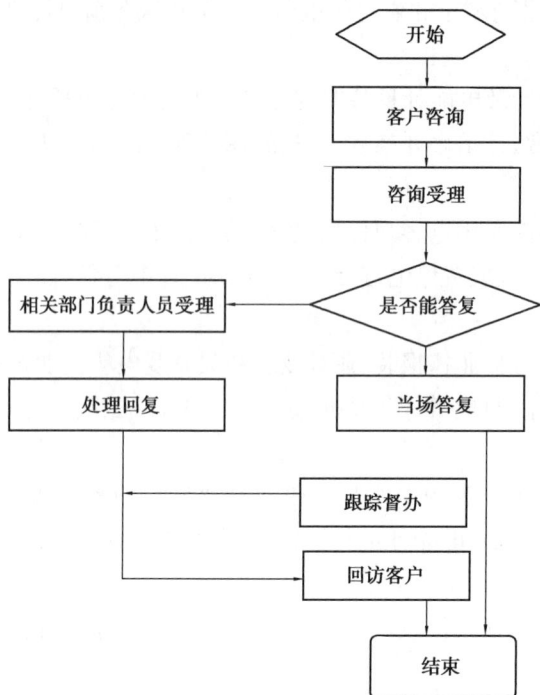

图 4-1-1　用电业务咨询工作流程

③自动留言

对自动留言咨询,与客户联系确认需回复的,按照咨询业务流程处理。

3)业务跟踪

座席对不能当场答复的咨询业务进行跟踪催办,并做好相关记录。

4)处理回复

相关单位(部门)负责人员在两个工作日内将结果回复 95598。

5)回访客户

座席在收到相关单位反馈结果的 24 h 内回复客户,并做好相应记录;对已按《电力法》《供电营业规则》等为客户提供服务而客户仍表示强烈不满时,可判定为服务失效,同时记录客户需求,在"回访内容"栏注明,报主管。

## 4.1.2　临时用电

### (1)临时用电含义

对基建工地、农田水利、市政建设、抢险救灾等非永久性用电,供电企业可供给临时电源的,称为临时用电。临时用电应出具单位证明、立项证明、设备清单、用电需求、《施工许可证》以及其所在网省公司认为必需的资料。

**（2）临时用电业务处理规范**

1）用电期限

临时用电期限除经供电企业准许外，一般不得超过 6 个月，逾期不办理延期或永久性正式用电手续的，供电企业应终止供电。

2）建设费用

用户建临时性受电设施，需要供电企业施工的，其施工费用应由用户负担。

3）电价确定

临时用电电价应按国家规定的电价分类确定。

4）电能计量

临时用电的用户，原则上应安装用电计量装置。对不具备安装条件的，要按其用电容量、使用时间、规定的电价计收电费。

5）计量计价特殊规定

临时用电用户未装用电计量装置的，供电企业应根据其用电容量，按双方约定的每月使用时数和使用期限预收全部电费。用电终止时，如实际作用时间不足约定期限 1/2 的，可退还预收电费的 1/2；超过约定期限 1/2 的，预收电费不退；到约定期限时，得终止供电。

6）特殊情况的建设费用和电费处理

因抢险救灾需要紧急供电时，供电企业应迅速组织力量，架设临时电源供电。架设临时电源所需的工程费用和应付的电费，由地方人民政府有关部门负责从救灾经费中拨付。

7）运行维护

属于临时用电等其他性质的供电设施，原则上由产权所有者运行维护管理，也可由双方协商确定，并签订协议。

8）转供转让

使用临时电源的用户不得向外供电，也不得转让给其他用户。

9）变更用电

供电企业不受理临时用电客户的减容、暂停、过户、改压、改类等变更用电事宜。

10）其他规定

临时用电工程结束后，如需改为正式用电，应按新装用电办理。

## 4.1.3　用电业务咨询案例

**（1）业务扩充类咨询**

1）城乡居民客户新装咨询

客户通过掌上电力、国网微信公众号直接办理各类新装业务，工作人员告知相应的收费标准。对物价部门没有统一确定报装价格的，座席人员可告知客户价格需要现场勘查后列出预算才能确定。供电方案答复期限不超过 3 个工作日。如果符合装表条件，会通知客户交纳相关费用,受电装置检验合格并办理相关手续后,3个工作日内送电。

2)业务变更类咨询

①更名或过户

告知客户在用电地址、用电容量、用电类别不变的条件下,可办理更名或过户手续。办理更名或过户时,应提供相关资料,包括新老户主身份证、房产证、户口簿等复印件。过户其前提为原户主与供电企业结清债务,才能解除原供用电关系等。

②改类

告知客户在同一受电装置内,电力用途发生变化而引起用电电价类别改变时,允许办理改类手续。擅自改变用电类别,按实际使用日期补交其差额电费,并承担2倍差额电费的违约使用电费。使用起讫日期难以确定的,实际使用时间按3个月计算。

③销户

告知客户应向供电企业提出申请,销户必须停止全部用电容量的使用,并已向供电企业结清电费,查验用电计量装置完好性后,拆除接户线和用电计量装置,用户持供电企业出具的凭证,领还电能表保证金与电费保证金,即解除供用电关系。

【案例4-1-1】 居民用电报装咨询

座席人员:您好,这是××营业厅,很高兴为您服务! 请问有什么可以帮您?

客　　户:我想装块电表,怎么办理?

座席人员:请问您的用电地址在哪里? 周围有没有客户已经报装过电表?(对是否符合装表条件作初步判断)

客　　户:××花园,别人都是在供电所装的电表。

座席人员:您可以通过手机掌上电力或微信公众号直接点击新装,将您准备的户主身份证、房产证等有效证件上传有效工单即可办理新装。工作人员会在您预计的上门服务时间上门勘查并提出供电方案。如果您符合装表条件,您可以通过非现方式交纳相关费用,我们将在两个工作日内为您装表接电。

客　　户:我不知道应该装多大的电表?

座席人员:您好!××客户是这样的,您要安装电表的大小需根据您家里电器的负荷情况来决定。请问您家里的电器多不多?

客　　户:常用的电器都有冰箱、空调等,大概有8 kW的负荷。

座席人员:我建议您安装单相5(60)A的电能表。

客　　户:那我就装单相5(60)A的。

座席人员:好的,那您在申请时请选择容量为8 kW,电表为5(60)A的单相电能表。

客　　户:好的,我与家人商量后再办理。

座席人员:请问您还有其他问题需要咨询吗?

客　　户:没有了,谢谢。

座席人员:不用谢,感谢您拨打95598,请不要挂机,请对我的服务进行评价,再见!

### (2)电价电费类咨询

**1)居民交费方式咨询**

告知客户本区域供电企业开通的多种交费方式。主要有柜台交费、POS 机刷卡交费、自助服务终端交费、微信公众号缴费、银行实时收费、银行储蓄批扣、充值卡交费、网上交费、手机交费、超市代收及流动营业车等。重点向客户推广非现方式缴费,减轻供电营业厅收费压力。

**2)分时电价咨询**

首先询问客户的用电类别,然后根据不同的用电类别告知客户分时电价的执行时段及收费标准。可引导客户合理调整用电负荷,削峰填谷、缓解电力供需矛盾,降低用电成本,提高社会整体经济效益。

**【案例 4-1-2】　电量突增咨询**

座席人员:您好,请问有什么可以帮您?

客　　户:我家的电表走快了,这个月的电量突然翻了 1 倍。

座席人员:您好! 请问您的电费是交纳到供电营业机构吗? (如果资产属客户的电能表,购置、安装、校验等相关事项不属供电公司负责范围,应礼貌告知客户自行处理,如客户需要验表,可建议客户联系地市质量技术监督部门)

①用电负荷是否增加

请问您家里最近有没有购买家用电器?

若客户回答"新增了家用电器"时,则与客户分析新增负荷的容量,判断是否与电量突增有关;若客户回答"没有新电器"时,则继续询问。

②抄表是否正确

座席人员:请问您是否核对过现场的电表止码和电费发票上的抄表止码呢?

若客户回答"没有核对"时,参考话述为:

座席人员:您能否先核对一下电表表码,看看是否抄表有误。若抄表正确的话,我们再为您校验电表好吗?

客户回答"已经核对止码,抄表正常"时,参考话述为:

座席人员:如果您确实怀疑电表走快了,可以申请校验电表。

③邻居是否窃电

座席人员:您能否检查一下从电表到家里的线路,看看是否有其他人偷您家里的电。

若客户回答"已检查",并坚持要校表时,参考话述为:

座席人员:请问您的户号是多少?

客　　户:00××××××××。

座席人员:00××××××××(迅速通过系统查出客户的用电地址,找到其所在的供电营业厅)。您申请校验,我们会在 7 天内为您校验,并将结果通知您。

客　　户:你们的校验结果有问题怎么办?

座席人员:您可与电力部门一同将电表送往各级技术监督局的检定机构进行校验。电力部门将根据校验结果承担相应责任。

客　　户:是这样啊。

座席人员:还要提醒您一下,在校表期间请按时交纳电费,校验结果出来后,如果结果有误再行退补电量。

客　　户:好的。

座席人员:请问您还有其他问题需要咨询吗?

客　　户:没有了。

座席人员:感谢您拨打95598,请不要挂机,请对我的服务进行评价,再见!

## 4.1.4　用电业务咨询工单

座席人员填写《用电业务咨询单》时,应确保工单内容的完整性和正确性,将《用电业务咨询单》、电话录音、客户满意度调查结果及其他相关信息按处理时间和业务流程统一建档保存。信息完整的《用电业务咨询单》主要包括以下内容:

**(1)咨询工单受理信息**

咨询受理信息包括客户呼叫方式、工单编号、所属供电企业、户号、户名、用电地址、联系人、联系地址、联系电话、业务类别、咨询内容、受理人员及受理时间。客户来电录音与该咨询单之间建立关联。××供电公司95598业务咨询工单见表4-1-1。

表 4-1-1　××供电公司 95598 业务咨询工单

| 工单编号 | 2000092 | 呼叫方式 | 电话 | 所属公司 | ××公司 |
|---|---|---|---|---|---|
| 户号 | 0000123456 | 户名 | ××× | 业务类别 | 电价电费 |
| 联系人 | ××× | 联系电话 | 81234567 | 紧急程度 | 一般 |
| 联系地址 | ××市第一中学宿舍 | | | 回复方式 | 当场答复 |
| 受理人员 | 李丽 | 受理时间 | 2018-08-10 9:30:59 | 是否有效 | 有效 |
| 营销业务受理内容 | 客户咨询居民阶梯电价及交费方式 | | | 是否归档 | 否 |
| 工单处理 | | | | | |
| 处理步骤 | 处理意见 | 处理时间 | 处理部门 | 处理人员 | 录音 |
| 受理 | 已告知客户居民电价的执行标准及常用的交费方式,并提醒客户按时缴费、客户表示满意 | 2018-08-10 9:30:59 | 95598 | 李丽 | 播放 |

**(2)咨询工单处理信息**

咨询处理信息包括处理部门、处理人员、接单时间、处理状态及步骤、处理结果及回单时间。客户来电催办录音、工作联系录音、工单督办录音与该咨询单的对应流程建立关联。

(3)咨询工单答复信息

咨询答复信息包括答复人员信息、答复方式、答复时间、答复内容及客户满意程度,答复客户录音与该咨询单之间建立关联。

# 【学习与训练任务】

## 临时用电客户业务咨询案例分析

座席人员:您好,请问有什么可以帮您?

客　　户:您好,我想问下子新装用电怎么办?

座席人员:好的,先生/女士,请问您是哪种类型的用电,或者说你要新装用电是用于什么用途呢?

客　　户:我家建房要用电。

座席人员:好的,先生/女士,我了解了,根据《供电营业规则》的规定,供电公司对"基建工地、农田水利、市政建设等非永久性用电,可供给临时电源"。

客　　户:临时电源? 我砌好房以后还要用的,不行我不办临时的。

座席人员:很抱歉,先生/女士,对基建工地用电,我们只能按临时用电办理,无法办理正式用电。

客　　户:那我房子砌好了,怎么办?

座席人员:根据《供电营业规则》的规定,临时用电如需改为正式用电,应按新装用电办理。

客　　户:那好吧,那我到时候再办理一块正式用电的表,让这个临时用电的表去抽水。

座席人员:很抱歉,先生/女士,使用临时电源的用户不得向外转供电,也不得转让给其他用户,供电企业也不受理其变更用电事宜。

客　　户:怎么这么麻烦,好吧好吧,反正办正式用电什么的也是二年以后了,这个房子要砌得久,手续怎么办呢?

座席人员:您好,先生/女士,为了简化用电业务办理流程,我们现在可以直接帮您进行线上办电的预受理,当然您也可以带上相关资料到当地营业厅办理。

客　　户:算了,我自己去营业厅吧,谢谢了,再见。

座席人员:感谢您的来电,再见。

当地营业厅:

客　　户:你好,我之前拨打95598咨询接电的事情,她说我家建房是要办理临时用电是吗?

客服代表:你不是打了95598吗,建房当然是办临时用电。

客 户:那你帮我办吧。

客服代表:资料提供一下。

客 户:好的,我帮我父母办的,资料在这里。

客服代表:你帮别人办,怎么没有委托书呢,这个不行,你去补吧。

客 户:你好这个是我的委托书(2 h以后)。

客服代表:户主身份证呢? 你又不是户主,你的身份证不行。

客 户:还有什么? 你能一次性说完吗?

客服代表:哎,算了算了。我先帮你受理,这个是办理临时用电的资料清单,到时候会有工作人员跟你联系勘查,勘查的时候你把缺少的资料补齐,或者签合同的时候,把资料补齐都可以。

客 户:好吧,谢谢。

请问在此过程中,95598座席代表及营业厅客服代表有哪些违规之处? 并对这一事件暴露出的问题提出改进建议。

# 【任务实施】

## (1)违反条款

1)座席代表违反条款

《供电服务规范》第二章第四条规定,真心实意为客户着想,尽量满足客户的合理要求。对客户的咨询、投诉等不推诿,不拒绝,不搪塞,及时、耐心、准确地给予解答。

2)客服代表违反条款

①国家电网公司员工服务"十个不准"规定,不准违反业务办理告知要求,造成客户重复往返。

②《供电服务规范》第三章第十一条规定,受理用电业务时,应主动向客户说明该项业务需客户提供的相关资料、办理的基本流程、相关的收费项目和标准,并提供业务咨询和投诉电话号码。

③《供电服务规范》第二章第四条规定,工作期间精神饱满,注意力集中。使用规范化文明用语,提倡使用普通话。

## (2)暴露问题

①95598座席代表业务不熟练。在受理客户关于临时用电相关的业务咨询时,客户称临时用电要用两年,根据《供电营业规则》临时用电不能超过6个月,超过6个月不办理延期或正式用电的,应中止供电,座席代表未准确答复。

②营业厅客服代表服务意识淡薄,服务质量不合格,在与客户沟通时服务用语不规范;工作责任心不强,在受理客户临时用电申请时,且未完整、准确告知客户业务办理要求造成客户重复往返。

(3)措施建议

①加强工作人员业务技能培训,规范供电服务管理,提升服务质量及业务水平。

②营业厅客服代表应始终保持规范、严谨的服务状态,加强人员责任感的培养,提升人员服务意识,对不良服务行为及时制止并进行服务补救。

# 【任务评价】

**临时用电客户业务咨询案例任务评价表**

| 用电客户业务咨询案例任务评价表 | | | | | | |
|---|---|---|---|---|---|---|
| 姓名 | | 学号 | | 成绩 | | |
| 序号 | 评分项目 | 评分内容及要求 | 评分标准 | 满分 | 扣分 | 得分 |
| 1 | 1.语言能力 | 1.1 语言规范 | 1.语言不清晰、不规范各扣 2 分<br>2.首问语和结束语表述错误各扣 3 分 | 10 | | |
| 2 | | 1.2 用词准确 | 用词准确,每用错一处扣 1 分,扣完为止 | 10 | | |
| 3 | 2.业务能力 | 2.1 熟悉法律法规 | 法律法规运用错误一处扣 5 分,扣完为止 | 20 | | |
| 4 | | 2.2 熟悉业务处理流程 | 业务处理流程错误一处扣 5 分 | 10 | | |
| 5 | | 2.3 熟悉业务处理方法 | 业务处理方法错误一处扣 5 分 | 10 | | |
| 6 | 3.判断能力 | 3.1 引导服务 | 引导服务不适当每处扣 5 分 | 10 | | |
| 7 | | 3.2 判断分析 | 判断分析错误每处扣 5 分 | 10 | | |
| 8 | 4.主动能力 | 4.1 主动服务 | 客户服务不主动扣 5 分 | 5 | | |
| 9 | | 4.2 主动处理 | 处理相关业务不主动扣 5 分 | 5 | | |
| 10 | 5.综合素质 | 5.1 着装整齐,精神饱满<br>5.2 现场组织有序,工作人员之间配合良好<br>5.3 独立完成相关工作<br>5.4 执行工作任务时,大声呼唱<br>5.5 不违反电力安全规定及相关规程 | | 10 | | |
| | 总分 | | | 100 | | |
| | 教师 | | | | | |

## 任务 4.2　用电信息查询

## 【任务目标】

1.能简要说明客户用电信息查询的主要内容。
2.能简要说明客户用电信息查询的工作流程。
3.能正确受理客户用电信息查询。
4.能正确操作 SG186 信息系统查询相关信息。

## 【任务描述】

依据相关法律法规,介绍用电信息查询工作流程和工作内容,以及停电查询、业务流程查询和电价电费查询。要求学生学会处理单电源高电压客户电费查询相关问题。

## 【相关知识】

## 4.2.1　用电信息查询

**(1)用电信息查询**

客户受理员与客户联络接收客户有关客户档案、电价电费、计量装置、在办流程、供用电合同等信息的查询请求,将查询结果答复客户。

**(2)用电信息查询业务分类**

1)客户档案

客户档案主要内容包括户号、户名、用电性质、用电容量、抄表时间、线路名称及台区编号等。

2)电价电费

电价电费主要内容包括电价执行标准、电量电费、起止码、电费计算方法、交费方式、交费时间、预存电费账户余额、欠费金额及电费滞纳金等。

3）在办流程

在办流程主要内容包括业扩报装、业务变更、欠费复电及其他业务在办流程。

4）计量装置

计量装置主要内容包括计量方式、计量配备、计量轮换及计量编号等。

5）供用电合同

供用电合同主要内容包括供用电合同内容、签署时间、修订内容、修订时间及签署人员等。

### （3）用电信息查询工作流程及工作要求

用电信息查询工作流程如下（见图 4-2-1）：

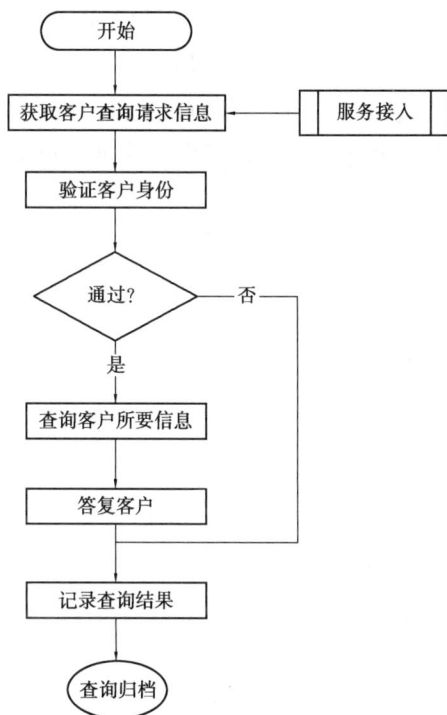

图 4-2-1　用电信息查询工作流程

1）获取客户查询请求信息

与客户联络接收客户查询请求信息。

2）验证客户身份

根据客户提供的客户编号和密码或有效证件进行身份识别。

3）确定信息查询类型

信息查询类型包括客户档案、电价电费、计量装置、在办流程、供用电合同及其他查询。

4）获取客户查询的信息

①通过客户的客户编号、客户名称等，查询客户信息。

②从客户资料管理获取客户档案、电价、计量装置信息。

③从电量电费计算获取客户电量电费信息。

④从欠费管理获取客户欠费信息。

⑤从公共信息管理获取计划停电信息。

⑥从新装增容及变更用电获取客户在办业务信息。

⑦从供用电合同管理获取客户合同信息。

5）答复客户

通过人工回复、自动语音、传真、短信、邮件等方式,答复用户信息查询,并记录用户查询结果。

**（4）用电信息查询工作注意事项**

①营业厅或现场服务受理信息查询时,用户需提供客户编号和密码信息。如果不能提供客户编号和密码,居民用户需提供身份证(或其他有效证件)原件,企业用户需提供签字盖章的查询介绍信和查询人的身份证原件(或其他有效证件)、复印件,否则不予办理;

②座席服务、自动语音、E-mail、传真查询,用户需提供客户编号和密码信息,否则不予办理。

③准确判断客户信息查询类型,核实信息查询内容,在规定时限内答复客户。

## 4.2.2　现行电价制度

**（1）单一制电价制度**

单一制电价制度又称电度电价,是以客户安装的电能表计每月表示出的实际用电量为计费依据的一种电价制度。实行单一制电价的客户,每月应付的电费与其设备和用电时间均不发生关系,仅以实际用电量计算电费,与用电容量无关。目前,除变压器容量在315 kV·A及以上的大工业客户外,其他所有用电均执行单一制电价制度。

**（2）两部制电价制度**

两部制电价是将电价分成基本电价和电度电价两部分。其中,基本电价代表电力企业成本中的容量成本,是按客户的最大需量(kW)或用户接装设备的最大容量( kV·A)来计算,与实际用电量无关;电度电价代表电力企业中的电能成本,在计算电度电费时按用户每月记录的实际用电量计算电费。目前,只对大工业用电客户实施两部制电价制度。

**（3）峰谷分时电价制度**

峰谷分时电价是指将一天24 h分成4个时段(尖峰、高峰、平段、低谷)或3个时段(高峰、平段、低谷),每个时段实行不同价格水平的一种电价制度。实行峰谷分时电价的目的是进一步发挥价格的经济杠杆作用,引导和鼓励客户移峰填谷,降低电网峰谷负荷差,缓解高峰负荷期间电力供需矛盾,使有限的电力资源发挥更大的社会效益。通常以各个地区季节性特点和电网负荷变化情况,确定各时段时间。

1）峰谷分时电价时段的划分

目前，湖南省峰谷分时电价的时段划分为以下 4 段：

平段：7：00—8：00，11：00—15：00，22：00—23：00。

尖峰：19：00—22：00。

高峰：8：00—11：00，15：00—19：00。

低谷：23：00—次日 7：00。

2）实施范围及浮动幅度

依据湘价电〔2011〕187 号文件，现阶段大工业用户、100 kV·A 及以上的一般工商业及其他用户实行峰谷分时电价。湘价电〔2011〕99 号文件，湖南省自 2011 年 6 月 1 日起峰谷分时电价浮动幅度调整为按固定金额浮动，即尖峰时段在平段基础上浮 0.25 元/（kW·h）；高峰时段在平段基础上浮 0.15 元/（kW·h）；低谷时段在平段基础下浮 0.2 元/（kW·h）。

**（4）阶梯电价制度**

阶梯电价制度是将用户每月用电量划分成两个或多个级别，各级别之间的电价不同。目前，居民用电电价采取了随用电量增加呈阶梯状逐级递增的阶梯电价制度。阶梯电价制度促进了资源节约型和环境友好型社会建设，能逐步减少电价交叉补贴，引导居民合理用电、节约用电。

目前，湖南省对"一户一表"抄表结算到户的城乡居民用户实行阶梯电价。分档电量及电价如下：第一档电量，不分季节，为每户每月 200 kW·h 及以内的用电量。第二、三档用电量按季节分为两种：3，4，5，9，10，11 月为春秋季，二档电量为超过 200~350 kW·h，三档电量为 350 kW·h 以上；1，2，6，7，8，12 月为冬夏季，二档电量为超过 200~450 kW·h，三档电量为 450 kW·h 以上。鉴于供电企业抄表周期与日历月不一致，当月抄表电量实际为上一个月周期的用电量。因此，按抄表月份的季节划分：春秋季为 4，5，6，10，11，12 月的抄见电量；冬夏季为 1，2，3，7，8，9 月的抄见电量。

**（5）功率因数调整电费办法**

功率因数调整电费办法是指根据客户的用电性质、供电方式、电价类别及用电容量等，划分出 3 个按月考核的加权平均功率因数。如果客户的实际功率因数高于考核功率因数，供电公司则对其减收一定比例的电费；如客户的实际功率因数低于考核功率因数，则对其增收一定比例的电费。目前，我国对受电变压器容量在 100 kV·A 及以上的工业用户、非工业用户、农业生产用户、趸售用户实行功率因数调整电费。

1）功率因数考核值为 0.90

适用于以高压供电户，其受电变压器容量与不通过变压器接用的高压电动机容量总和在 160 kV·A（kW）以上的工业用户；3 200 kV·A 及以上的电力排灌站；以及装有带负荷调整电压装置的高压供电电力用户。

2）功率因数考核值为 0.85

适用于 100 kV·A（kW）及以上的工业用户和 100 kV·A（kW）及以上的非工业用户和电力排灌站，以及大工业用户未划入由供电企业直接管理的趸售用户。

3）功率因数考核值为 0.8

适用于 100 kV·A(kW)及以上的农业用户和大工业用户划由电力企业经营部门直接管理的趸售用户。

（6）差别电价制度

从 2004 起,为发挥价格杠杆的经济作用,加强价格政策与产业政策的协调配合,制止部分高耗能产业低水平重复建设,促进产业结构调整和优化升级,国家将高耗能企业分为淘汰类、限制类、允许和鼓励类 3 类,对淘汰类、限制类的企业或生产设备实行差别电价。

## 4.2.3　销售电价的分类和实施范围

**（1）大工业电价**

凡以电为原动力或以电冶炼、烘焙、熔焊、电解、电化的一切工业生产,受电变压器容量在 315 kV·A 及以上者均执行大工业电价。

**（2）一般工商业电价及其他**

一般工商业电价是将非工业、普通工业、非居民照明、商业用电四类合并为一类,合并后的电价实施范围包括:

1）非工业电价

凡以电为原动力或以电冶炼、烘焙、熔焊、电解、电化的试验和非工业性生产,其总容量在 3 kW 及以上者均执行非工业电价。

2）普通工业电价

凡以电为原动力或以电冶炼、烘焙、熔焊、电解、电化的一切工业生产,其受电变压器容量在 315 kV·A 以下者均执行普通工业电价。

3）非居民照明电价

除居民生活电价用电、商业用电、大工业用电生产车间照明以外的照明用电,以及空调、电热(不包括基建施工照明、地下铁路照明、地下防空照明、防汛照明)等用电或者用电设备总容量不足 3 kW 的动力用电等,应执行非居民照明电价。

表 4-2-1　湖南省电网销售电价表

| 用电分类 | 电度电价/[元·(kW·h)$^{-1}$] | | | | | 基本电价 | |
| --- | --- | --- | --- | --- | --- | --- | --- |
| | 不满1 kV | 1~10 kV | 35~110 kV | 110 kV | 220 kV及以上 | 最大需量 元/(kW·月) | 变压器容量 元/(kV·A·月) |
| 一、居民生活用电 | 0.588 0 | 0.573 0 | 0.563 0 | | | | |
| 二、一般工商业及其他用电 | 0.751 1 | 0.731 1 | 0.711 1 | 0.691 1 | | | |
| 三、大工业用电 | | 0.643 7 | 0.614 7 | 0.586 7 | 0.562 7 | 30 | 20 |

续表

| 用电分类 | 电度电价/[元·(kW·h)⁻¹] | | | | | 基本电价 | |
| | 不满<br>1 kV | 1~10 kV | 35~110 kV | 110 kV | 220 kV<br>及以上 | 最大需量 | 变压器容量 |
| | | | | | | 元/(kW·月) | 元/(kV·A·月) |
| 四、农业生产用电 | 0.548 7 | 0.528 7 | 0.508 7 | 0.488 7 | | | |
| 其中:贫困县农业<br>排灌用电 | 0.411 7 | 0.401 7 | 0.391 7 | | | | |

注:1.所列价格,除贫困县农业排灌用电外,均含国家量大水利工程建设基金 0.002 1 元、农网改造还贷资金 0.02 元。

　　2.所列价格,除农业生产用电外,均含可再生能源电价附加。其中,居民生活用电 0.001 元,其他用电 0.019 元。

　　3.所列价格,除农业生产用电外,均含大中型水库移民后期扶持资金 0.006 2 元和地方水库移民后期持资金 0.000 5元。

4)商业电价

商业电价是指凡从事商品交换或提供商业性、金融性、服务性的有偿服务所需的电力所实行的一种电价。

### (3)农业生产电价

农业生产电价包括农业排灌、深井高扬程及贫困县排灌电价。农村乡镇的农业经济作物及国有农场、牧场的种植业、养殖业、电力排灌站、垦殖场,学校、机关、部队以及其他单位举办的农场或农业基地的农田排涝、灌溉、电犁、打井、打场、脱粒、积肥、育秧、牲畜饲料加工、防汛照明、黑光灯捕虫用电,以及贫困县社员口粮加工(是指非商品性)用电。

### (4)居民生活电价

凡城乡居民生活照明和家用电器用电,学校及幼儿园的学生公寓、集体宿舍、学生食堂、澡堂和教学用电,以及经民政部门批准设置的国家、集体和社会力量投资创办的老年人、残疾人等社会福利机构的照明用电。均实行居民生活电价。

## 4.2.4　电费基本知识

### (1)电度电费

电度电费是指根据客户实际消耗的电量多少和电价计算的电费。

### (2)基本电费

基本电费是指根据客户变压器容量或客户用电的最大需量,按国家批准的基本电价计算的电费。

### (3)功率因数调整电费

功率因数调整电费是考核客户功率因数,奖励或惩罚的电费。它是无功电费的一种计算方式。

**（4）代征费**

代征费是指按照客户实际用电量，根据国家批准的征收标准和征收范围计算的费用。代征费用包括三峡工程建设基金、农网还贷基金、城市公用事业附加费，以及2006年7月开征的水库移民后期扶持基金和可再生能源电价附加费等。

**（5）各类客户电费构成**

1）单一制电价客户（居民照明，非居民照明，商业用电，农业生产用电）

①不考核功率因数的客户电费＝电度电费+代征费。

②考核功率因数的客户电费＝电度电费+功率因数调整电费+代征费。

2）分时电价客户（非工业客户100 kV·A及以上，普通工业客户100 kV·A及以上）

客户电费为

$$客户电费＝电度电费+功率因数调整电费+代征费$$

3）两部制电价客户（大工业315 kV·A及以上）

客户电费为

$$客户电费＝电度电费+基本电费+功率因数调整电费+代征费$$

# 4.2.5　用电信息查询业务案例

**（1）停电查询**

1）停电的类型

①计划停电

计划停电是指有正式计划安排的停电。它分为检修停电和施工停电。供电部门按照工作计划对电网进行扩建、改建、迁移、对业扩报装工程进行接电或电力线路及设备进行正常的停电预试工作，这种停电工作均按周期报调度部门申请批准，事先在新闻媒体及95598客户服务系统等方式进行预告。

②临时停电

临时停电无计划安排，但在7 h前经过批准。临时停电主要是因为供电部门巡视过程中发现了电力线路或设备异常，但还未引起故障，必须立即停电对障碍进行紧急处理，以免发生更大的故障。

③故障停电

由供电系统故障引发的停电，称为故障停电。故障停电事先无法预知，因此无法进行提前公告。故障停电分为内部故障停电和外部故障停电。

A.内部故障停电

内部故障停电是指由电力线路及设备在运行过程中出现异常后保护动作或设备损坏而造成后端客户无电的情况。

B.外部故障停电

外部故障停电是指由机车撞杆、建筑工地落物砸线、树木倾倒造成线路短路或断线、大风、雷电,以及洪水、泥石流等自然灾害、第三者挖掘破坏或盗窃电力设施等原因造成的停电。

④欠缴电费停电

自用电客户欠缴电费逾期之日起计算超过 30 日,经催交仍未交付电费的,供电企业可以按照国家规定的程序停止供电。

⑤其他原因停电

其他原因停电是指因政府限电、客户窃电或客户内部故障引起的停电。

2)停电查询业务处理

①接到用电客户停电查询请求后,受理人员通过客户提供的客户编号、客户名称等客户信息,查询系统,获取停电信息,已公布的停电信息,直接答复客户。

②客户的停电信息未在系统公布的受理人员应及时将该查询业务转到 95598 系统处理。

【案例 4-2-1】　客户停电信息查询

座席人员:您好,请问有什么可以帮您?

客　　户:××(地名)怎么停电了。

座席人员:请问您具体在什么地方呢?

客　　户:××市××路××小区。

座席人员:请问您是一家停电还是周围全停电了?

①客户回答"一家停电"时,可基本排除检修或限电情况,可能是欠费停电或电力故障。

②客户回答"周围全停电"时,则马上查询当天的停电信息。也可能是限电、欠费停电(专变未实施一户一表改造的地方)或电力故障。

座席人员:好的,我帮您查询一下,稍候可能会没有声音,请不要挂机。

客　　户:好的。

座席人员:感谢您的耐心等待。

①判断客户情况为计划停电,话述为:"您所在的×××(地名)属于计划检修停电,停电范围是×××,预计××点之前送电。给您带来不便,请您谅解。"

②判断客户情况为临时停电,话述为:"为了保证电网的安全,您所在的×××(地名)正在进行临时检修,停电范围是×××,预计××点之前送电。给您带来不便,请您谅解。"

③判断客户情况为拉闸限电,话述为:"您所在的×××(地名)属于拉闸限电,停电范围是×××。给您带来不便,请您谅解。"

④判断客户情况为欠费停电,话述为:"对不起,××先生(女士),由于您欠×月份的电费,供电公司已按照相关规定对您进行了停电,请您尽快缴清电费,再致电 95598 进行复电登记,我们会在规定时间内为您恢复供电。给您带来不便,请您谅解。"

客　　户:好的。

座席人员：请问您还有其他问题需要咨询吗？

客　　户：没有了。

座席人员：感谢您拨打95598，请不要挂机，请对我的服务进行评价，再见！

**（2）电价电量电费查询**

电价、电量、电费查询是指供电企业为合法用电人提供某个抄表周期用电量及电费的查询服务。客户查询电价时，首先了解客户用电地址、用电类别和电压等级，判断电度电价的执行标准，对专用变压器客户需询问变压器的总容量，从而判断是执行单一制电价还是两部制电价等。客户需查询电量电费时，通过客户提供的客户名称、客户编号和密码信息（如果不能提供客户编号和密码，居民用户需提供身份证或其他有效证件原件，企业用户需提供签字盖章的查询介绍信和查询人的身份证或其他有效证件原件、复印件，否则不予办理），准确操作营销系统电量、电费查询功能，获取客户电量、电费信息，再通过营销系统查询电量电费信息。告知客户电费信息时语速要适当放慢，必要时重复确认，请客户及时交纳电费，并主动推介新型交费方式。

**【案例4-2-2】　客户电费信息查询**

座席人员：您好，请问有什么可以帮您？

客　　户：我想查询一下这个月的电费（或者客户要查询营销系统中的其他信息，如容量、表号、起止码、总分关系、电费、欠费、抄表时间、滞纳金、用电账户余额等）。

座席人员：我非常乐意为您服务，请问您的户号是多少？

①若客户马上报出户号，座席人员立即输入营销系统中进行查询。

②若客户不明白或有迟疑时，座席人员应立即解释户号在电费发票的何处。客户明白并报出户号后，座席人员立即输入营销系统中进行查询。

③若客户还是不明白，或无法提供户号时，座席人员应再请客户提供户名或表号查询，不得为自己查询方便，让客户找到户号后再打电话，从而推诿客户。

座席人员：请问您知道电费发票上写的是谁的名字吗？

客　　户：是×××。

座席人员：请稍候，我马上通过姓名帮您查找。

客　　户：好的。

座席人员：稍候可能会没有声音，请不要挂机（边说边在系统中查询客户信息）。

客　　户：好的。

座席人员：感谢您的耐心等待，请问您是家住××地方的××客户吗？（确认客户）

①若客户回答"是的"时，立即将客户所需信息传递给客户。

座席人员：您×月的电费是××元，请您在本月××日之前交清电费，谢谢！

客　　户：知道了。

②若客户回答"不是"时，再次向客户确认户名。若还是查询不到时，则向客户道歉，说明客户提供户名有误，请核实后再来电。

座席人员：请问您还有其他问题需要咨询吗？

客　　户:没有了。

座席人员:感谢您拨打95598,请不要挂机,请对我的服务进行评价,再见!

(3)用电信息查询工单

座席人员填写《信息查询单》时,应确保工单内容的完整性和正确性,将《信息查询单》、电话录音、客户满意度调查结果及其他相关信息按处理时间和业务流程统一建档保存。信息完整的《信息查询单》主要包括以下内容:

1)查询工单受理信息

查询受理信息包括客户呼叫方式、工单编号、所属供电企业、户号、户名、用电地址、联系人、联系地址、联系电话、业务类别、查询内容、受理人员及受理时间。客户来电录音与该查询单之间建立关联。

2)查询工单处理信息

查询处理信息包括处理部门、处理人员、接单时间、处理状态及步骤、处理结果及回单时间。客户来电催办录音、工作联系录音、工单督办录音与该查询单的对应流程建立关联。

3)查询工单答复信息

查询答复信息包括答复人员信息、答复方式、答复时间、答复内容及客户满意程度,答复客户录音与该查询单之间建立关联。

# 【学习与训练任务】

## 单电源高电压客户电费查询案例分析

某日,高压客户在某供电所营业厅柜台前查询电费等信息:

客服代表:您好,请坐,请问您要办理什么业务?

客　　户:我要查电费。

客服代表:请您提供用电客户号,我先帮你查询一下。

客　　户:户号我不记得了,可以报名字吗?

客服代表:您每月缴费时提供的户号,十位数字,请您找找。

客　　户:那好吧……,找到了,户号是×××××。

客服代表:好的,请问户号是×××××,户名叫:×××有限公司,对吗?

客　　户:是的。

客服代表:请问您要查询本月电费吗?

客　　户:是的,我看了电费清单,有几个问题想咨询一下。

客服代表:好的,请问有什么问题?

客　　户:我是新接手我们单位电费事务的,很多情况都不了解,所以有一些问题,如我家的电费单上就一个电价,为什么单位的电费单上有多个电价?

客服代表:根据《湖南省物价局关于疏导省电网电价矛盾有关问题的通知》(湘价重〔2004〕90号)文件规定,大工业和受电变压器容量在100 kV·A以上的非、普工业用户全部执行峰谷分时电价。

客　　户:哦,那这时段具体是怎样分的呢?

客服代表:根据《湖南省物价局关于疏导省电网电价矛盾有关问题的通知》(湘价重〔2004〕90号)文件规定,峰谷分时时段划分为尖峰:19∶00—22∶00;高峰:8∶00—11∶00,15∶00—19∶00;平段:7∶00—8∶00,11∶00—15∶00,22∶00—23∶00;谷时:23∶00—次日7∶00。

客　　户:那这个力调电费又是怎么回事呢?

客服代表:因客户所使用电量只是电网运行中有功分量(电力)所做的功,另外还有无功分量。为降低线路电量损失,提高供电电压质量,需根据电网中无功电源的经济配置及运行上的要求,确定集中补偿无功电力的措施,保证电网无功平衡,并要求广大电力客户分散补偿无功电力,使客户无功补偿就地平衡。制订功率因数调整电价,客户也能相应地减少电费支出。

客　　户:减少电费支出?我们单位怎么每个月都要多出钱?

客服代表:那是因为贵单位可能存在电力变压器轻载运行,功率因数低的问题。

客　　户:这个问题要怎么解决呢?

客服代表:提高功率因数的方法可分为两种:提高自然功率因数、采用无功补偿提高功率因数。

客　　户:哦,原来电费里还有这么多规格。

客服代表:请问您还需要办理其他业务吗?

客　　户:没有了,谢谢!

客服代表:不客气,再见!

# 【任务实施】

## (1)客服代表违反条款

①《供电服务规范》第二章第四条规定,工作期间精神饱满,注意力集中。使用规范化文明用语,提倡使用普通话。

②根据《湖南省物价局关于疏导省电网电价矛盾有关问题的通知》(湘价重〔2004〕90号)文件规定,大工业和受电变压器容量在100 kV·A及以上的非、普工业用户全部执行峰谷分时电价。

（2）暴露问题

营业厅客服代表在与客户沟通时服务用语不规范;工作责任心不强,在受理客户咨询时,且未完整、准确告知客户业务办理要求。

（3）措施建议

加强工作人员业务技能培训,规范供电服务管理,提升服务质量及业务水平。

# 【任务评价】

单电源高电压客户电费查询案例任务评价表

| 客户用电信息查询案例任务评价表 | | | | | | |
|---|---|---|---|---|---|---|
| 姓名 | | 学号 | | 成绩 | | |
| 序号 | 评分项目 | 评分内容及要求 | 评分标准 | 满分 | 扣分 | 得分 |
| 1 | 1.语言能力 | 1.1 语言规范 | 1.语言不清晰、不规范各扣 2 分<br>2.首问语和结束语表述错误各扣 3 分 | 10 | | |
| 2 | | 1.2 用词准确 | 用词准确,每用错一处扣 1 分,扣完为止 | 10 | | |
| 3 | 2.业务能力 | 2.1 熟悉法律法规 | 法律法规运用错误一处扣 5 分,扣完为止 | 20 | | |
| 4 | | 2.2 熟悉业务处理流程 | 业务处理流程错误一处扣 5 分 | 10 | | |
| 5 | | 2.3 熟悉业务处理方法 | 业务处理方法错误一处扣 5 分 | 10 | | |
| 6 | 3.判断能力 | 3.1 引导服务 | 引导服务不适当每处扣 5 分 | 10 | | |
| 7 | | 3.2 判断分析 | 判断分析错误每处扣 5 分 | 10 | | |
| 8 | 4.主动能力 | 4.1 主动服务 | 客户服务不主动扣 5 分 | 5 | | |
| 9 | | 4.2 主动处理 | 处理相关业务不主动扣 5 分 | 5 | | |
| 10 | 5.综合素质 | 5.1 着装整齐,精神饱满<br>5.2 现场组织有序,工作人员之间配合良好<br>5.3 独立完成相关工作<br>5.4 执行工作任务时,大声呼唱<br>5.5 不违反电力安全规定及相关规程 | | 10 | | |
| 总分 | | | | 100 | | |
| 教师 | | | | | | |

# 任务 4.3  用电故障报修

## 【任务目标】

1.能简要说明客户用电故障报修的主要内容。
2.能简要说明客户用电故障报修的工作流程。
3.能正确受理客户用电故障报修。
4.能正确操作客服 95598 服务信息系统处理相关信息。

## 【任务描述】

依据相关法律法规和技术标准,熟悉用电故障报修的主要内容和工作流程。学会处理居民客户用电故障报修相关问题。

## 【相关知识】

## 4.3.1  用电故障报修

### (1) 用电故障报修

故障报修业务是指国网客服中心通过 95598 电话、网站等渠道受理的故障停电、电能质量或存在安全隐患须紧急处理的电力设施故障诉求业务。

### (2) 用电故障报修工作流程及工作要求

故障报修业务流程如图 4-3-1 所示。

1)客户报修,接听来电

客户拨打 95598 热线电话,铃响 4 声内接听客户来电,接听电话时使用规范的问候语,超过 4 声应向客户致歉。

2)座席受理,正确引导客户提供故障信息,并准确判断故障归属

①95598 服务班座席受理故障报修后,判断属重复报修或已知停电原因的,直接答复

客户。

②判断属客户内部故障的,向客户澄清供用电双方的产权分界点,请客户自行解决或进行有偿服务。

3)确认故障并及时、准确填写工单

①95598 服务班座席无法判断或判断为供电企业抢修范围的,将故障信息迅速录入 95598 系统。

②生成工单并将工单发送至相关单位抢修班或远端工作站。

95598 服务班座席将报修工单发送至相关单位抢修班或远端工作站,并电话通知抢修班值班员或远端工作站座席。

4)现场处理

抢修人员到现场处理。

5)95598 跟踪抢修动态

95598(含远端)记录到达现场时间,在抢修跟进记录录入抢修跟踪情况、工作人员回复情况,对将超期的工单及时进行催办,并向客户做好相关解释。

6)处理回复

①相关单位抢修班或远端工作站负责人员在 24 h 内及时将处理结果回复 95598。

②对经核实确属其他单位维护,不属于该单位维护范围的工单,由 95598 将该工单做无效处理后再重新签发新的工单至相关单位,并在新工单中注明原工单号。

③对重复发送、错误发送、抢修人员未出警客户故障就已排除的工单,由 95598 座席人员将其做无效处理。

④95598 服务班应根据报修的最终处理结果核对报修类型、地区类别(城市、农村、边远地区)等信息,并做相应更改。

7)95598 回访

95598 服务班按客户指定联系方式进行回访,并将回访情况录入 95598 系统。

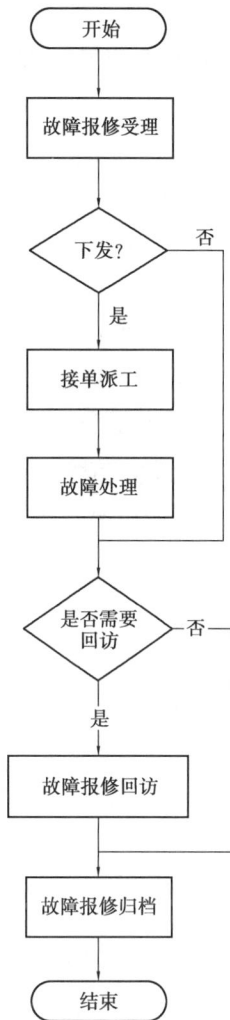

图 4-3-1　故障报修业务流程

## 4.3.2　电力故障及其分类

### (1)电力故障原因

电力系统故障引发停电事故,不仅给供电企业带来直接损失,也给广大客户的生产、生

151

活带来极大不便。电力系统故障一般可分为自然灾害、外力破坏、客户内部原因、过负荷、设备缺陷、设计及施工质量问题、其他故障原因。

**（2）220/380 V 供电线路或设备故障原因**

《居民用户家用电器损坏处理办法》中，电力运行事故是指在供电企业负责运行维护的 220/380 V 供电线路或设备上因供电企业的责任发生的下列事件：

①在 220/380 V 供电线路上，发生相线与零线接错或三相相序接反。

②在 220/380 V 供电线路上，发生零线断线。

③在 220/380 V 供电线路上，发生相线与零线互碰。

④同杆架设或交叉跨越时，供电企业的高电压线路导线掉落到 220/380 V 线路上或供电企业高电压线路对 220/380 V 线路放电。

**（3）电力故障类型**

1）按线路位置分类

电力故障类型有低压线路故障、进户装置故障、低压公共设备故障、低压计量设备故障、高压计量设备故障、高压线路故障、高压变电设备故障、电能质量故障及其他故障等。

①高压故障

高压故障是指电力系统中高压电气设备（电压等级在 1 kV 及以上者）的故障。主要包括输变电设备、架空线路、电缆线路、变压器、配电站房设备（含分支箱、环网柜、开关柜）等故障。

②低压故障

低压故障是指电力系统中低压电气设备（电压等级在 1 kV 以下者）的故障。主要包括低压架空线路、低压电缆线路、低压设备（含低压开关柜、分支箱、综合配电箱）等故障。

③电能质量故障

电能质量故障是指由于供电电压、频率等方面问题导致用电设备故障或无法正常工作。主要包括供电电压、频率存在偏差或波动、谐波等故障。

④客户内部故障

客户内部故障是指产权分界点客户侧的电力设施故障。客户内部故障主要分居民客户内部故障和非居民客户内部故障。居民客户内部故障是指客户反映居民客户产权设备故障（含表后进户线绝缘破损、导线断裂、熔断、接触不良、安全距离不足等情况）；非居民客户内部故障主要是指除居民客户以外其他客户内部故障，如客户产权变压器、线路、开关等设施故障。

⑤非电力故障

非电力故障是指供电企业产权的供电设施损坏但暂时不影响运行、非供电企业产权的电力设备设施发生故障、非电力设施发生故障等情况。主要包括客户误报、非供电企业电力设施故障、通信设施故障等。

⑥计量故障

计量故障是指计量设备、用电采集设备故障。主要包括高压计量设备、低压计量设备、用电信息采集设备等故障。

2）根据客户报修故障的重要程度、停电影响范围、危害程度等分类

故障报修业务分为紧急和一般两个等级。

①紧急故障报修

紧急故障报修是指电气设备或电力设施发生故障或严重缺陷，可能危及人身、设备、电网安全或造成社会、经济和政治影响，需紧急处理的故障。符合下列情形之一的，为紧急故障报修：

a.已经或可能引发人身伤亡的电力设施安全隐患或故障。

b.已经或可能引发人员密集公共场所秩序混乱的电力设施安全隐患或故障。

c.已经或可能引发严重环境污染的电力设施安全隐患或故障。

d.已经或可能对高危及重要客户造成重大损失或影响安全、可靠供电的电力设施安全隐患或故障。

e.重要活动电力保障期间发生影响安全、可靠供电的电力设施安全隐患或故障。

f.已经或可能在经济上造成较大损失的电力设施安全隐患或故障。

g.已经或可能引发服务舆情风险的电力设施安全隐患或故障。

②一般故障报修

一般故障报修是指除紧急故障报修外的故障报修。

**（4）电力故障确认**

实际发生的电力故障应根据其故障现象，初步判别故障原因及类型。

①故障设备产权属性。供电企业产权、客户产权。

②故障危害程度。单户、局部、大面积。

③故障电压类别。高压故障、低压故障。

④故障报修紧急程度。特急、紧急、一般。

⑤故障区域分类。城区、农村、特殊边远地区。

⑥电压等级。380/220 V，10（6）kV，35 kV，110（66）kV，220 kV，330 kV，500 kV（及以上）。

## 4.3.3　处理电力故障报修的技巧

**（1）弄清楚客户联系方式**

对故障报修的电话，95598 的值班人员一定要耐心地问清客户的基本信息，方便维修人员及时与客户取得联系。

**（2）确定是有偿服务还是免费服务**

对故障报修的电话要尽可能地引导客户查清故障原因，或引导客户自行先处理，并告知客户供电公司的维修政策，让客户清楚哪些是免费服务，哪些是有偿服务。

根据《供电营业规则》第四十七条供电设施的运行维护管理范围,按产权归属确定。责任分界点:

①公用低压线路供电的,以供电接户线用户端最后支持物为分界点,支持物属供电企业。

②10 kV 及以下公用高压线路供电的,以用户厂界外或配电室前的第一断路器或第一支持物为分界点,第一断路器或第一支持物属供电企业。

③采用电缆供电的,本着便于维护管理的原则,分界点由供电企业与用户协商确定。

## 4.3.4  故障报修案例

### (1) 电能质量故障

首先询问客户用电的电压等级,根据《供电营业规则》第五十四条规定,告知客户不同电压等级的供电电压允许的偏差值。若客户反映电压过高,或电压忽高忽低,为避免造成设备因高电压而被烧毁,请客户暂时停止用电,我们将派工作人员现场处理。若客户反映电压过低,确实低于供电电压偏差值,则详细询问客户用电地址、联系方式、电压低的现象及时间段,告知客户我们会派工作人员到现场核实,若反映属实,工作人员会向生产技术部门上报整改申请书,再根据资金情况有计划地安排整改工作。

【案例 4-3-1】  供电电压过高故障

座席人员:您好,请问有什么可以帮您?

客　　户:我家的供电电压很高,我自己测量了一下,有 252 V。

座席人员:请问您是在供电公司申请安装的电表吗?(判断客户是否属于一户一表客户)

客　　户:是的。

座席人员:请问您的户号是多少?

客　　户:我的户号是 000×××××××。

座席人员:000×××××××(重复确认),我帮您查询一下,稍候可能会没有声音,请不要挂机,好吗?(边说边在系统中查询客户信息)

客　　户:好的。

座席人员:感谢您的耐心等待。请问是××小区 13 楼 402 室的李先生吗?

客　　户:是的。

座席人员:李先生,请别着急,在电力系统正常的状况下由 220 V 单相供电的,电压允许偏差为额定值的+7%,−10%,也就是说最高不超过 235 V,最低不低于 198 V。为了保证您的家用电器安全,建议您暂时停止用电。

客　　户:好的。

座席人员:请问您打进来的这个电话号码 139×××××××,可以随时与您联系吗?

客　　户:可以。请您保持电话畅通,我们会尽快安排抢修人员为您处理故障。请问您还有其他问题需要帮助吗?

客　　户:没有了。

座席人员:感谢您拨打95598,请不要挂机,请对我的服务进行评价,再见!

**(2)低压线路故障**

首先应询问客户是否属于一户一表客户,是否属于欠费停电,确定后再请客户先自行检查表后开关、开关引出线及内部线路是否正常。若客户已自查,但未发现异常时,则详细询问客户故障地点和故障现象,判断是表前开关、进出线还是表计故障,最后告知客户抢修人员会在规定时限内到达现场处理故障,请客户耐心等待。

【案例4-3-2】　低压进户装置故障

座席人员:您好,请问有什么可以帮您?

客　　户:我又不欠你们电费,怎么今天家里停电了。

座席人员:请问您是一家停电还是周围全停电了?(确定停电范围,排除检修或限电情况)

客　　户:只有我一家停电了。

①若不属于一户一表客户时,参考话述为:

座席人员:请问您是在供电公司申请安装的电表吗?(判断客户是否属于一户一表客户)

客　　户:是的。

座席人员:请问您的户号是多少?

客　　户:我的户号是000×××××××。

座席人员:000×××××××,我帮您查询一下,稍候可能会没有声音,请不要挂机,好吗?(边说边在系统中查询客户信息)

客　　户:好的。

座席人员:感谢您的耐心等待。请问是××小区1楼101室的张先生吗?

客　　户:是的。

座席人员:请您检查一下表后的空气开关是否合上,内部线路是否正常,好吗?

客　　户:我检查了,没有问题。

座席人员:请问您打进来的这个电话号码130×××××××××,可随时与您联系吗?

客　　户:可以。

座席人员:请您保持电话畅通,我们会尽快安排抢修人员为您处理故障。请问您好还有其他问题需要帮助吗?

客　　户:没有了。

座席人员:感谢您拨打95598,请不要挂机,请对我的服务进行评价,再见!

②若属于一户一表客户时,参考话述为:

座席人员:对不起,您的故障属于内部故障,按照产权划分,需要由您自己来维护。您可以请物业部门或有证的社会电工进行处理,好吗?

客　　户:可是我不会处理,你们能不能派人来处理?

座席人员:供电公司可为您提供有偿服务,我们会根据现场故障情况收取相关的费用。

客　　户:我可以承担费用,你赶快派人来吧。

座席人员:请问您贵姓,能不能告诉我您的详细地址?

客　　户:我姓张,××小区1楼101室。

座席人员:张先生,请问您打进来的这个电话号码130××××××××,可随时与您联系吗?

客　　户:可以。

座席人员:请您保持电话畅通,我们会尽快安排抢修人员为您处理故障。请问您还有其他问题需要帮助吗?

客　　户:没有了。

座席人员:感谢您拨打95598,请不要挂机,请对我的服务进行评价,再见!

## 4.3.5　故障报修工单

座席人员填写《故障报修单》时,应确保工单内容的完整性和正确性,将《故障报修单》、电话录音、客户满意度调查结果及其他相关信息按处理时间和业务流程统一建档保存。信息完整的《故障报修单》主要包括故障报修工单受理信息、故障报修工单处理信息、故障报修工单答复信息及故障报修单的处理。典型的《故障报修单》见表4-3-1。

表4-3-1　××供电公司95598故障报修工单

| 工单编号 | 2000092 | 呼叫方式 | 电话 | 所属公司 | ××公司 |
|---|---|---|---|---|---|
| 户号 | ××× | 户名 | ×××× | 业务类别 | 高压故障 |
| 联系人 | ××× | 联系电话 | 81234567 | 紧急程度 | 一般 |
| 联系地址 | ××市第一中学宿舍 | | | 回复方式 | 电话 |
| 受理人员 | 李丽 | 受理时间 | 2012-08-10 8:20:56 | 是否有效 | 有效 |
| 营销业务受理内容 | 客户反映5 min前周围一片停电 | | | 是否归档 | 否 |
| 工单处理 | | | | | |
| 处理步骤 | 处理意见 | 处理时间 | 处理部门 | 处理人员 | 录音 |
| 受理 | 下发到××公司处理 | 2018-08-10 8:20:56 | 95598 | 李丽 | 播放 |
| 接单确认 | 接单确认 | 2018-08-10 8:22:29 | ××公司95598 工作站 | 张红 | |

续表

| 处理步骤 | 处理意见 | 处理时间 | 处理部门 | 处理人员 | 录音 |
|---|---|---|---|---|---|
| 接单派工 | 联系抢修班李兵等人 | 2018-08-10<br>8：23：05 | ××公司 95598<br>工作站 | 张红 | 播放 |
| 到达现场 | 抢修班已到达现场,预计 2 h 内修复 | 2018-08-10<br>9：06：25 | ××公司 95598<br>工作站 | 张红 | 播放 |
| 故障排除 | 属变压器跳闸,现已恢复供电 | 2018-08-10<br>10：55：58 | ××公司 95598<br>工作站 | 张红 | 播放 |
| 回访客户 | 客户已正常用电,并对本次服务非常满意 | 2018-08-11<br>8：48：29 | 95598 | 李丽 | 播放 |

## 【学习与训练任务】

**小明家停电后的求助**

夏天,知行市×××街道××号(近来天气较热,但未出现打雷下雨的现象)一居民客户小明家用电容量为 8 kW,因家中添置了家用电器,现家中没电了,电表有烧坏的痕迹。向客服 95598 人员或客户受理员寻求帮助?

## 【任务实施】

**(1)分析任务,明确要求,收集资料**

夏天,天气炎热,但未出现打雷下雨的现象,一居民客户小明家照明停电,向供电企业电力营销人员寻求帮助。

**(2)分析资料,策划任务实施计划**

①居民客户照明停电可能的原因:

A.电能表故障:

a.过负荷电能表烧坏。

b.表桩头接线接触不良。

c.电能表自身质量问题。

B.不可抗力造成。

C.线路或设备故障。

②根据天气炎热,未出现打雷下雨的现象,排除不可抗力造成。

③电表有烧坏的痕迹可确定为电能表故障。

**(3)现场模拟,按计划完成学习任务**

客户来到营业厅:

受理员:您好! 请坐,请问您要办理什么业务?(起身相迎,微笑示座,主动问好)

客　户:我家里突然没电了,你能帮我查一查吗? 会不会是电表烧坏了?

受理员:请说一下您的详细地址。

客　户:××街××号。

受理员:请问您贵姓?

客　户:×××。

受理员:请问您最近是否增加了家用电器?(该客户批准容量为 8 kW,无欠费,不属于欠费停电)

客　户:是啊,因为原有两台空调不够用,最近家里增加了一台立式空调。

受理员:电表外观有无烧坏的痕迹?

客　户:电表有烧坏的痕迹。

受理员:是过负荷引起电能表烧坏,首先应办理赔表手续,然后办理增容。

客　户:哦,是这样,那我先办理赔表手续后再办理增容手续。

受理员:(起身相送),并说"请走好"。

**(4)填写故障报修单,总结评价,进一步提高完成任务的质量**

各组分别派一名代表总结学习任务完成过程,教师点评任务完成情况。

# 【任务评价】

小明家停电后的求助案例任务评价表

| 居民客户用电故障报修任务评价表 | | | | | | |
|---|---|---|---|---|---|---|
| 姓名 | | 学号 | | | 成绩 | |
| 序号 | 评分项目 | 评分内容及要求 | 评分标准 | 满分 | 扣分 | 得分 |
| 1 | 1.语言能力 | 1.1 语言规范 | 1.语言不清晰、不规范各扣2分<br>2.首问语和结束语表述错误各扣3分 | 10 | | |
| 2 | | 1.2 用词准确 | 用词准确,每用错一处扣1分,扣完为止 | 10 | | |

续表

| 序号 | 评分项目 | 评分内容及要求 | 评分标准 | 满分 | 扣分 | 得分 |
|------|----------|----------------|----------|------|------|------|
| 3 | 2.业务能力 | 2.1 熟悉法律法规 | 法律法规运用错误一处扣 5 分,扣完为止 | 20 | | |
| 4 | | 2.2 熟悉业务处理流程 | 业务处理流程错误一处扣 5 分 | 10 | | |
| 5 | | 2.3 熟悉业务处理方法 | 业务处理方法错误一处扣 5 分 | 10 | | |
| 6 | 3.判断能力 | 3.1 引导服务 | 引导服务不适当每处扣 5 分 | 10 | | |
| 7 | | 3.2 判断分析 | 判断分析错误每处扣 5 分 | 10 | | |
| 8 | 4.主动能力 | 4.1 主动服务 | 客户服务不主动扣 5 分 | 5 | | |
| 9 | | 4.2 主动处理 | 处理相关业务不主动扣 5 分 | 5 | | |
| 10 | 5.综合素质 | 5.1 着装整齐,精神饱满<br>5.2 现场组织有序,工作人员之间配合良好<br>5.3 独立完成相关工作<br>5.4 执行工作任务时,大声呼唱<br>5.5 不违反电力安全规定及相关规程 | | 10 | | |
| | 总分 | | | 100 | | |
| | 教师 | | | | | |

# 任务 4.4　用电业务投诉与举报

## 【任务目标】

1.能简要说明客户用电业务投诉、举报的主要内容。
2.能简要说明客户用电业务投诉、举报的工作流程。
3.能正确受理客户用电业务投诉与举报。
4.能正确操作客服 95598 服务信息系统处理客户用电业务投诉与举报相关信息。

## 【任务描述】

依据相关法律法规,学会处理客户用电业务投诉与举报相关问题。

# 【相关知识】

## 4.4.1  客户投诉

### (1) 客户投诉

供电服务投诉是指公司经营区域内的电力客户,在供电服务、营业业务、停送电、供电质量及电网建设等方面,对因供电企业责任导致其权益受损表达不满,要求维护其权益而提出的诉求业务。

### (2) 客户投诉类型

1) 按投诉内容分类

客户投诉按投诉内容,可分为服务投诉、营业投诉、停送电投诉、供电质量投诉及电网建设投诉5类。

①服务投诉

服务投诉是指供电企业员工服务行为不规范,公司服务渠道不畅通、不便捷等引发的客户投诉。主要包括员工服务态度、服务行为规范(不含抢修、施工行为)、窗口营业时间、服务项目、服务设施、公司网站管理等方面。

②营业投诉

营业投诉是指供电企业在处理具体营业业务过程中存在工作超时限、疏忽、差错等引发的客户投诉。主要包括业扩报装、用电变更、抄表催费、电费电价、电能计量及业务收费等方面。

③停送电投诉

停送电投诉是指供电企业在停送电管理、现场抢修服务等过程中发生服务差错引发的客户投诉。主要包括停送电信息公告、停电计划执行、抢修质量(含抢修行为)及增值服务等方面。

④供电质量投诉

供电质量投诉是指供电企业向客户输送的电能长期存在电压偏差、频率偏差、电压不平衡、电压波动或闪变等供电质量问题,影响客户正常生产生活秩序引发的客户投诉。主要包括电压质量、供电频率和供电可靠性等方面。

⑤电网建设投诉

电网建设投诉是指供电企业在电网建设(含施工行为)过程中存在供电设施改造不彻底、电力施工不规范等问题引发的客户投诉。主要包括输配电供电设施安全、电力施工行为、供电能力、农网改造、施工人员服务态度及规范等方面。

2）根据客户投诉的重要程度及可能造成的影响分类

客户投诉根据投诉的重要程度及可能造成的影响,可分为特殊、重大、重要及一般 4 个等级。

①特殊投诉

符合下列情形之一的客户投诉,界定为特殊投诉:

a.国家党政机关、电力管理部门转办的集体客户投诉事件。

b.省级及以上政府部门或社会团体督办的客户投诉事件。

c.中央或全国性媒体关注或介入的客户投诉事件。

d.公司规定的质量事件中的五级质量事件。

②重大投诉

符合下列情形之一的客户投诉,界定为重大投诉:

a.国家党政机关、电力管理部门、省级政府部门转办的客户投诉事件。

b.地市级政府部门或社会团体督办的客户投诉事件。

c.省级或副省级媒体关注或介入的客户投诉事件。

d.公司规定的质量事件中的六级质量事件。

③重要投诉

符合下列情形之一的客户投诉,界定为重要投诉:

a.县级政府部门或社会团体督办的客户投诉事件。

b.省会城市、副省级城市外的地市媒体关注或介入的客户投诉事件。

c.客户表示将向政府部门、电力管理部门、新闻媒体、消费者权益保护协会等反映,可能造成不良影响的客户投诉事件。

d.公司规定的质量事件中的七级和八级质量事件。

④一般投诉

影响程度低于特殊、重大、重要投诉的其他投诉为一般投诉。

### (3)投诉流程及其工作要求

投诉业务流程如图 4-4-1 所示。

1）投诉受理

受理客户的投诉请求,详细询问客户具体情况,引导客户说出关键内容,并适时向客户表达歉意或谢意,再根据客户提供的投诉信息,快速、准确填写《投诉单》并下发到相关投诉处理部门。

2）投诉处理

①严格保密制度,尊重客户意愿,满足客户匿名请求,为投诉人做好保密工作。

②相关投诉处理部门在规定时限内接收 95598 下发的《投诉单》,记录接单时间、接单人

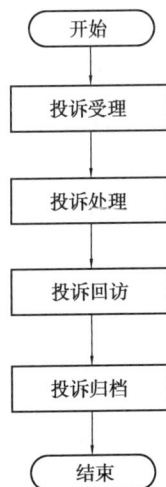

图 4-4-1 投诉业务流程

员等信息,并及时对被投诉的内容实行核实,依照有关法律法规和规章制度进行处理。

③收集投诉处理相关资料,将处理结果及时反馈给95598。反馈内容包括处理部门、处理时间、处理结果,以及是否属实、是否属供电企业责任等。

④客户投诉处理过程中,95598应进行跟踪、督办,并记录督办过程,确保客户致电95598投诉后的5天内答复客户。

3)投诉回访

①对已完成的投诉单,座席人员应在规定的时限内回访客户,核实投诉处理结果。若属供电方责任造成投诉没有处理完成,座席人员应立即将工单退回相关责任单位重新处理。

②电话回访时,座席人员还需向客户做满意度调查,征求客户对投诉处理的意见,并了解相关人员的工作质量、服务态度、答复时间等。客户投诉应100%进行回访。因客户电话关机、停机或拒绝接听电话,造成长时间无法联系上客户,95598视投诉内容可不再回访,并在工单中写明回访时间、回访内容和失败原因等。

4)投诉归档

①座席人员检查《投诉单》的完整性和正确性,将《投诉单》、电话录音、客户满意度调查结果及其他相关信息按处理时间和业务流程统一建档保存。电话录音包括客户来电、工作联系和答复客户的相关录音文件。对重复投诉单要进行归组,虚假投诉单归为无效工单,确保统计报表数据真实、可靠。

②建议《投诉单》、录音文件及相关信息保存时间为2年及以上,以便今后工作人员和用电客户进行查询。

## 4.4.2 客户举报

**(1) 客户举报**

客户举报是指客户对供电企业内部存在的徇私舞弊、吃拿卡要等行为或外部人员存在的窃电、破坏和偷窃电力设施等违法行为进行检举的诉求业务。主要包括行风廉政、违章窃电、违约用电、破坏和偷盗电力设施等。

**(2) 客户举报类别**

1)行风廉政

主要内容包括违规收费、指定设计、施工与供货单位、谋取私利、泄露客户商业秘密、收受客户礼品礼金、接受客户宴请和旅游等举报。

2)违章窃电

主要内容包括窃电举报。

3)违约用电

主要内容包括低价高接、私自增容、擅自启封、私自迁移、私自转供电等举报。

4)破坏电力设施

主要内容包括破坏高压电力设施、破坏低压电力设施等举报。

5)盗窃电力设施

主要内容包括盗窃高压电力设施、盗窃低压电力设施等举报。

6)其他举报

其他举报是指以上分类中没有涵盖的其他举报内容。

**(3)举报流程及其工作要求**

举报业务流程如图4-4-2所示。

1)举报受理

受理客户的举报请求。首先向客户表示感谢,然后详细询问客户具体情况,引导客户说出关键内容,询问客户是否需要95598回访。根据客户提供的举报信息,快速、准确地填写《举报单》并下发到相关举报处理部门。

2)举报处理

①严格保密制度,尊重客户意愿,满足客户匿名请求,为举报人做好保密工作。

②相关举报处理部门在规定时限内接收95598下发的《举报单》,记录接单时间、接单人员等信息,并及时对举报的内容进行核实,依照有关法律法规和规章制度进行处理。对查证属实的客户举报窃电行为,应按相关规定给予奖励。

③收集举报处理相关资料,将处理结果及时反馈给95598。反馈内容包括处理部门、处理时间、处理结果,以及是否属实、是否属供电企业责任等。

④客户举报处理过程中,95598应进行跟踪、督办,并记录督办过程,确保客户致电95598举报后的10 min内答复客户。

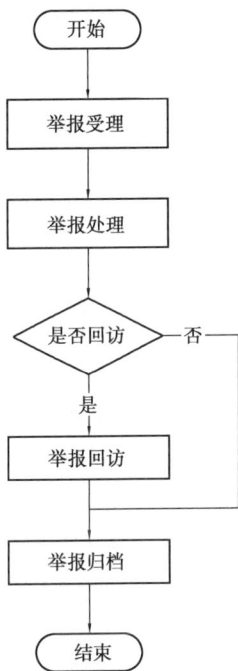

图4-4-2 举报业务流程

3)举报回访

①对已完成且客户需要回访的举报单,座席人员应在规定的时限内回访客户,核实举报处理结果。若属供电方责任造成举报没有处理完成,座席人员应立即将工单退回相关责任单位重新处理。

②电话回访时,座席人员还需向客户做满意度调查,征求客户对举报处理的意见,并了解相关人员的工作质量、服务态度和答复时间等。客户举报应100%进行回访。因客户电话关机、停机或拒绝接听电话,造成长时间无法联系上客户,95598视举报内容可不再回访,并在工单中写明回访时间、回访内容和失败原因等。

4)举报归档

①座席人员检查《举报单》的完整性和正确性,将《举报单》、电话录音、客户满意度调查结果及其他相关信息按处理时间和业务流程统一建档保存。对重复举报单要进行归组,虚

假举报单归为无效工单,确保统计报表数据真实可靠。

②建议《举报单》、录音文件及相关信息保存时间为 2 年及以上,以便今后工作人员和用电客户进行查询。

## 4.4.3　客户投诉与举报案例

**(1) 客户投诉案例**

首先应向客户表示歉意,以平息客户的心情;然后详细了解事情经过、被投诉座席人员工号、来电时间以及来电电话号码,并请客户留下联系方式,说明 5 天内给予回复。询问客户之前,确认拨打 95598 电话反映的事情是否解决,如未办理,则应及时催办。了解客户对该事件的处理意见,并告知投诉属实的服务态度不好事件会严肃处理。

客户投诉若属于系统或设备故障,应向客户表示感谢,并马上派人处理。若是因为电话量太大造成 95598 人工座席全忙,则应提醒客户可选择自动语音服务,或录音留言。最后询问客户来电业务需求,受理客户业务,及时联系相关部门督办。

【案例 4-4-1】　投诉服务行为

座席人员:您好,请问有什么可以帮您?

客　　户:你们的收费员态度非常不好。

座席人员:请问您反映的是哪一位收费员呢?(详细询问客户发生冲突的现场情况,判断过错归属)

①若属于客户问题,则应向客户进行解释、说明,争取理解。

客　　户:我今天上午到××供电所缴电费,×号收费员说要收取电费滞纳金,我凭什么要交。

座席人员:请您不要生气,如果您没有按时交费,按相关政策需要交纳电费滞纳金,请您配合我们的工作。好吗?

②若属于一般服务质量问题,则应及时向客户道歉。

客　　户:我今天上午到××供电所交电费,×号收费员说没有零钱找,不收费。

座席人员:非常抱歉!请您不要生气,对于您反映的收费人员服务态度不好的问题,我们会及时通知相关部门调查。如果情况属实,我们会按规定严肃处理。请问您的电费现在交清了吗?(及时平息客户的怒气,转移话题,帮客户解决未了事宜)

客　　户:我又换了个地方交了。

座席人员:对不起,给您带来不便,请您谅解。

客　　户:没关系,你们以后要加强员工的教育。

座席人员:感谢您的宝贵建议,我们一定加强员工的教育培训工作。

客　　户:你们的收费员态度非常不好。

③若属于性质恶劣的服务质量问题,除及时向客户道歉外,还需安排责任人登门道歉。

客　　户:我今天上午到××供电所交电费,×号收费员说要收取电费滞纳金,我不交,她就吵起来了,还向我扔东西。

座席人员:非常抱歉! 请您不要生气,对于您反映的收费人员服务态度恶劣问题,我们会及时通知相关部门调查。如果情况属实,我们会按规定严肃处理。请问怎么称呼您?

客　　户:姓王。

座席人员:王先生,请问您的详细地址在哪里?

客　　户:我住在××小区×栋×单元。

座席人员:请问您打进来的这个电话号码139××××××××,可以随时与您联系吗?

客　　户:是的。

座席人员:请您保持电话畅通,我们将安排专人到您家中道歉。

客　　户:那好吧。

座席人员:给您带来不便,请您谅解。请问您还有其他问题需要咨询吗?

客　　户:没有了。

座席人员:感谢您拨打95598,请不要挂机,请对我的服务进行评价,再见!

**(2)客户举报案例**

破坏、盗窃电力设施举报。由于电能产销一体化,因此,电力设施一旦遭到破坏和盗窃,影响的不仅仅是电网安全运行和电力企业利益,更严重的是给国民经济发展和广大人民群众生活带来不可估量的损失。95598座席人员在受理此类举报时,应详细询问被破坏、盗窃电力设施的地点、现状状况、发生时间,以及是否有目击者,并立即通知公司保安部门处理。

**【案例4-4-2】　举报盗窃电力设施**

座席人员:您好,请问有什么可以帮您?

客　　户:我刚才看见有人在偷你们的高压电线。

座席人员:非常感谢您对供电公司的支持,请问您反映的是什么地方呢?

客　　户:你们会不会为我保密?

座席人员:为客户保守秘密是我们的基本职责,请您相信我们,好吗?

客　　户:好的。

座席人员:您能告诉我是谁在偷线,具体地址在哪里吗?(详细咨询偷盗电力设施的现场情况,判断产权归属)

客　　户:在××水库往××方向约400米,有人正在剪你们的高压电线。

座席人员:我们会马上派人到现场检查,并且会在10天内答复您处理结果。

客　　户:好的。

座席人员:请问我们能够随时与您联系吗?

客　　户:是的。

①客户不愿意我们再进行联系时。

座席人员:非常感谢您对我们工作的支持,我们会马上派人到现场检查。

②客户不愿意我们联系,但他会再次打电话询问结果时。

座席人员:非常感谢您对我们工作的支持,我们会马上派人到现场检查。希望再次听到您的声音,我们会及时将处理结果告知您。

③客户愿意我们主动联系他时。

座席人员:请问您打进来的这个电话号码139×××××××,可随时与您联系吗?

客　　户:是的。

座席人员:非常感谢您对我们工作的支持,请您保持电话畅通,我们会马上派人到现场检查。

客　　户:好的。

座席人员:请问您还有其他问题需要咨询吗?

客　　户:没有了。

座席人员:感谢您拨打95598,请不要挂机,请对我的服务进行评价,再见!

# 【学习与训练任务】

---

### 投诉与举报案例分析

座席人员:您好,请问有什么可以帮助您?

客　　户:我要投诉!

座席人员:您好,你现在拨打的就是投诉热线,请问您要投诉什么问题?

客　　户:我现在就在你们营业厅,告诉你们工作人员我邻居偷电,她说她不怕我打95598。

座席人员:好的,您是反映邻居窃电问题吗?

客　　户:是的。

座席人员:请问您要举报的窃电具体地点在哪里? 或者有何明显地标?

客　　户:就是在××路×号×栋×单元。

座席人员:好的,我清楚了,您反映的情况我已记录清楚,请问你可以留下联系方式吗? 方便我们工作人员与您联系调查并将最终处理情况答复您。

客　　户:不要了,不要了,我的信息一定要保密,答复也不需要了。

座席人员:好的,您是说您需要信息保密且不需将调查处理情况答复给您,对吗?

客　　户:是的,我还有个事情要反映。

座席人员:好的,您请说。

客　　户:我提个建议啊,我上个礼拜天就想反映我邻居偷电这个事情了,到你们营业厅没开门,我建议你们营业厅周末也要营业才对,如果有业务要办的时候,平常我们也上班没时间,只能等周末休息的时候才有时间可以去你们营业厅,但周末你们营业厅又不开门了,这样很不方便的。

---

　　座席人员:好的,您是建议我们的供电营业厅在周末的时候仍然提供营业服务吗?

　　客　　户:是的。

　　座席人员:好的,您反映的问题我都已记录清楚,由于你之前您的"举报"业务选择了信息保密,请问你的这个"建议"业务是否可联系您并将情况答复您?

　　客　　户:可以。

　　座席人员:好的,我们会及时通知相关人员核实处理并答复您,请问您还需要其他帮助吗?

　　客　　户:不用了,谢谢。

　　座席人员:好的,感谢您的来电,再见。

# 【任务实施】

**(1)违反条款**

1)客服代表违反条款

①《国家电网公司员工服务"十个不准"》规定,不准违反首问负责制,推诿、搪塞、怠慢客户。

②《供电服务规范》第三章规定,营业场所受理电力客户新装或增加用电容量、变更用电、业务咨询与查询、交纳电费、报修、投诉等。

2)座席代表违反条款

①《国家电网有限公司95598客户服务业务管理办法》附件一中《国家电网公司供电服务投诉处理规范》第五条投诉受理的第7点"投诉受理判定标准"为:客户有投诉意愿,且客户描述问题属于投诉分类细则所列投诉项的,派发投诉工单。

②《国家电网有限公司95598客户服务业务管理办法》附件八《国家电网公司95598客户服务八项业务分类》中"投诉业务分类"的"营业厅人员服务态度操作细则"为:营业厅人员服务态度涉及言语、肢体行为,对客户诉求表现不耐烦,对客户诉求不回应、不搭理,对客户冷言冷语,使用不礼貌、不文明用语回复客户,服务中存在搪塞、推诿行为,威胁、侮辱客户,与客户争吵、谩骂,应归为此类投诉。

③《国网营销部关于印发95598非投诉、意见业务受理判定原则的通知》附件中受理"举报"业务"判定要求"第3点,未与客户确认窃电方式(座席应主动引导客户,通过客户描述确认被举报者窃电的方式)座席语述为:1.请问您反映的用户是以什么方式进行窃电的?2.请问您能提供大概窃电的时间(开始日期/每天窃电时间)吗?

④《供电服务规范》第二章通用服务规范第六条行为举止规范:(三)当客户的要求与政策、法律、法规及本企业制度相悖时,应向客户耐心解释,争取客户理解,做到有理有节。遇有客户提出不合理要求时,应向客户委婉说明。不得与客户发生争吵。

⑤《国家电网有限公司 95598 客户服务业务管理办法》中附件八《国家电网公司 95598 客户服务八项业务分类》四、建议业务分类—营业业务—服务渠道—释义：客户对营业业务提出积极的、正面的、有利于供电企业自身发展的诉求属营业业务改进建议。

（2）暴露问题

①营业厅客服代表服务意识淡薄，服务行为不规范，在客户反映窃电问题时，未执行首问负责制、推诿、搪塞客户，让客户拨打 95598 热线而未受理客户诉求。

②95598 座席代表忽视了客户反映营业厅拒绝受理其举报业务的违规情况，在客户有投诉意愿，投诉事件清楚的情况下，未按规范受理客户投诉业务。

③95598 座席代表受理客户举报窃电业务的过程中，未询问客户所举报的窃电客户大概的窃电时间、具体窃电行为及窃电行为是否正在发生等详细信息，业务技能不合格。

④95598 座席代表受理客户建议业务时，就客户所反映的营业厅周末不营业一事，没有进行详细了解，客户所反映的营业厅具体是哪个级别，根据知识库信息湖南省供电营业厅 A/B 级周末正常营业，营业时间不同，只有 C/D 级营业厅周末不营业，没有跟客户深入沟通，了解相关情况并给予解释，而是草率受理诉求，实际不符合业务受理下派要求。

（3）措施建议

①加强营业厅工作人员业务技能培训，规范供电服务管理，提升服务意识及业务水平。

②加强营业厅意见箱管理。设置专人进行管理，并定期开启，规范处理流程，及时有效处理客户意见或投诉。

③加强 95598 座席代表业务培训，提高各类业务受理技能，正确使用国网知识库系统，查询湖南省供电营业厅各级供电营业厅要求的营业时间。

# 【任务评价】

投诉窃电案例任务评价表

| 客户投诉、举报案例任务评价表 | | | | | | |
|---|---|---|---|---|---|---|
| 姓名 | | 学号 | | 成绩 | | |
| 序号 | 评分项目 | 评分内容及要求 | 评分标准 | 满分 | 扣分 | 得分 |
| 1 | 1.语言能力 | 1.1 语言规范 | 1.语言不清晰、不规范各扣 2 分<br>2.首问语和结束语表述错误各扣 3 分 | 10 | | |
| 2 | | 1.2 用词准确 | 用词准确，每用错一处扣 1 分，扣完为止 | 10 | | |

续表

| 序号 | 评分项目 | 评分内容及要求 | 评分标准 | 满分 | 扣分 | 得分 |
|------|----------|----------------|----------|------|------|------|
| 3 | 2.业务能力 | 2.1 熟悉法律法规 | 法律法规运用错误一处扣 5 分,扣完为止 | 20 | | |
| 4 | | 2.2 熟悉业务处理流程 | 业务处理流程错误一处扣 5 分 | 10 | | |
| 5 | | 2.3 熟悉业务处理方法 | 业务处理方法错误一处扣 5 分 | 10 | | |
| 6 | 3.判断能力 | 3.1 引导服务 | 引导服务不适当每处扣 5 分 | 10 | | |
| 7 | | 3.2 判断分析 | 判断分析错误每处扣 5 分 | 10 | | |
| 8 | 4.主动能力 | 4.1 主动服务 | 客户服务不主动扣 5 分 | 5 | | |
| 9 | | 4.2 主动处理 | 处理相关业务不主动扣 5 分 | 5 | | |
| 10 | 5.综合素质 | 5.1 着装整齐,精神饱满<br>5.2 现场组织有序,工作人员之间配合良好<br>5.3 独立完成相关工作<br>5.4 执行工作任务时,大声呼唱<br>5.5 不违反电力安全规定及相关规程 | | 10 | | |
| | 总分 | | | 100 | | |
| | 教师 | | | | | |

## 【情境总结】

通过对本情境的系统学习,使学生在遵循相关法律法规和标准的前提下,对 95598 客户服务和营业厅前台服务能做到整体把握。本情境要求以供用电网和客户服务组织构建起客户服务大情境,进一步明确电力客户服务分类与挑战、电力客户服务规范和要求、电力客户服务礼仪和电力客户服务语言,掌握电力客户服务业务咨询、用电信息查询、电力故障报修和客户投诉与举报业务的基本规范和基本要求,具备电力客户前台服务的基本技能。

## 【学习与思考】

1.什么是用电业务咨询?

2.什么是临时用电?

3.用电业务咨询业务类型有哪些?

4.简述用电业务咨询业务处理的工作流程。

5.什么是用电信息查询?

6.用电信息查询业务类型有哪些？

7.简述用电信息查询业务处理的工作流程。

8.现行执行的电价制度有哪些？

9.什么是电力故障报修？

10.电力故障报修业务类型有哪些？

11.简述电力故障报修业务处理的工作流程。

12.什么是紧急故障报修？紧急故障报修有哪些类型？

13.什么是客户投诉？

14.什么是客户举报？

# 情境 5　供用电合同管理

## 【情境描述】

本情境是在遵循相关法律法规和标准的前提下,以供电所内用电客户作为研究对象,对供电所内发生的供用电合同签订、履行、变更与解除进行处理。其内容包括供用电合同的签订、供用电合同的履行和供用电合同的变更与解除3个学习任务。主要培养学生在供用电合同管理方面的基本知识和基本技能。

## 【情境目标】

1.知识目标

(1)熟悉供用电合同的概念、工作内容。

(2)熟悉供用电合同签订的条件,供用电合同变更与解除的条件。

2.能力目标

(1)会依据客户资料及供电条件、供电方案签订供用电合同。

(2)能正确叙述供用电合同的双方签约人权利与义务。

(3)能进行供用电合同的变更与解除处理。

(4)能根据供用电合同的内容,正确履行供用电双方权利与义务。

3.态度目标

(1)能主动提出供用电合同签订、履行及变更的问题,并积极查找相关资料。

(2)能团结协作,共同学习与提高。

# 任务 5.1　供用电合同的签订

## 【任务目标】

1.熟悉供用电合同的主要内容。

2.会依据客户资料及供电条件、供电方案签订供用电合同。

3.熟悉签订供用电合同的注意事项。

4.能判断供用电合同是否有效。

## 【任务描述】

依据相关法律法规和技术规程,明确高压单电源供用电合同签订的条件和要求,洽谈相关内容,并能进行高压单电源供用电合同签订与处理。

## 【相关知识】

## 5.1.1　供用电合同基本知识

### (1)供用电合同

供用电合同是平等主体的供电人与用电人之间就设立、变更、终止供用电的权利义务关系而达成的民事协议。《合同法》规定:"供用电合同是供电人向用电人供电,用电人支付电费的合同。"供用电合同是供用电双方就各自的权利义务协商一致所形成的法律文书,当事人的合法权益受法律保护。供用电合同一经订立生效,双方均受到合同的约束。

### (2)供用电合同分类

供电企业根据不同的电压等级和用电类别,将供用电合同分为以下6类:

1)高压供用电合同

高压供用电合同适用于供电电压为 10 kV(含 6 kV)及以上的高压电力用户。按供电电源数量不同,可分为高压双(多)电源供用电合同和高压单电源供用电合同。

2)低压供用电合同

低压供用电合同适用于供电电压为 220~380 V 的低压普通电力用户。按供电电源数量不同,可分为低压双电源供用电合同和低压单电源供用电合同。

3)临时供用电合同

临时供用电合同适用于短时、非永久性用电的用户,如基建工地、农田水利、市政建设及抢险救灾等的供电。供电电压可以是 220/380 V,或 10 kV(含 6 kV)及以上。

4)趸购电合同

趸购电合同适用于向供电企业趸购电力再转售给其他用户的情况。

5)委托转供电合同

委托转供电合同适用于公用供电设施尚未到达的地区,供电企业委托有供电能力的直供用户(转供电人)向其附近的用户(被转供电人)转供电力的情况,但不得委托重要的国防军工用户转供电。

6)居民供用电合同

居民供用电合同是指与城乡单一居民生活用电性质的居民客户签订的供用电合同。供电电压一般为 220/380 V。

## 5.1.2　供用电合同主要内容

### (1)供用电合同的主要内容

供用电合同除应具备一般合同必备的条款外,还应根据电力供应与使用的特殊性,约定其特殊的必备条款。签订的供用电合同一般包括:

①供电方式,供电质量和供电时间。

②用电地址,用电容量,用电性质。

③计量方式,电价电费的计算和电费结算方式。

④供用电双方设备产权分界与设施维护责任。

⑤供用电双方的违约责任。

⑥合同的有效期。

⑦争议解决方式。

⑧其他条款。供用电合同附件一般可包括《电费结算协议》《电力调度协议》《自备电源协议》《并网调度协议》《供用电设施维护协议》等。

### (2)主要内容说明

1)供电方式

供电方式由供电人在收到用电人的申请后,从供用电的安全、经济、合理和便于管理出发,依据国家的有关政策和规定、电网的规划、用电需求以及当地供电条件等因素,进行技术经济比较,与用电人协商确定。

用电人单相用电设备总容量不足 10 kW 的,可采用低压 220 V 供电。用电人用电设备容量在 100 kW 及以下或需用变压器容量在 50 kVA 及以下者,可采用低压三相四线制 380/220 V 供电,特殊情况也可采用高压供电。用电人需要备用、保安电源时,供电人应按其负荷重要性、用电容量和供电的可能性,与用电人协商确定。

2)供电质量

供电质量主要是指供电电压质量、供电频率质量和供电可靠性 3 项指标。

①供电的额定频率为交流 50 Hz。

②供电的额定电压:低压供电单相为 220 V、三相为 380 V;高压供电为 10,35(63),110,220 kV。

③在电力系统正常状况下,供电企业供到用电人受电端的供电电压允许偏差为:35 kV 及以上电压供电的,电压正、负偏差的绝对值之和不超过额定值的 10%;10 kV 及以下三相供电的,为额定值的±7%;220 V 单相供电的,为额定值的+7%,-10%。在电力系统非正常状况下,用电人受电端的电压最大允许偏差不应超过额定值的±10%。

3)供电时间

用电人与供电人应在合同中明确具体的供用电时间和期限。供电时间条款实质上是合同履行的具体时间的规定。

4)用电容量

用电容量又称协议容量,是指用电人申请并经供电人核准使用电力的最大功率或视在功率。一般来说,用电容量是用电人瞬间可使用电力的最高值,允许用电人低于但不能超过用电容量用电。

5)用电地址

用电地址是用电人受电设施的地理位置,合同中应予明确约定且不得随意更改。用电地址实际上是供用电合同履行地点。

6)用电性质

用电性质明确规定电力用途,它决定了电价类别。用电按性质,可分为农业用电、工业用电、居民生活用电及商业用电等,不同性质的用电执行不同的电价。

7)计量方式

合同应明确约定采用何种用电计量装置计量、计量装置安装的位置以及由谁来安装。

8)电价、电费结算方式

用电人用电应根据国家规定的电价向供电人支付相应的电费。合同中应明确计费容量、电价类别及具体标准、电费结算方式及电费支付方式。

9)供用电设施维护责任的划分

供用电合同若无特别约定,供用电设施的产权分界处即是供用电双方对供用电设施维护管理责任划分的分界点。在供电设施上发生事故引起的法律责任,也按供电设施产权归属确定。产权归属于谁,谁就承担其拥有的供电设施上发生事故引起的法律责任。

10) 合同的有效期限

合同中须明确约定合同的有效期限及起止时间(1 年、3 年或 5 年)。

11) 违约责任

供电人或者用电人违反供用电合同,给对方造成损失的,应依法承担违约责任。

12) 争议解决方式

供用电合同争议的解决方式有 4 种:协商、调解、仲裁及诉讼。供用电双方在合同中可对争议解决方式及管辖机构或管辖地予以约定。

## 5.1.3　供用电合同管理

**(1) 总体工作要求**

①依法签订,条款、内容合法。

②根据用户需求和供电企业和供电能力签订。

③签订前应审查文件资料。

④合同应采取书面形式。

⑤合同的变更或解除必须依法进行。

⑥根据业扩与变更的业务流程需要适时启动。

⑦起草应按选择合同范本的条款格式进行。

⑧供用电合同包括合同文体及其相关附件。

⑨合同的各个环节都有时限控制。

⑩合同的签订由法人或授权代理人负责签订。

**(2) 供用电合同管理主要内容**

1) 供用电合同管理主要内容

供用电合同管理是指供用电合同起草、会审(会签)、签约、履行及终止全过程的管理,包括资信调查、合同谈判、签约、履行、变更、解除、纠纷处理以及合同文本的建档、保存等。

2) 供用电合同管理的一般原则

①内外相符

要做到合同与账、卡资料记录相符;对客户用电情况,坚持调查核实,确保合同内容与客户用电实际相符。

②及时变更

供用电合同订立后,如果用电情况发生变化,供用电双方必须依照有关法律、法规,及时协商修改合同有关内容,以保证合同的完整性和准确性,以便于双方共同执行;当国家有关政策、法规发生变化时,也应及时修改相应条款。

③合理保管

供用电合同使用统一规格、统一编号,各供电公司用电管理部门须设专人保管;签好的合同,供用电双方各持一份,供用电合同正本由供电企业档案室负责保管,副本分别存于用户户务档案、用电检查、营业电费等部门;凡持有供用电合同的部门都应有专人负责保管,不得遗失;签订供用电合同时,应在供电人法定代表人(负责人)或委托代理人签字后盖"供用电合同专用章"。供用电合同废止时,应在合同文本封面右上方盖"供用电合同废止章"。

3)供用电合同管理与其他业务的关系

供用电合同管理与其他业务的关系如图 5-1-1 所示。

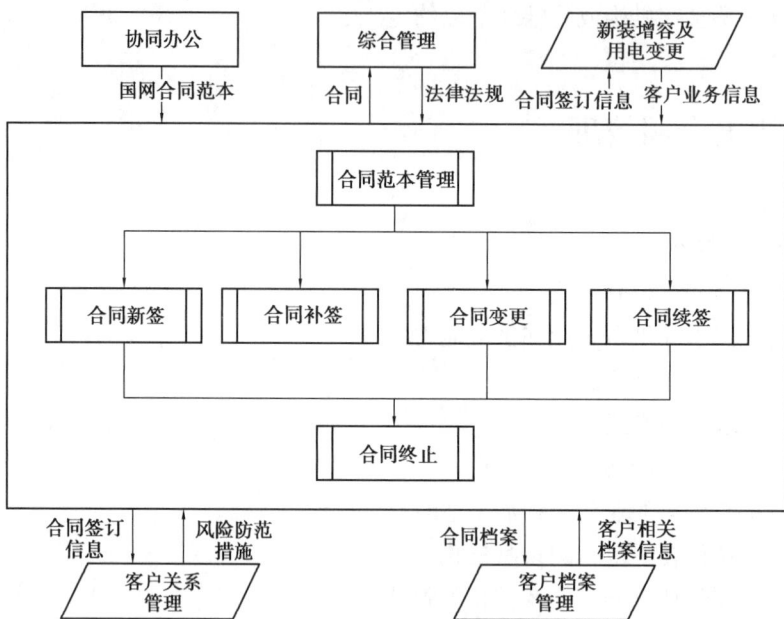

图 5-1-1　供用电合同管理与其他业务的关系

## 5.1.4　供用电合同的签订

供用电合同的签订包括合同新签、合同续签和合同补签。

**(1)签订供用电合同的基本要求**

1)供用电合同签订的条件

按照《供电营业规则》第九十二条规定,供电企业和用户应当在正式供电前,根据用户用电需求和供电企业的供电能力以及办理用电申请时双方已认可或协商一致下列文件,签订供用电合同。

①用户的用电申请报告或用电申请书。

②新建项目立项前双方签订的供电意向性协议。

③供电企业批复的供电方案。

④用户受电装置施工竣工检验报告。

⑤用电计量装置安装完工报告。

⑥供电设施运行维护管理协议。

⑦其他双方事先约定的有关文件。对用电量大的用户或供电有特殊要求的用户,在签订供用电合同时,可单独签订电费结算协议和电力调度协议等。

2)供用电合同签订的要求

由于供用电合同具有法律效力,因此,签约双方必须严肃认真对待,并使合同的签订符合下列要求:

①合同内容的要求

合同条款的内容合法、合理、明确、完备。

a.合法。首先签约双方必须具有法人资格。各供电公司取得有关上级的授权书或委托书后,有权代表电力企业与客户签订供用电合同。其次签约双方的权利义务的内容要合法,不能损害国家、集体或公民的正当权益。

b.合理。合同条款中的权利义务应对等,不应有使一方受益而损害另一方的不公正的情况。

c.明确。签约当事人表达的意思要与合同文本的内容、含义一致。合同文字表述明确严密,不产生歧义,文理逻辑严密,双方权利义务要明确具体。

d.完备。协议要对各个环节有关的权利义务做全面严格的规定,基本条款一定要完备详尽。

②签订时间的要求

供用电合同的签订管理应根据业扩与变更的业务流程需要适时启动,并在送电前完成与客户的签订确认工作。

③签章的要求

高压供用电合同由用电人签字(盖章),委托代理人办理的,由委托代理人签字(盖章),并加盖用电人的"合同专用章"或公章后才有效;供电企业签约人是供电企业法人代表或具有签约资格的委托代理人,填写供用电双方的签字、盖章日期,并加盖"供用电合同专用章"才有效。

④签署人的要求

高压用电人一般是法人、其他组织,该类客户与供电人签署供用电合同,合同签署人不是法人的法定代表人或不是组织的行政负责人,合同签署人是应取得法定代表人或其他组织的行政负责人的授权书,授权合同签署人代表法人、其他组织与供电人签署合同。用电人在签订供用电合同时,必须出示用电人或其委托代理人的证件原件,并将原件影印件交由供电企业作为供用电合同附件以备查。用电人申请用电提供的有效证件,必要时供电企业受理用电申请的机构应与发证机关核实证件的真伪。

⑤其他要求

签订高压供用电合同过程、生效日期应符合有关规定或合同中约定的条款,合同签署生效后,供用人应及时将用电人受电装置接入电网,供电人与用电人正式建立供用电关系,供用电合同对双方依法产生约束力,确定供电方案、装表接电期限应符合有关规定,以及《供电服务监管办法(试行)》中的要求。

**(2)合同新签**

1)签订合同的主要工作内容

①供用电合同的起草(范本的引用)和供用电合同的审核和审批。

②将审批后的供用电合同文本送交客户签订。

③客户对供电合同的内容进行审核。如无异议,则用电客户的签约人在供用电合同的文本上签字、签章;如有异议,在双方协商一致的前提下,重新修订合同条款。

④记录客户接收供用电合同的日期,客户签字、签章日期。

⑤核对客户签订合同文本与电子文本内容是否一致。如不一致,需根据审批后的电子文本重新打印,交客户签订。

⑥供电企业的合同签约人在客户已签章及电子文本内容审核一致的供用电合同的文本上签字、签章,并记录签字、签章日期。

2)合同签署前应审核文件资料

①用电人的书面用电申请。

②双方签订的供电意向性协议。

③经双方协商确定的供电方案。

④电能计量装置安装完工报告。

⑤受电工程的中间检查及竣工验收报告。

⑥双方事先约定的其他文件资料。

⑦合同附件:《电费结算协议》《电力调度协议》《自备电源协议》《并网调度协议》等。

3)合同新签流程

在供电企业受理客户新装用电业务过程中,启动新签供用电合同。

合同新签流程是嵌套在"新装增容及变更用电管理"业务类中,由业扩引发的流程,操作系统在合同管理业务类中没有合同新签业务。

合同新签流程包括合同的起草、审核、审批、签订及归档,如图 5-1-2 所示。

①合同起草

选择相应的供用电合同范本,并在此范本的基础上编制形成新的供用电合同文本。

②合同审核

根据相应的权限,对提交的供用电合同进行审核并签署审核意见;高压供用电合同的审核部门和审核权限由各网省自行规定。

③合同审批

按照法律、法规及国家有关政策,对审核后的供用电合同进行审批,签署审批意见。高压供用电合同的审批部门和审批权限由各网省根据实际情况自行规定。

④合同签订

将审批后的供用电合同文本送交客户签署,客户对供用电合同的内容进行审核。如无异议,则用电客户的签约人在供用电合同的文本上签字、盖章;如有异议,在双方协商一致的前提下,重新修订合同条款。供用电合同正式签署时,用电报装部门应记录客户接收供用电合同的日期,供用电双方的签字、盖章日期、签订地点。

⑤合同归档

将已生效的供用电合同文本、附件等资料及签订人的相关资料按照档案的存放规定进行归档。

4)无效合同

属于下列情形的高压供用电合同为无效合同。《合同法》中对无效合同有明确规定,归纳起来有以下 4 种情况:

①违反法律法规的合同。

②采取欺诈、胁迫等手段所签订的合同。

③代理人超越代理权限签订的合同或以被代理人的名义同自己或者同自己所代理的其他人签订的合同。

④违反国家利益或社会公共利益的合同。

无效的供用电合同从订立的时候起,就没有法律约束力。

**(3)合同续签、补签**

1)合同续签

合同续签是指在供用电合同即将到期时,供电企业与用电客户为了继续保持原有的供用电关系,双方在原合同条款内容的基础上,继续签订新合同期内的供用电合同,以延长供用电合同有效期,保持其有效性和合法性。《低压供用电合同》有效期一般为 5 年,《高压供用电合同》有效期一般为 3 年。合同到期应续签,续签合同按新签合同的正式签订流程办理,包括起草、审核、审批、签订及归档等流程。

续签供用电合同时,可将原供用电合同废止,并以原有的供用电合同为基础,沿用原有的供用电合同范本,在此范本的基础上编制新的供用电合同文本;也可对原供用电合同部分条款进行修改和补充,经双方签订,使供用电合同继续有效。原合同中有约定"合同期满前,经供电人、用电人协商对合同无异议时,合同有效期可顺延"条款的,原合同满足该条款要求时,可不办理续签手续。

2)合同补签

合同补签是指为维护正常的供用电秩序,依法保护供电企业和用电客户的合法权益,对已正式供电立户的客户,供电企业在供电之前未与客户签订供用电合同的,与客户补签供用电合同。补签合同按新签合同的正式签订流程办理,包括起草、审核、审批、签订及归档等流程。

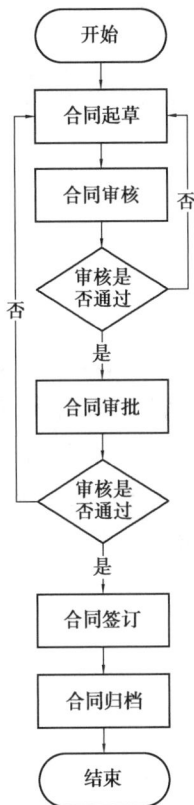

图 5-1-2　合同新签流程图

## 【学习与训练任务】

### 东四路富强巷客户老李家的新鲜事

××供电所供电网内客户老李位于东四路富强巷 785 号,新建二层楼房,现申请用电,经现场勘查(见图 5-1-3)情况如下:客户用电容量为 8 kW;电源可由海西物资站公用变压器、东四路低压末端杆"T"接,架空一挡 25 m,导线规格 BX6 mm$^2$,可使用标准表箱,蛇皮管引入,表位定于该户院外墙距地 1.8m 家门左侧处。配单相有功电能表一块,用于计量居民照明用电量。供用电设施产权分界点为电力客户端最后支持物,支持物属供电人。现已受理老李家的生活照明用电。请你完成其供用电合同相关内容的签订工作。

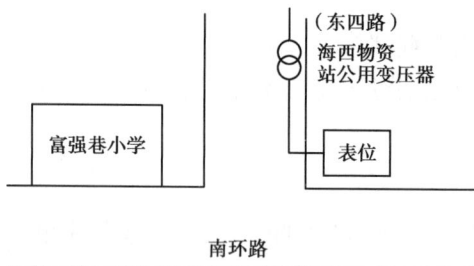

图 5-1-3  低压接线图

## 【任务实施】

### 居民供用电合同

用户编号(合同编号):××××

为明确供电企业(以下简称供电人)和居民用电户(以下简称用电人)在电力供应与使用中的权利和义务,根据《中华人民共和国合同法》《中华人民共和国电力法》《电力供应与使用条例》《供电营业规则》等有关法律法规规定,经双方协商一致,签订本合同。

1  用电名、地址、容量和性质

1.1  用户名:____李××____。

1.2  用电地址:____××路××巷×××号____。

1.3  用电容量:__8__ kW。

1.4 用电性质：居民生活用电。

用电人不得擅自改变用电性质用电或向上述用电地址外转供电力，不得超过上述容量用电。

2 供电方式

交流 50 Hz，电压__220__ V，__单__相。

3 供电质量

在电力系统正常状态下，所供电能符合国家规定的电能质量标准。

4 用电计量

供电人按国家规定在用电人的受电点安装用电计量装置，其记录作为计算电费的依据。根据国家规定，用电计量装置由供电人加封，统一管理。

用电人有保护用电计量装置完好的义务；发生失效、丢失、损坏、封印脱落等异常情况，用电人应及时通知供电人。

双方有理由认为用电计量装置失准，都有权提出校验要求，对方不得拒绝。如校验结论为合格，校验费用由提出方负担；如不合格，该费用由对方负担。校验期间，电费按校前记录预付，再按校验结论相应退、补。任何一方对检验结果仍有异议的，可在 15 天内向其他有资质的计量检定机构申请检定，其费用负担和电费预交仍遵循上述原则。

5 电价

用电人执行__（1）__

①低压居民生活用电（阶梯一户多人口）电价。

②低压居民生活用电（合表）电价。

③低压居民生活用电（阶梯）电价。

6 抄表和结费

6.1 抄表方式采用用电信息采集装置自动抄表，其自动抄录的数据作为电度电费结算依据，当装置故障时，依人工抄录数据为准。

6.2 用电人确定电费按日结算、按月清算，即通过自动抄录每日零时的电表数据，按日对用电人的电量电费进行计算；通过自动抄录每月 1 日零时的电表数据，按月对用电人的电量电费进行计算。按日结算数据未计入电表故障、换表等特殊情况造成的退补电量电费，仅作为用电人电费账户可用余额的测算依据，每月的实际电量电费情况以月清算数据为准。

6.3 当用电人可用余额低于提醒值（用电人自行选择其一，默认为 50 元）：□50 元 □100 元 □200 元 □500 元 □1000 元时，供电人将以短信等方式通知用电人，提醒用电人及时续费。用电人的电费账户可用余额小于 0 时，供电人将停止供电。用电人交清截止至交费日当天所欠的电费后，供电人恢复供电。

6.4 用电人确定以__13×××××××××__手机号码（需归属地为湖南省的中国移动、中国联通、中国电信 11 位手机号码）作为接收供电人短信告知服务的方式，短信发送不成功时，供电人通过电话、送达通知单等方式告知用电人。如需变更电话号码凭个人身份证及时到供电营业厅登记,用电人因没有及时登记变更电话号码或不可抗力,造成接收不到供电人告知短信的,用电人应通过其他方式获取电费信息,及时交纳电费,否则会造成电费消费完毕导致供电中断。用电人需订阅电费月账单通知短信的,可到供电营业厅或致电 85915499 办理。

6.5　供电人按月出具发票,用电人可通过 95598 网站、95598 客户服务电话查询、营业网点、邮政代收点、电费缴费终端、银联 POS 机、农行惠农通 POS 机、支付宝、"电 e 宝"、"掌上电力"手机 App 等方式查询电费信息或交纳电费。

6.6　计量装置异常或因故未能及时抄录时,按照上月电量预先结算电费。

6.7　用电人将用电地址内的房屋、场地出租、出借或以其他方式给他人使用的,用电人仍需承担交纳电费的义务。

6.8　若遇电费争议,用电人应先按结算电费金额按时足额交付电费,待争议解决后,据实清算。

7　电力设施运行维护管理责任

电力设施运行维护管理责任分界点为用电人用电综合计量箱出线 10 cm 处(见图5-1-4)。分界点电源侧电力设施由供电人负责运行维护管理,分界点负荷侧电力设施由用电人负责运行维护管理。双方各自承担产权范围内供用电设施上发生事故等引起的法律责任。

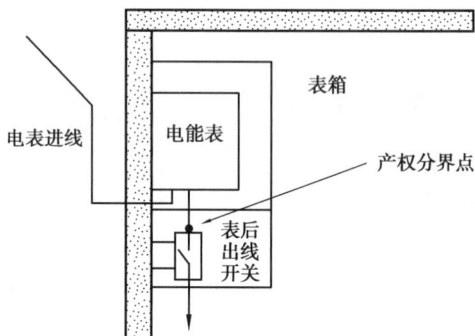

图 5-1-4　电力设施运行维护管理责任分界

8　用电安全

用电人应安装符合国家标准的剩余电流保护器,并负责运行维护,以保障用电安全。

9　合同变更、转让和解除

用电人需要增加、减少用电容量,变更户名、改变用电性质、另行选择电价、迁移用电地址、移动表位、过户等,应先行结清所欠电费,再与供电人办理变更手续;需要解除合同的,应及时办理合同解除手续。合同未作变更的,不得擅自实施。

10　违约责任

10.1　供电人

①违反本合同第 3 条电能质量保证义务,按《供电营业规则》相关规定处理。

②违反国家规定的条件和程序中止供电,按《供电营业规则》相关规定处理。

③因电力运行事故引起居民家用电器损坏,依照《居民用户家用电器损坏处理办法》的有关规定处理。

10.2　用电人

①用电人如未能按约定及时结清电费,逾期之日至交付日,每日按欠费总额的千分之一支付电费违约金,但不超过造成损失的百分之三十。用电人在交纳电费时应先冲抵到期电费债务,即先交纳电费欠费后再交纳违约金。逾期日期自供电人交费通知送达后第 3 日起计算。经供电人催缴而仍不交付的,供电人可依法中止供电。

②私自开启用电计量装置封印、绕表用电和其他致使用电计量装置失准的,供电人按窃电行为依有关规定处理。

③超过本合同约定的最大用电容量用电等原因引起供电人电能表损坏的,应予赔偿。

④其他违约用电行为,按《供电营业规则》有关规定处理。

11　争议的解决方式

双方因履行本合同发生争议时,应依先行协商解决;协商不成时,向供电人所在地人民法院提起诉讼。

12　其他约定

12.1　本合同未尽事宜,按《中华人民共和国合同法》《中华人民共和国电力法》《电力监管条例》《电力供应与使用条例》《供电监管办法》《供电营业规则》等有关法律、法规、规章办理。

12.2　符合“一户多人口”用电政策的居民用户应每两年到当地供电办理续签手续,逾期未办理的,将不再按“一户多人口”用电政策执行。

12.3　用电人在最近 12 个月内发生恶意拖欠电费、窃电等情形的,供电人可将用电人列入失信客户名单,提交给金融机构、政府的征信系统作为信用评价的依据。

12.4　用电人连续 6 个月不用电,供电人可以按照《供电营业规则》第三十三条规定,对用电人进行销户和终止供电,用电人需再用电时,按新装用电办理。

12.5　如发生各种法律纠纷,或被政府有关部门责令中止供电等情况,供电人有权按照政府部门或用电地址实际产权人要求拆表中止供电,所造成的法律责任和各种损失后果由用电人全部承担。

13　附则

13.1　本合同经双方签字或盖章后生效。

13.2　本合同一式两份,双方各执其一。

供电人:(盖章)×××　　　　　　　　　　　　用电人:(签字/盖章)×××

时　间:××××年××月××日　　　　　　　　　时　间:××××年××月××日

# 【任务评价】

东四路富强巷客户老李家的新鲜事任务评价表

| 居民供用电合同签订任务评价表 | | | | | | |
|---|---|---|---|---|---|---|
| 姓名 | | 学号 | | | 成绩 | |
| 序号 | 评分项目 | 评分内容及要求 | 评分标准 | 满分 | 扣分 | 得分 |
| 1 | 1.服务规范 | 1.1 语言规范 | 语言清晰规范 | 10 | | |
| 2 | | 1.2 仪表得体 | 仪表装容合适 | 5 | | |
| 3 | | 1.3 实行限时办结制 | 20 min 内完成 | 5 | | |
| 4 | 2.业务技能 | 2.1 正确叙述供用电合同的双方签约人权利与义务 | 供用电合同管理专业 | 10 | | |
| 5 | | 2.2 指导客户正确填写合同主体中关键内容 | 正确填写合同主体中关键内容 | 10 | | |
| 6 | | 2.3 合同内容审核 | 内容审核正确 | 10 | | |
| 7 | 3.服务礼仪 | 3.1 微笑服务 | 微笑服务热情 | 10 | | |
| 8 | | 3.2 主动询问 | 主动询问合适 | 10 | | |
| 9 | | 3.3 主动请坐 | 主动请坐合理 | 5 | | |
| 10 | | 3.4 主动相送 | 主动相送得当 | 5 | | |
| 11 | 4.服务技巧 | 4.1 特殊情况合理处理 | 特殊情况处理适当 | 10 | | |
| 12 | 5.综合素质 | 5.1 着装整齐,精神饱满<br>5.2 现场组织有序,工作人员之间配合良好<br>5.3 独立完成相关工作<br>5.4 执行工作任务时,大声呼唱<br>5.5 不违反电力安全规定及相关规程 | | 10 | | |
| | 总分 | | | 100 | | |
| | 教师 | | | | | |

# 任务 5.2　供用电合同的履行

## 【任务目标】

1.熟悉供用人的权利与义务。
2.熟悉用电人的权利与义务。
3.能依据合同正确履行供用电合同的双方签约人权利与义务。
4.能正确判断供用电双方的行为是否违约,判断供用电合同是否有效。

## 【任务描述】

依据相关法律法规和技术规程,明确高压单电源供电合同履行要求,并能对合同履行情况进行分析与处理。

## 【相关知识】

## 5.2.1　供用人的权利与义务

### (1)供电人的主要义务

①按照合同的约定和法律的规定提供质量合格的电力,是供电人的首要义务。

②在新装、增容与变更用电工作中,密切配合客户根据供电可能性、用电容量和供电条件等尽快按规定时间确定供电方案。超过国家规定的期限而没有确定供电方案的,应向申请人作出书面解释。

③因供电设施计划检修、临时检修、依法限电或用电人违法用电等原因,需要中断供电时,应按照国家有关规定事先通知用电人。未事先通知用电人中断供电,造成用电人损失的,应承担损失赔偿责任。其中,计划检修停电的应比临时检修提前更长的时间通知客户,让客户有足够的时间做好停电的准备,以最大限度地减少停电所造成的损失。

④因自然灾害等原因断电,供电人应及时抢修。未及时抢修,造成用电人损失的,供电

人应承担损害赔偿责任。

⑤在设计、安装、试验与接电工作中,负责审核用电人提供的设计文件和资料,提出书面意见,负责督促和帮助功率因数不能达到规定的客户提高功率因数,协助客户制订运行操作规程,客户自行安装时检测、校验。

⑥保证供电质量和安全供电。

⑦按国家规定的价格和合同中约定的时间、方式收取电费。供电人应按国家规定的电价分类,根据合同对客户的不同受电点和不同用电类别分别安装计费电表。按规定的周期校验和轮换计费电度计量装置。按国家要求收取客户用电电费。

**(2)供电人的主要权利**

①电力专营权。

②受理各类用电申请。

③审核用户受电设施的设计、资料和工程验收。

④收取电费和其他费用,处理不按规定交纳电费的用户。

⑤对进网作业电工进行培训和考核。

⑥处理违章用电和窃电等。

## 5.2.2　用电人的权利与义务

**(1)用电人的主要义务**

①按照供用电合同中约定的期限交纳电费,是用电人最主要的义务。用电人逾期不交纳电费的,要承担违约责任。供电人有权要求用电人支付违约金,经催告在合理的期限内用电人仍不支付违约金和电费的,供电人有权经过国家规定的程序中止供电。

②保证安全用电。用电人必须严格执行国家和上级主管部门制订的有关安全用电的规程制度和电气规程制度,要对电气设施和保护装置进行定期检查、检修和试验,防止发生电气设备事故,用电人不得擅自移动供电线路及设施。发生人身伤亡、主要电气设备损坏以及客户原因引起电网停电等事故时,应立即向供电部门报告,并在规定的时间内提出事故分析报告。

③客户自行安装电气设备的,必须经供电人检查合格后,才可投入使用。但是供电人不得无正当理由,拒绝检查或以检查不合格刁难用电人。

④遵守合同规定合法用电。客户应按供用电合同规定的用电时间、电量和规定的用途计划用电,不得擅自转供电,不准窃电。对出现合同条款约定的违约用电行为或窃电行为应承担违约责任。

⑤严格按规定向供电人提供有关用电资料。较大的用电户应向供电人提供预计负荷、代表日负荷、日用电量等资料,用电负荷较大的设备的开停时间表的变化应随时与供电人联系,工矿企业用电人应编报企业单位产品耗电定额,并按期向主管部门和供电人报送执行

情况。

⑥电网高峰负荷时客户用电的功率因数应达到《供电营业规则》规定的标准。

⑦用电人需要超负荷用电或者不能按照约定的时间用电的,应事先通知供电人,无正当理由超负荷用电或者不能按照约定的时间用电的,应承担违约责任。

**(2)用电人的主要权利**

①向供电企业申请用电。

②要求供电企业安全、可靠、不间断供电。

③监督供电企业是否按国家批准的电价收费。

④检举、揭发供电企业职工的不正之风。

⑤因供电企业责任对用户造成损失的,可要求赔偿。

⑥认为供电企业的计量装置不准确的,可提出申请校验等。

## 5.2.3　供用电合同履行原则

供用电合同的履行原则是供用电合同当事人在履行合同过程中应当遵循的基本准则,是合同当事人是否履行合同及履行是否符合约定的基本标准。

**(1)实际履行原则**

实际履行原则是指当事人要按照供用电合同规定的标的来履行,不能用其他的标的来代替,发生违约时违约方也不能以偿付违约金、赔偿金来代替履行合同,对方要求继续履行时,应继续履行。实际履行原则包括两项内容:一是标的的不可代替,二是不能以承担违约责任来代替履行合同。按照实际履行原则,合同已经有效成立,合同当事人就必须实际履行合同所规定的义务。即使在合同被违反后,实际履行原则仍然约束当事人要求双方必须实际履行合同,不允许以违约金或损害赔偿金代替履行。供应电合同的标的是电能,按照实际履行原则,供电人如果未履行连续供电义务,即使支付了违约金或损害赔偿金,如果用电人坚持继续履行合同,供电人还应当补供电量。

**(2)全面履行原则**

全面履行原则是指当事人应按照约定全面履行自己的义务,即除按合同规定标的履行外,还要按合同规定的数量、质量、履行期限、履行地点、履行方式、电价、电费结算方式、结算条款的规定履行。也就是说,除了标的外,其他每个条款都要按照合同规定履行。它的实际意义就在于指导和监督当事人保质保量、按时、全面完成合同规定的义务,防止违约行为的发生,保护当事人的合法权益。

**(3)协作履行原则**

协作履行原则是指当事人双方团结协作、互相帮助来完成合同规定的义务。尽管当事人都有各自的经济目的,但是电力的特点和供用电行为规律,要求他们在履行合同中密切合作,互相督促和帮助,互相为对方提供良好的履行合同的条件。对于供用电合同来说,贯彻协作履行原则,更是电力商品交换同时性和平衡性的特点所决定的。供用电双方当事人如不互相协作、互相提供保证、互相为对方履约创造条件则既不可能保证供电质量,也无法实现按合同约定的条件用电。

**(4)效益履行原则**

效益履行原则又称经济合理原则,是指当事人通过履行合同达到获取最佳经济效益的目的。当事人双方在履行合同过程中,应从国家利益出发,兼顾国家、集体、个人利益,在法律法规允许的情况下逐步提高各方经济效益。对于供用电合同而言,贯彻效益履行原则不仅能产生巨大的社会经济效益,而且也会惠及供用电双方。为此,要求用电人尽力做到均衡用电,特别是尽量在低谷时段和丰水季节多用电;要求供电人尽力扩大供电能力和提高供电可靠性,充分发挥错峰互补效益。另外,效益履行原则除上述意思外,还有更深的含义。它准许当事人为谋求更大的效益,为避免不必要的损失变更解除合同。

## 5.2.4  违约责任

**(1)实际违约**

履行期到来之后当事人不履行或不完全履行合同义务,都将构成实际违约。其类型有拒绝履行、不适当履行、部分履行及其他不适当履行。

1)拒绝履行

拒绝履行是指履行期到来之后,一方当事人无正当理由拒绝履行合同规定的义务。

2)不适当履行

不适当履行是指当事人履行合同义务不符合合同约定条件。不适当履行包括履行合同的标的质量、数量、期限、履行地点和方式等方面不符合合同约定。

**(2)承担违约责任的形式**

违约责任是指合同当事人违反了合同义务,根据合同的约定一定要承担的法律责任。承担违约责任的形式包括继续履行合同、采取补救措施、支付违约金、赔偿损失和定金等。

**(3)用电人违约责任**

①用电人未按期交付全额电费,应承担电费滞纳的违约责任。电费违约金从逾当月电费交纳日起至交纳之日止计算,按照下列约定向供电人交付违约金:

A.居民用户每日按欠费总额的0.1%计算。

B.其他用户:

a.当年欠费部分,每日按当年欠费总额的0.2%计算。

b.跨年度欠费部分,每日按跨年度欠费总额的0.3%计算。

c.对收取的银行承兑汇票,在汇票未承兑前,应按以上规定收取违约金。

电费违约金收取总额按日累加计收,总额不足 1 元者按 1 元收取。

②用电人有违约用电行为,应承担违约用电违约责任。

③用电人有窃电行为 ,应承担窃电行为违约责任。

④用电人违约用电或窃电造成供电人的供电设施损坏的,用电人必须承担供电设施的修复费用并进行赔偿。

⑤因用电人的原因造成供电人对外停电,用电人应依法承担赔偿责任。其中,少供电量损失按供电人对外停电时间的少供电量乘以上月份供电人平均售电单价给予赔偿;因用电人原因造成供电人对外停电,第三人索赔的,由用电人负责赔偿;因用电人原因造成供电人供电设施损坏的,用电人应予以赔偿。

**(4)供电人违约责任**

①供电人应按照国家规定的供电质量标准和约定安全供电。供电人未按照国家规定的供电质量标准和约定安全供电,造成用电人损失的,应承担损坏赔偿责任。

②供电人因供电设施计划检修、临时检修、依法限电或者用电人违法用电等原因停电时,应按照国家规定事先通知用电人。未事先通知用电人中断供电,造成用电人损失的,应承担损害赔偿责任。

③当供电设施因自然灾害等原因引起损坏造成停电时,供电人应按照有关规定及时抢修。未及时抢修,造成用电人损失的,应承担损害赔偿责任。

**(5)供电人违约责任的确认**

①因供电人运行责任事故造成用电人停电并造成经济损失时,供电人应予赔偿,但最高赔偿额不超过用电人在停电时间可用电量的电费的 2 倍(单一制电价为 1 倍)。

②因供电人的责任造成电压、频率不合格并造成经济损失时,供电人应予赔偿,但最高赔偿额不超过用电人每月在供电质量不合格的累计时间内所用电量乘以用电人当月的平均电价的 20%。验收后,如果出现不按规定用电出现伤亡等情况,应由用电人承担。

③供电人未按国家有关规定中断供电,并造成经济损失时,供电人应予赔偿,但最高赔偿额不超过用电人在停电时间可用电量的电费的 5 倍(单一制电价为 4 倍)。

④因自然灾害等原因断电,供电人未按照国家有关规定对自己拥有产权或负有维护管理责任的电力设施进行及时抢修,造成用电人经济损失的,供电人应依法承担赔偿责任。

⑤供电人不承担违约责任情况。

遇有下列情况之一,使合同不能履行或不能完全履行时,供电人不承担违约责任:

a.不可抗力。

b.紧急避险。

c.用电人自身的过错。

d.因电力运行事故引起供电开关跳闸,经自动重合成功的。

e.因用电人用电的功率因数、谐波源负荷、非对称负荷等产生的干扰和影响不符合国家标准,由此导致供电质量不符合国家或电力行业标准的。

f.依法事先通知或公告的停电。

## 5.2.5　供用电合同履行应注意的问题

**（1）履行供电人义务问题**

①在发电、供电系统正常的情况下，应连续向用户供电，不得中断。

②按照国家规定的供电质量标准和约定安全供电。

③供电人因供电设施计划检修、临时检修、依法限电或者用电人违法用电等原因，需要中断供电时，应按照国家有关规定通知用电人。

④因自然灾害等原因断电，供电人应按照国家有关规定及时抢修。

⑤按照国家核准的电价和用电计量装置的记录，向用电计收电费。

⑥保证用电计量装置依法检定合格。

⑦在履行合同过程中，供电方对了解到的用电方商业秘密，如产品的性能、销售对象和市场营销情况等，应严格保密，不得泄露给第三人，也不得自行使用。

⑧供电企业还应履行其他相关法律法规规定的义务及合同约定的义务。供电企业应积极防范合同风险，在用电方出现《合同法》第六十八条所列举的经营状况严重恶化、转移资产、抽逃资金以逃避债务、丧失商业信誉、有丧失或者可能丧失履行债务能力等项情形且有确切的证据予以证明，供电方在履行了通知义务后，在用电方未履行能力前，可要求用电方提供电费担保，用电方拒绝提供担保的，可中止供电。

**（2）停电问题**

1）停电

从法律意义上分析，停电包含"中止供电""终止供电""计划限电"和"检修停电"和电力运行事故造成的中断供电。前3项停电的原因均是法律行为，事故断电由法律事件引起。

中止供电是指在供用电合同履行过程中，由于出现法律法规及合同约定的条件，供电人暂时停止对用电人供电，待原因消除后，再恢复供电的一种法律行为。

2）中止供电的原因

①用电人因违反法律规定或合同约定的交纳电费、安全用电等义务

在这种情况下，供电人的中止供电行为其实是在用电人先行违约的情况下，行使合同法中的履行抗辩权。在这种情况下，衡量中止供电行为是否合法，既要看该行为是否符合电力法律法规的规定，同时也要看是否符合合同法关于合同抗辩权的相关规定。

②因供电人的原因而中止供电

《合同法》第一百八十条规定，供电人因供电设施计划检修、临时检修、依法限电或者用电人违法用电等原因，需要中断供电时，应当按照国家有关规定事先通知用电人。未事先通知用电人中断供电，造成用电人损失的，应当承担损害赔偿责任。值得注意的是，《合同法》虽然承认了供电人在特定情况下中止供电的权利，但同时也明确了供电人的提前通知义务。如果该义务在合同中约定，供电人承担在承担损害赔偿责任的同时，并不排除还要承担其他

违约责任。

③供电人因不可抗力中止供电

在此种情况下,供电人可不提前通知而采取中止供电措施。依照合同法规定,根据不可抗力的影响,供电人可以部分或者全部免除责任。但供电人应当履行及时通知义务,以减轻可能给用电人造成的损失,并应在合理期限内提供证明。

3)停电程序

《电力供应与使用条例》第二十八条和《供电营业规则》第六十七条和六十八条中有关国家规定的程序如下:

①停止供电的程序

a.报批。应将停电的用户、原因、时间报本单位负责人批准。批准权限和程序由省电网经营企业制订。

b.通知并送达。在停电前3~7天,将停电通知书送达用户。

c.报送电力管理部门。对重要用户的停电,应将停电通知书报送同级电力管理部门。

d.再通知。在停电前30 min,将停电时间再通知用户。

②中止供电的程序——通知或公告

a.计划检修应提前7天通知用户或进行公告。

b.临时检修应提前24 h通知重要用户或进行公告。

c.发、供电系统故障或计划限电需要中止供电,应按确定的限电序位进行"停电",但限电序位应事先公告用户。

③约定中止供电的程序

在供用电合同中约定"中止供电",供电企业也应履行提前通知的程序性义务。至于提前多长时间,应根据用户的实际情况,既可参照计划检修或临时检修的中止供电程序执行,也可当事人双方约定中止供电的程序和方式。

## 5.2.6 供用电合同履行纠纷

### (1)供用电合同纠纷

供用电合同纠纷是供用双方就供用电合同履行过程中出现的问题和未按合同约定履行的后果而发生的分歧意见和争议。供用电合同纠纷主要集中在供用电质量、安全用电、违约或侵权赔偿及拖欠电费等方面。

### (2)供用电合同纠纷的解决方法

《合同法》第一百二十八条规定了协商和解、调解、仲裁和诉讼4种解决合同争议的办法。协商和解是指当事人自行协商解决因合同发生的争议。关于调解,供用电合同范本中约定了双方共同提请电力管理部门行政调解。供用电合同范本中没有约定仲裁。关于诉讼,供用电合同规定由合同履行地的人民法院管辖。

1）协商和解

协商和解是供用电双方都愿意采用的方式。这种方式相对简单，也符合合同法的自由处分原则。前提是必须分清是非。例如，任一方违反了规定或约定，则必须明确其在危险后果方面的责任和整改措施。又如，对确有困难而拖欠电费的用户，可达成分期还款协议。这种方式能便捷地解决争议，省时省力又不伤双方当事人的和气，因此，提倡解决合同争议首先利用协商和解的方式。合同即约定，供用电合同是供电方与用电方的约定，双方约定或违约首先由双方自行解决。供用电合同是有名合同，这为双方自行解决合同纠纷提供了法律依据。供用电合同是特殊的买卖合同，买卖纠纷首先由买卖双方自行解决。供用电合同是双务合同，双方本着互惠互让原则协商解决纠纷。供用电合同是一种持续供给合同，不在于一时一刻，双方要着眼于未来，着眼于长期合作。

2）调解

调解有民事调解和行政调解。当供电人与用电人发生合同纠纷，可通过其他职能部门来进行民事调解。行政调解不同于民事调解，是行政管理权的介入。它具有简便、快捷、权威性及便于执行的优点。由于供用电合同的公益性、公用性以及合同标的不可再生的特殊性，因此，有时需要行政部门进行干预。

3）诉讼

市场经济是法制经济，当事人之间的问题不能自己协商解决时，通过诉讼解决是常用的和有效的方式。由于供用电合同是有偿合同，得到电力供给的一方，必须支付相应的电费。供用电合同又具有非溯性。针对供用电合同纠纷，供电人要运用法律手段保护自身利益。

首先，提起诉讼要及时。如某用户经营状况滑坡、发生亏损、履行其供用电合同的信用明显下降，不能如期交纳电费或已经拖欠电费，就要及时进入司法程序，采取诸如财产保全、行使代位权等措施。其次，要适时行使抗辩权，暂时中止合同。最后，要善于行使督促程序。供用电合同不能全面履行的主要纠纷是电费拖欠，拖欠的户数多、金额大。供电方应善于使用督促程序这种方式。但诉讼是有成本的，时间长，容易伤和气且不一定都能使问题得到圆满的解决。因此，对这一方式的采用应采取慎重的态度。

## 5.2.7　行使不安抗辩权

### （1）不安抗辩权

不安抗辩权是指双方合同依法成立后，应先履行合同义务的一方当事人有证据证明合同当事人不能履行合同义务或者有人不能履行合同义务的可能时，在对方当事人没有履行或者提供担保之前，有权中止履行合同义务。

### （2）不安抗辩权的发生条件

在合同履行中不安抗辩权的发生条件为：

①只有在双务合同中，方可发生。供用电合同就是一种双务合同，因此，该合同主体可

行使不安抗辩权。

②只能由应先履行合同义务的一方当事人行使该项权利。供用电合同中,先供电,后收费,供电企业就是先履行合同的一方。如果客户预付电费后再供电,供电公司就不能行使不安抗辩权。

③应先履行合同义务的当事人必须提出确切证据证明对方不能履行合同义务或有不能履行合同义务的可能。具体而言,实践中,先履行合同的供电人必须用证据证明客户《合同法》第六十八条列举的一种或几种情形。

《合同法》第六十八条规定,先履行债务的当事人,有确切证据证明对方有下列情况之一的,可中止履行:

①经营状况严重恶化。

②转移财产、抽逃资金以及逃避债务。

③丧失商业信誉。

④有丧失或可能丧失履行债务能力的其他情形。

《合同法》第六十九条规定,当事人依照本法第六十八条规定中止履行合同的,应当及时通知对方。对方提供担保时,应当恢复履行。中止履行后,对方在合理限期内未恢复履行并且未提供适当担保的,中止履行的一方可以解除合同。

**(3)行使不安抗辩权须知**

①供电企业要全面把握《电力法》和《合同法》的相关规定。只有符合条件证据确凿,供电企业才可以行使不安抗辩权——中止供电,但应注意承担通知义务。

②运用不安抗辩权时,要先要求提供担保而不中止供电,若拒不提供或不能提供担保再停电。

## 5.2.8  供用电合同担保

**(1)合同担保**

合同担保是为了确保债权实现而以特定财产或者第三人的信用为保证的制度。担保具有从属性、补充性和相对独立性。也就是说,担保的发生、存在和效力要受到主债的制约;只有债务人不履行债务时才产生担保责任;担保是独立于主债务的单独债务,而不是主债务的一部分。

**(2)供用电合同担保**

供电企业是自然垄断企业,不能等同于一般企业,不应完全享有一个普通企业在签订合同时的全部权利。供电企业应以普遍服务为前提,一般情况下应采用"先用电,后付费"的方式。不能一概要求用电客户提供担保,应根据客户的资信、信用状况确定是否需要提供担保,采用《担保法》中的保证、抵押、质押、留置及定金等方式中适当的方式。

1) 保证

保证是指保证人和债权人约定,当债务人不履行债务时,保证人按照约定履行债务或者承担责任的行为。

①一般保证

当事人在保证合同中约定,债务人不能履行债务时,由保证人承担保证责任的为一般保证。一般保证的保证人在主合同纠纷未经审判或者仲裁,并就债务人财产依法强制执行仍不能履行债务前,对债权人可拒绝承担保证责任。

②连带责任保证

当事人在保证合同中约定保证人与债务人对债务承担连带责任的,为连带责任保证。连带责任保证的债务人在主合同规定的债务履行期届满没有履行债务的,债权人可要求债务人履行债务,也可要求保证人在其保证范围内承担保证责任。

2) 抵押

抵押是指债务人或者第三人向债权人以不转移占有的方式提供一定的财产作为抵押物,用以担保债务履行的担保方式。债务人不履行债务时,债权人有权依照法律规定以抵押物折价或者从变卖抵押物的价款中优先受偿。其中的债务人或者第三人是抵押人,债权人是抵押权人,提供担保的财产是抵押物。

3) 质押

质押是指债务人或者第三人将其动产或权利移交债权人占有,用以担保债权履行的担保。质押后,当债务人不能履行债务时,债权人依法有权就不动产或权利优先得到清偿。其中,将其动产或权利移交债权人占有的债务人或第三人称为出质人,该动产或权利称为质物,占有质物并享有优先受偿权的债权人称为质权人。质押包括动产质押和权利质押。

# 【学习与训练任务】

---

**东八路星畅电子公司的无赖之举**

东八路星畅电子有限公司装有 250 kV·A 变压器一台,因受市场影响,产品严重滞销,经营状况恶化,导致欠某供电公司电费达 60 余万元。若不及时采取措施,如该厂破产倒闭,供电企业将造成巨额经济损失。试问应如何催收客户电费?为了避免用电企业破产,防止电费风险,供电企业还可采用什么措施或方法?(东八路星畅电子有限公司厂区享有一块面积为 1 900 m² 的无地上定着物的土地使用权)

---

## 【任务实施】

**（1）分析任务，明确要求并收集相关资料**

东八路星畅电子有限公司装有 250 kV·A 变压器一台，因受市场影响，产品严重滞销，经营状况恶化，导致欠某供电公司电费达 60 余万元。若不及时采取措施，如该厂破产倒闭，供电企业将造成巨额经济损失。为了避免用电企业破产，防止电费风险，供电企业应及时收集客户生产经营信息，电费收缴情况。如果情况属实，供电企业应行使不安抗辩权，要求客户提供担保，确保电费收缴顺利完成。

**（2）分析资料，策划任务实施计划**

①欠费应及时催收。

②催收时可实施停、限电催收措施。

③与欠费客户签订《欠费还款合同》，合同中应有担保条款。

④对濒临破产的欠费客户，还应签订《资产抵押合同》，该合同应经公证部门公证，并按资产抵押内容到相关部门进行登记。

**（3）现场模拟，完成学习任务**

①送达催费通知书。

②送达欠费限、停电通知书。

③依法采取欠费限、停电措施。

④破产清算组申报电费债权。

⑤依法向人民法院起诉。

⑥向人民法院申请财产保全、冻结客户有效资产（其厂区内有一块面积为 1 900 m² 的无地上定着物的土地使用权）。

⑦收集电费呆坏账核销需要的相关资料。

⑧向上级申报电费呆坏账核销。

# 【任务评价】

### 东八路星畅电子公司的无赖之举任务评价表

| 星畅电子公司供用电合同履行任务评价表 | | | | | | |
|---|---|---|---|---|---|---|
| 姓名 | | 学号 | | 成绩 | | |
| 序号 | 评分项目 | 评分内容及要求 | 评分标准 | 满分 | 扣分 | 得分 |
| 1 | 1.服务规范 | 1.1 语言规范 | 语言清晰规范 | 10 | | |
| 2 | | 1.2 仪表得礼 | 仪表装容合适 | 5 | | |
| 3 | | 1.3 实行限时办结制 | 20 min 内完成 | 5 | | |
| 4 | 2.业务技能 | 2.1 正确叙述供用电合同的双方签约人权利与义务 | 供用电合同管理专业 | 10 | | |
| 5 | | 2.2 指导客户正确填写合同主体中关键内容 | 正确填写合同主体中关键内容 | 10 | | |
| 6 | | 2.3 合同内容审核 | 内容审核 | 10 | | |
| 7 | 3.服务礼仪 | 3.1 微笑服务 | 微笑服务热情 | 10 | | |
| 8 | | 3.2 主动询问 | 主动询问合适 | 10 | | |
| 9 | | 3.3 主动请坐 | 主动请坐合理 | 5 | | |
| 10 | | 3.4 主动相送 | 主动相送得当 | 5 | | |
| 11 | 4.服务技巧 | 4.1 特殊情况合理处理 | 特殊情况处理适当 | 10 | | |
| 12 | 5.综合素质 | 5.1 着装整齐,精神饱满<br>5.2 现场组织有序,工作人员之间配合良好<br>5.3 独立完成相关工作<br>5.4 执行工作任务时,大声呼唱<br>5.5 不违反电力安全规定及相关规程 | | 10 | | |
| | 总分 | | | 100 | | |
| | 教师 | | | | | |

# 任务 5.3　供用电合同的变更与解除

## 【任务目标】

1.明确供用电合同变更与解除的依据和变更程序。
2.熟悉供用电合同的变更与解除注意事项。
3.熟悉供用电合同变更与解除的条件。
4.能进行供用电合同的变更与解除处理。

## 【任务描述】

依据相关法律法规和技术规程,明确高压单电源供用电合同变更与解除的依据和变更程序,并能根据给定高压单电源客户用电变更情况完成供电合同变更任务。

## 【相关知识】

## 5.3.1　供用电合同的变更与解除

### (1)供用电合同变更

如遇国家有关政策、法规发生变化,或客户变更用电业务,涉及供用电合同条款需变更时,需进行合同变更。合同变更流程:起草、审核、审批、签订及归档 5 个流程。

合同变更有两种形式:一种是个别条款变更,供用电双方在确认原合同主要内容继续有效的基础上,就需要变更的条款签订补充协议,与原合同的有效条款一并生效执行;另一种是合同的多项条款需要变更,原合同已难以执行,需新签合同。

### (2)供用电合同解除

供用电合同的解除是指在合同有效成立以后,当解除的条件具备时,因当事人一方或双方的意思表示,使合同关系自始或仅向将来消灭的行为。

供用电合同的变更或者解除,必须依法进行。

## 5.3.2　供用电合同变更或解除基本知识

**（1）供用电合同变更或解除的一般原则**

①供用电合同的变更或解除应当依照有关法律、法规，由用电管理部门代表供电人与用电人及时协商修改有关内容。国家有关政策、规定发生变化时，供用双方也应及时对合同相应条款进行协商修改。

②供用电合同有效期限一般定为 1~3 年，合同到期后，可将原合同废止，重新签订合同；也可对部分条款进行修改、补充，经双方确认，合同继续有效。

③合同有效期内，经双方同意可对合同进行必要的修改补充。

④合同到期，合同双方均未书面提出终止、修改和补充等意见时，原合同继续有效。

**（2）供用电合同变更或解除的条件**

①依《供电营业规则》第九十四条的规定，供用电合同的变更或者解除，必须依法进行。有下列情形之一的，允许变更或解除供用电合同：

a.当事人双方经过协商同意，并且不因此损害国家利益和扰乱供用电秩序。

b.因供电能力的变化或国家对电力供应与使用管理的政策调整，使订立供用电合同时的依据被修改或取消。

c.当事人一方依照法律程序确定确实无法履行合同。

d.由不可抗力或一方当事人虽无过失，但无法防止的外因，致使合同无法履行。

②依《供电营业规则》第二十二条的规定，用户申请办理减容、暂停、暂换、迁址、移表、暂拆、更名或过户、分户、并户、销户、改压、改类等业务时，应及时变更供用电合同。因供电企业原因，涉及供用电合同条款发生变化时，也应及时变更供用电合同，如因电网结构变化而使客户接电电源或接电分界点发生变化等。

**（3）供用电合同的终止或解除情形**

①用电人依法破产，被工商注销（企业法人破产以人民法院正式宣判的法律文书为准）。

②缴清电费及其他欠费后，申请销户。

③用户连续 6 个月不用电，供电人可按规定终止供电并销户。

**（4）居民供用电合同变更与解除情形**

1）常见的变更居民供用电合同的几种情形

居民客户变更用电项目：属增容、减容、分户、并户、更名（过户）等涉及法律主体变更或重要合同条款变更的，可重新与客户签订供用电合同；属迁址、移表、暂拆、改类等，可制作合同补充条款，并在变更前与客户签订。

2）常见的解除居民供用电合同的几种情形

①用电人在缴清电费及合同约定的其他费用后，经用电人申请，供电人终止与用电人的

供用电关系,解除供用电合同并销户。

②用电人连续 6 个月不用电,也不申请办理暂停用电手续,供电人可按规定终止供电,解除居民供用电合同并销户。用电人欠缴供电人的电费,其债权及合同约定的其他债权,供电人有权要求原用电人清偿。

3)居民供用电合同变更与解除办理有关要求

①居民客户行使合同变更或者解除权的,应向供电企业提出书面变更或者解除申请。供电企业在收到用户要求变更或解除合同的文件、信函、电报后,必须及时处理,按规定时限给予答复。

②供电企业需要变更、解除合同时,应在法律规定或合同约定条件下,在合同有效期内书面送达用户。有关送达证据应妥善保存并及时归档。

③供用电合同的变更与解除必须采用书面形式,仍按签订居民供用电合同的过程办理。

④居民供用电合同变更后,按变更后的《供用电合同》或新补充条款的内容进行履行;供用电合同解除后,供用电合同效力终止,供电企业应该及时办理用户销户手续,应在合同文本封面右上方盖供用电合同废止章,供用电合同废止章应统一规格、统一编号、专人保管。

**(5)低压供用电合同变更与解除**

1)常见的变更低压供用电合同的几种情形

低压客户变更用电项目:属增容、减容、分户、并户、更名(过户)、改压等涉及法律主体变更或重要合同条款变更的,可重新与客户签订供用电合同;属迁址、移表、暂拆、改类等,可制作合同补充条款,并在变更前与客户签订。

原供用电合同的条款不适应形势的变化或原合同已到期等引起合同的变更。例如,定比定量电价因客户用电性质及比例发生变化,需变更合同条款;客户缴费方式变化,需变更供用电合同附件《电费结算协议》等。

2)常见的解除低压供用电合同的几种情形

①用电人依法破产终止供用电合同。这里的用电人只能是企业法人。企业法人可以是国有企业、民营企业、外商独资企业、中外合作企业等。企业法人破产以人民法院正式宣判的法律文书为准。对已破产的企业应予销户。

②用电人被工商行政管理部门依法注销工商登记。供电人可对其销户,同时供电人拥有对用电人追缴所欠电费债务及其他债务的权利。

③用电人在缴清电费及合同约定的其他费用后,经用电人申请,供电人终止与用电人的供用电关系,解除供用电合同并予销户。

④用电人连续 6 个月不用电,也不申请办理暂停用电手续,供电人可按规定终止供电并销户。用电人欠缴供电人的电费,其债权及合同约定的其他债权,供电人有权要求原用电人清偿。

3)低压供用电合同变更与解除办理有关要求

①低压客户行使合同变更或者解除权的,应向供电企业提出书面变更或者解除申请。供电企业在收到用户要求变更或解除合同的文件、信函、电报后,必须及时处理,按规定时限

给予答复。

②供电企业需要变更、解除合同时,应在法律规定或合同约定条件下,在合同有效期内书面送达用户。有关送达证据应妥善保存并及时归档。

③供用电合同的变更与解除必须采用书面形式,仍按合同新签的流程:起草、审核、审批、签订的有关规定办理。经上级主管机关批准的供用电合同,变更、解除合同应报原批准机关批准。

④低压供用电合同变更后,按变更后的《供用电合同》或新补充条款的内容进行履行;供用电合同解除后,供用电合同效力终止,供电企业应该及时办理用户销户手续,应在合同文本封面右上方盖供用电合同废止章,供用电合同废止章应统一规格、统一编号、专人保管。

**(6)高压供用电合同变更与解除**

1)常见的变更高压供用电合同的几种情形

变更用电时,变更《供用电合同》的约定。高压单电源客户变更用电项目:属增容、减容、分户、并户、更名(过户)、改压等涉及法律主体变更或重要合同条款变更的,可重新与客户签订供用电合同;属迁址、移表、暂拆、暂停、暂换、改类等,可制作合同补充条款,并在变更前与客户签订。

原供用电合同的条款不适应形势的变化或原合同已到期等引起合同的变更。例如,定比定量电价因客户用电性质及比例发生变化,需变更合同条款;客户缴费方式变化,需变更供用电合同附件《电费结算协议》等。

2)常见的解除高压供用电合同的几种情形

①用电人依法破产终止供用电合同。这里的用电人只能是企业法人。企业法人可以是国有企业、民营企业、外商独资企业、中外合作企业等。

②用电人被工商行政管理部门依法注销工商登记。供电人可对其销户,同时供电人拥有对用电人追缴所欠电费债务及其他债务的权利。

③用电人在缴清电费及合同约定的其他费用后,经用电人申请,供电人终止与用电人的供用电关系,解除供用电合同并予销户。

④用电人连续6个月不用电,也不申请办理暂停用电手续,供电人可按规定终止供电并销户。用电人欠缴供电人的电费债权及合同约定的其他债权,供电人有权要求原用电人清偿。

3)高压供用电合同变更与解除办理有关要求

①高压客户行使合同变更或者解除权的,应向供电企业提出书面变更或者解除申请。供电企业在收到用户要求变更或解除合同的文件、信函、电报后,必须及时处理,按规定时限给予答复。

②供电企业需要变更、解除合同时,应在法律规定或合同约定条件下,在合同有效期内书面送达用户。有关送达证据应妥善保存并及时归档。

③供用电合同的变更与解除必须采用书面形式,仍按合同新签的流程:起草、审核、审批、签订的有关规定办理。经上级主管机关批准的供用电合同,变更、解除合同应报原批准

机关批准。

④高压供用电合同变更后,按变更后的《供用电合同》或新补充条款的内容进行履行;供用电合同解除后,供用电合同效力终止,供电企业应及时办理用户销户手续,应在合同文本封面右上方盖供用电合同废止章,供用电合同废止章应统一规格、统一编号、专人保管。

## 5.3.3　供用电合同变更或解除须知

### (1)客服人员应及时掌握合同履约情况

在供用电合同签订后,不及时对合同的履行情况进行跟踪管理,致使部分合同没有严格按照文本履行,发生违约情况也没有严格按照约定追究当事人的责任。在合同的有效期内,电力客户的经营状况往往会发生很大变化,如需要扩大生产规模,自身容量不能满足负荷需求的情况下,电力客户还能自觉向供电企业申报增容。但是,当电力客户出现经营状况下滑、业务量缩减,甚至资不抵债等情况,往往不向供电企业申请更改合同内容。因此,在合同的履行过程中,应加强对客户的跟踪调查,以便及时调整电费的收取方式,有效地防范拖欠电费现象及经营风险的发生。

### (2)合同台账应及时建立并更新

供用电合同有效期一般不少于 1 年,由于合同的存档时间较长,往往在法律依据(如废止、补充、修改)、签约人的身份(如合并、分立、改制等)、重要的基础事实(如电力设施的拆除、新建、产权分界点的迁移等)、用电比例等方面均可能发生变化,这就要求供用电合同应及时作相应的更正。因此,合同的台账也应做相应更正,而不应该一份合同台账用几年。

## 【学习与训练任务】

**盼盼路喜来乐机械厂的市场痛点**

知行供电所供电网内喜来乐机械厂位于盼盼路 108 号,该客户 2009 年 6 月 1 日新装两台 S11-250 kVA 变压器,因金融危机影响正常生产。2010 年 10 月 1 日起需减少一台变压器的运行。能否允许? 应如何办理? 试就此谈谈供用电合同变更相关事宜。

# 【任务实施】

## (1) 分析客户变更用电任务,明确任务要求

知行供电所供电网内喜来乐机械厂位于盼盼路 108 号,因金融危机影响正常生产,2010 年 10 月 1 日起需减少一台变压器的运行,因该客户 2009 年 6 月 1 日新装两台 S9-250 kV·A 变压器,在两年内原则上不得申办减容或暂停。如确需继续办理减容或暂停的,不再收取减少部分容量的 50% 基本电费。办理要求应符合减容业务的具体规定。

## (2) 收集客户变更用电任务资料,制订任务实施计划

知行供电所供电网内喜来乐机械厂位于盼盼路 108 号,属于新装两年内,原则上不得申办减容或暂停。如确需继续办理减容的,减少部分容量的基本电费应按 50% 计算收取。办理减容变更用电业务流程如下:

①客户用电需求登记。
②业务受理。
③现场勘查。
④审核。
⑤答复供电方案。
⑥合同变更。
⑦配表。
⑧设备出库。
⑨安装派工。
⑩装表。
⑪设备入库。
⑫信息确认。
⑬送电。
⑭信息归档。

## (3) 现场模拟,完成学习任务

分工协作,角色扮演办理喜来乐机械厂减容业务流程如下:
①客户用电需求登记。
②业务受理。
③现场勘查。
④审核。
⑤答复供电方案。
⑥合同变更。
⑦配表。
⑧设备出库。

⑨安装派工。

⑩装表。

⑪设备入库。

⑫信息确认。

⑬送电。

⑭信息归档。

**（4）总结评价,提高完成任务的质量**

总结减容业务办理情况,进一步巩固减容业务办理的相关知识和技能。

# 【任务评价】

**盼盼路喜来乐机械厂的市场痛点任务评价表**

| 喜来乐机械厂供用电合同变更任务评价表 | | | | | | |
|---|---|---|---|---|---|---|
| 姓名 | | 学号 | | 成绩 | | |
| 序号 | 评分项目 | 评分内容及要求 | 评分标准 | 满分 | 扣分 | 得分 |
| 1 | 1.明确任务 | 1.1 语言规范 | 语言清晰规范 | 10 | | |
| 2 | | 1.2 仪表得礼 | 仪表装容合适 | 5 | | |
| 3 | | 1.3 实行限时办结制 | 20 min 内完成 | 5 | | |
| 4 | 2.业务技能 | 2.1 正确叙述供用电合同的双方签约人权利与义务 | 供用电合同管理专业 | 10 | | |
| 5 | | 2.2 指导客户正确填写合同主体中关键内容 | 正确填写合同主体中关键内容 | 10 | | |
| 6 | | 2.3 合同内容审核 | 内容审核 | 10 | | |
| 7 | 3.服务礼仪 | 3.1 微笑服务 | 微笑服务热情 | 10 | | |
| 8 | | 3.2 主动询问 | 主动询问合适 | 10 | | |
| 9 | | 3.3 主动请坐 | 主动请坐合理 | 10 | | |
| 10 | | 3.4 主动相送 | 主动相送得当 | 10 | | |
| 11 | 4.综合素质 | 4.1 着装整齐,精神饱满<br>4.2 现场组织有序,工作人员之间配合良好<br>4.3 独立完成相关工作<br>4.4 执行工作任务时,大声呼唱<br>4.5 不违反电力安全规定及相关规程 | | 10 | | |
| | 总分 | | | 100 | | |
| | 教师 | | | | | |

## 【情境总结】

本情境通过供用电合同签订、供用电合同履行以及供用电合同变更与解除 3 个任务基本知识学习和基本业务实践，明确供用电合同签订、履行、变更与解除相关处理工作，熟悉供用电合同签订条件、签订相关内容及要求，明确供用电合同变更与解除条件、内容及要求，以确保正确履行供电人和用电人的权利和义务。

## 【学习与思考】

1.供用电合同签订的流程有哪几步？

2.供用电合同生效要件有哪些？

3.签订供用电合同应确定哪些主要内容？

4.用电人在与供电人签订《供用电合同》时，要求合同包括电能质量及违约责任条款，供电人以电网现有状况不能保证，合同不包括电能质量及违约责任条款加以拒绝，符合合同法及电力法规的规定吗？

5.供用电合同内容违反国家法律、法规规定，双方协商一致签订的合同有效吗？ 为什么？ 能举例说明吗？

6.双方协商一致签订的供用电合同，在履行过程中，明显以损害第三方利益为基础，合同受法律保护吗？ 为什么？

7.变更和解除供用电合同的条件各是什么？

# 情境 6  电力客户服务新型业务

## 【情境描述】

本情境是在遵循相关法律法规和技术标准的前提下,以某供电公司作为研究对象,完成对该供电公司用电客户充电服务、新能源受理服务和节能服务 3 个任务。其关键技能包括充电服务技能、新能源受理服务技能和节能服务技能。

## 【情境目标】

1.知识目标
(1)能简要说明充电服务、新能源受理服务及节能服务的意义和内容。
(2)熟悉充电服务、新能源受理服务及节能服务的工作流程。
(3)熟悉充电服务、新能源受理服务及节能服务的基本技术。
2.能力目标
(1)具备受理充电服务的能力。
(2)具备受理新能源服务的能力。
(3)具备受理节能服务的能力。
3.态度目标
(1)能主动提出电力客户服务新型业务相关问题,并积极查找相关资料。
(2)能团结协作,共同学习与提高。

# 任务 6.1    充电服务

## 【任务目标】

1.能简要说明充电服务的意义、内容。
2.能简要说明充电服务的工作流程。
3.能简要说明充电服务的基本技术。
4.具备充电服务技能。

## 【任务描述】

介绍充电服务的意义、内容和工作流程,掌握充电服务的基本技能,具备充电服务的能力。

## 【相关知识】

## 6.1.1    充电服务的意义及内容

加快发展电动汽车是党中央、国务院作出的重大决策部署,对推动能源生产与消费革命,落实供给侧结构性改革、发展战略性新兴产业,具有十分重大的意义,是打赢蓝天保卫战、让人民生活更美好的重要保障。截至 2017 年年底,国家电网公司累计建成充换电站 6 000 余座、充电桩 5.6 万台,建成"九纵九横两环"高速快充网络,有力促进了我国电动汽车产业发展。

电动汽车充换电服务管理的内容主要分为以下 4 个方面:

①充换电客户服务,主要包括客户用卡咨询服务和充电现场服务。

②充换电营业业务,主要包括营业充电卡服务、收费账务、充电卡操作记录查询及充换电设施用电报装服务。

③充换电交易结算服务,主要包括充电电价政策咨询、抄核收服务和清分结算服务。

④充换电线上服务,主要包括手机客户端服务和 e 充电网站服务。

鉴于篇幅有限,本任务主要介绍充换电服务一些常用操作和常见问题。

## 6.1.2　充电站基本组成及工作原理

充电站属于充换电设施的一种。充换电设施是指与电动汽车发生电能交换的相关设施的总称,一般包括充电站、换电站、充电塔及分散充电桩等。这里以最常见的充电站为例作简要介绍。

**(1)充电站基本组成**

电动汽车充电站主要由 3 部分构成:供电系统、充电设备和监控系统。

1)供电系统

供电系统主要为充电设备提供电源,它主要由一次设备(开关、变压器、线路等)和二次设备(包括检测、保护、控制装置等)组成。专门配备有源滤波装置消除谐波,稳定电网。

2)充电设备

充电设备是整个充电站电气系统的核心部分。它一般分直流充电桩和交流充电桩。直流充电桩即非车载充电机,实现电池快速充电功能;交流充电桩主要提供车辆慢充的功能,输出为交流电,需连接车载充电机。

3)充电监控系统

充电监控系统由一台或多台工作站或服务器组成。它一般包括监控工作站和数据服务器等,通过网络联结。监控工作站提供充电监控人机交互界面,实现充电机的监控和数据收集、查询等工作;数据服务器存储整个充电系统的原始数据和统计分析数据等,提供数据服务及其他应用服务。

**(2)供电系统标准要求**

1)供电电源要求

①充电站应采用 10(20)kV 电压等级供电。

②交流充电桩应采用 380V 或 220V 电压等级供电。

③直流充电桩应采用 380V 电压等级供电。

2)电能质量要求

①供电电源电压偏差应符合,10(20)kV 及以下三相供电的电压偏差不得超过标称电压的±7%。220V 单相供电的电压偏差不得超过标称电压的+7%,-10%。

②频率偏差不得超过±0.2 Hz。

③公共电网谐波电压的限值要求 10(20)kV 三相电压总谐波畸变率小于 5%,380 V 三相电压总谐波畸变率小于 4%。

④保证最大负荷运行时变压器 10(20)kV 侧功率因数不低于 0.95。

3）电气计量要求

需要测量和计量能效的部分包括变压器高低压侧进线、充电机回路和充电桩供电回路。具体要求应符合 GB/T 50063—2008 和 DL/T 5137—2008 的规定。

**（3）交流充电桩原理**

交流充电桩电气系统如图 6-1-1 所示。主回路由输入保护断路器、交流智能电能表、交流控制接触器及充电接口连接器组成；二次回路由控制继电器、急停按钮、运行状态指示灯、充电桩智能控制器及人机交互设备（显示、输入、刷卡）组成。

**（4）直流充电桩原理**

直流充电桩电气系统由三相电网输入交流电，经过三相桥式不可控整流电路整流变成直流电，滤波后提供给高频 DC-DC 功率变换器，功率变换器经过直直变换输出需要的直流，再次滤波后为电动汽车动力电池充电，如图 6-1-2 所示。

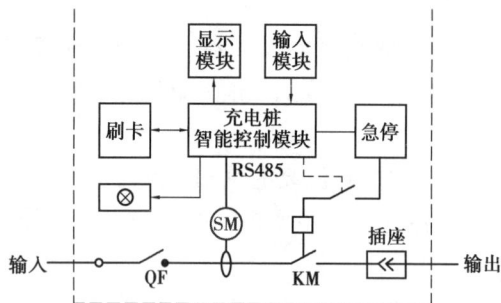

图 6-1-1　交流充电桩电气系统

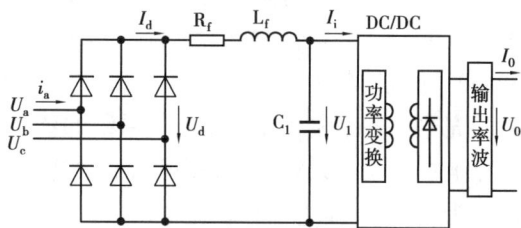

图 6-1-2　直流充电桩电气系统

## 6.1.3　充电服务基本内容

**（1）充换电客户服务**

1）电动汽车充电卡服务

①电动汽车充电卡简介

电动汽车充电卡简称"充电卡"，由国网电动汽车服务有限公司统一发行。充电卡在国家电网公司所属的充电设备上使用。充电卡有效期为 3 年，自办理之日起计算，每次充值后重新计算有效期。充电卡分为实名制充电卡和非实名制充电卡两种。它具备充值、充电、消费、冻结、解冻及查询等功能，可反复充值。实名制充电卡可与"e 充电"电子账户进行关联。客户应妥善保管自己的充电卡，因转借、转让，遗失而产生的一切损失由持卡人本人承担。

②业务办理须知

客户可分为个人客户和集团客户。集团客户主要常见的有公共交通公司、市政部门、环卫部门、物流公司、出租车公司及分时租赁公司等。

A．开卡所需资料

办理实名制充电卡时,个人客户应提供本人身份证或护照原件;集团客户应提供加盖公章的营业执照及法人代表身份证复印件,如为代理人办理,还需提供授权委托书及代理人身份证原件。所有证件均须核验并扫描上传车联网平台。办理非实名制充电卡时,无须提供任何证件。

B．挂失和补卡所需资料

车联网业务中,如实名制充电卡丢失,客户可申请办理挂失。客户可通过拨打 95598 电力客户服务热线或在营业厅进行充电卡挂失和解挂,挂失 10 日后可进行补卡操作,补卡时需持与原卡相一致的有效证件去营业厅办理补卡业务。挂失的充电卡可在 10 日内进行解挂。

C．销卡所需资料

实名制充电卡可办理销卡退费业务。销卡时,客户需出示与原卡相一致的有效证件,并提供本人银行借记卡账户信息(户名、卡号、开卡银行)和联系电话。原卡有灰锁记录的应先完成解灰操作。销卡后,作废充电卡由营业网点暂存,由国网电动汽车服务有限公司统一回收销毁。客户办理的销卡退费业务自受理之日起 15 个工作日内,清算后的卡内余额将通过网银转账方式存入客户银行借记卡账户中。营业网点应严格执行"收支两条线"制度,不允许坐支现金。

D．换卡所需资料

营业厅工作人员可为实名制充电卡客户办理换卡业务。换卡时,客户需出示与原卡相一致的有效证件。原卡有灰锁记录的应先完成解灰操作。若是将非实名制充电卡换成实名制充电卡,客户需持充电卡和个人有效身份证件到营业厅去办理实名认证业务。

2)充电现场服务

正在充电的充电桩显示屏上会显示"停止充电"按钮,客户点击该按钮后,系统会计算出相应的费用,有充电卡的客户输入充电卡密码进行结算,无充电卡的客户输入支付密码进行结算。当电动汽车充电完成时,手机 App 会发送消息,提醒客户充电已完成;在充电桩显示屏上,也会显示"充电完成"字样,此时客户可拔出充电枪,结束充电操作。客户充电时因未完成结算操作或直接拔充电卡等造成充电卡被锁,可到营业厅办理充电卡解锁业务。解锁时,客户须提供与原办理实名制充电卡相一致的有效证件。

如遇雷电、大雨等恶劣天气,电动汽车仍可进行充电。但是,为保证充电人员和设备的安全,建议待大雨天气过后再进行充电。充电时因空气湿度较大,宜将充电机先接通电源,待机工作一段时间后再开始对电动汽车充电。

私人充电桩接入车联网后,客户不仅可根据车联网平台实时监控、了解其充电桩的使用情况,还可通过充电桩共享收取充电费用。客户在车联网平台上发出接入申请,车联网平台安排评估人员现场收集设施相关硬件配置(是否具备联网条件,是否能接受平台指令等),对不符合接入标准的充电设施询问是否同意改造,符合接入标准的充电设施将接入车联网平台。

**(2)充换电营业服务**

充换电营业服务包括营业充电卡服务、收费账务服务、充电卡操作记录查询服务及充换电设施用电报装服务。涉及操作内容较多,这里仅对该类服务中的一些常见问题进行解答。

1)车联网常见工单处理流程

①车联网咨询工单处理的具体流程

95598 客服座席在接到客户请求后,根据车联网知识库对客户进行解答。对不能一次答复的问题,客服座席派发此咨询业务工单至车联网平台值班员。

车联网平台值班员在接到 95598 客服座席派发工单后受理工单,处理与充电、充值、信息查询等和车联网平台有关的线上咨询工单,或在 15 min 内将需地市级单位处理的工单转派至地市巡视管理员。

地市巡视管理员受理工单后,处理并答复咨询工单。

车联网平台值班员或地市巡视管理员提交咨询工单前需要核实问题是否已解决并将处理结果提交回访员进行客户答复回访。

②车联网报修工单处理的具体流程

95598 客服座席在接到客户请求后甄别充电桩是否为检修状态。若是,则答复客户充电桩正在检修;若不是,则派发抢修工单至设施归属地地市的充电设施管理员,工单中需标明客户是否正在现场以及客户报修的故障设备的资产编号或所在站点的名称。

地市充电设施管理员受理工单并及时处理,联系客户详细了解并核实其诉求,转派抢修工单至地市检修员。

地市检修员在接到抢修工单后及时到达现场,进行抢修。

地市检修员完成抢修后,提交工单并向地市充电设施管理员汇报处理结果;不能及时完成抢修的需提交停运工单。

充电设施管理员收到处理结果并确认报修设备已修复或停运,确认后提交报修工单同时写清楚处理结果。

回访员对客户进行回访后办结报修工单。

③车联网投诉工单处理的具体流程

95598 客服座席接到客户请求后,根据客户诉求将工单进行分类,派发车联网投诉工单至车联网运营负责人。

车联网运营负责人处理计费类投诉工单,回复 95598 客服座席,办结线上投诉工单;或派发服务类或其他线下投诉工单至省公司业务负责人。

业务负责人受理运营负责人的转派工单,审核投诉内容,联系客户并跟进处理,办结线下投诉工单。

2)营业充电卡服务

①营业厅工作人员可以提供的充电卡服务类型

营业厅工作人员可根据客户需求,为客户提供充电卡开卡、实名制充电卡销卡、联机解扣(解灰)、实名制认证、挂失/解挂、补卡、密码管理、密码解锁、实名制信息变更、换卡、充电卡转存等车联网基本业务;同时也可为充换电设施报装接电提供服务咨询渠道,提供报装办理流程说明、相关政策规定解释、报装工作进度查询等服务,接受客户投诉和故障报修。此外,收费账务权限还包含充值、冲正、解款、到账确认、退费等功能,可提供查询余额、查询发票、申请发票、开具发票、退费等服务。

②营业厅工作人员为个人用户开卡

营业厅销售人员负责充电卡的日常领用、销售、充值、现金解款等工作。销售充电卡时,必须在车联网服务平台中做开卡处理,将充电卡转为激活状态。

充电卡分为实名制和非实名制两种。开卡不收取押金。实名制充电卡具有充值、充电、解灰、解锁、挂失、补卡、销卡退费及查询等功能,可反复充值,不能透支,不计利息,可与"e充电"电子账户进行关联。卡内余额不超过 5 000 元。非实名充电卡不可换卡、挂失、销卡退费,卡内余额不能超过 1 000 元,其余功能和实名制充电卡一致;非实名制充电卡可以转换为实名制充电卡。个人客户办理实名制充电卡最多只能办理 5 张,集团客户办理实名制充电卡不受张数限制。

实名制个人用户办理开卡业务,当用户末注册或未实名认证时,需要先输入手机号或证件号进行实名认证,实名认证后才能办理该业务;当用户已实名认证时,可直接输入手机号或证件号办理该业务。开卡时,必须选择已实名的个人用户,并由用户为充电卡设置 6 位数字的密码,卡内最高可存 5 000 元。非实名制充电卡不设置密码,卡内最高可存 1 000 元。非实名制充电卡不可进行解挂、换卡、补卡、实名制销卡退费等业务。

3)充换电设施用电安装服务

充换电设施用电报装业务分为以下两类:

①居民客户在自有产权或拥有使用权的停车位(库)建设的充电设施。

②其他非居民客户(包括高压客户)在政府机关、公用机构、大型商业区、居民社区等公共区域建设的充换电设施。

充换电设施用电包装应执行以下原则:

①受电及接入系统工程由客户投资建设,其设计、施工及设备材料供应单位由客户自主选择。国家电网公司在充换电设施用电申请受理、设计审查、装表接电等全过程服务中,不收取任何服务费用,并投资建设因充换电设施接入引起的公共电网改造。对应用覆盖率达到一定规模的居住区,新建低压配网,保证电动汽车充换电设施用电需求。

②为保证电网安全和电能质量,防止向电网倒送电,对分散式充电桩需加装逆功率保护;充换电站如需通过利用储能电池向电网送电,应按照国家电网公司分布式电源要求办理相关手续,并采取专用开关、防孤岛装置等措施。

③充换电设施工程设计和施工建设应符合国家相关规定,电网接入点的电能质量应满足国家和行业标准。

充换电设施用电报装服务流程:业务受理→现场勘查→方案制订→图纸审查→竣工验收→签订合同→装表接电→档案归档。

**(3)充换电交易结算服务**

1)充电电价政策

对居民家庭住宅、居民住宅小区、执行居民电价的非居民用户中设置的充电设施用电,应执行居民用电价格中的合表用户电价。执行居民电价的非居民用户主要包含公办、民办学校,部队营房,民政部门登记不以营利为目的的社会福利院、儿童福利院等用户。国家对除向电网经营企业直接报装接电的经营性集中式充换电设施用电执行大工业用电价格外,其他充电设施按其场所执行分类目录电价。

对党政机关企事业单位和社会公共停车场中设置的充电设施用电,执行一般工商业及其他类用电价格。党政机关包括党的机关、人大机关、行政机关、政协机关、审判机关、检察机关,也包括各级党政机关派出机构、直属事业单位及工会、共青团、妇联等人民团体。企事业单位是以盈利为目的独立核算的法人或非法人单位,事业单位是以政府职能、公益服务为主要宗旨的一些公益性单位、非公益性职能部门等,如学校、医院等常见场所。社会公共停车场是指由交通部门专门划设的供车辆停放的车辆集散场所。一般工商业及其他电价类别包括普通工业、非工业、非居民和商业等电价类别。对党政机关、企事业单位和社会公共停车场中设置的充电设施用电执行分类目录电价。

电动汽车充换电设施用电执行峰谷分时电价政策。鼓励电动汽车在电力系统用电低谷时段充电,提高电力系统利用效率,降低充电成本。峰谷分时电价是指根据电网的负荷变化情况,将每天24 h划分为高峰、平段、低谷等多个时段,并对各时段分别制订不同的电价水平,峰段电价偏高,平段电价居中,谷段电价偏低,鼓励用电客户错峰用电,减少峰段时间充电,增加谷段时间充电,削峰填谷,降低用电客户充电成本,提高电力资源的利用效率。

2)抄核收服务

充电桩接入后,若电价和充电服务费标准变更或平台监控组人员发现计费模型异常,属地运维人员应现场核实计费模型,重点做好以下3点:

①直看车联网平台计费模型召唤验证结果,排查召唤充电桩计费模型与车联网平台不一致的记录。

②打印召唤异常记录,到充电桩现场进行核实。现场检查中,如发现网络通信故障,应联系通信人员处理;如发现TCU版本与规定版本不符,应将TCU升级到最新版本。处理完毕后,巡视员对充电桩进行重启,重新检查充电桩计费模型,确认与平台一致后进行登记归档。

③在计划巡视工作中,应制订巡视计划,对所有充电桩计费模型进行核查。如发现充电桩计费模型异常,应进行现场核实处理,处理完毕后登记归档。

**(4)充换电线上服务**

线上客户服务的渠道主要包括e充电App客户端、e充电网站、"国网e充电"微信公众号等渠道。线上客服的服务功能包括会员注册或服务开通,宣传展现,信息公告,信息查询,充值交费和账单服务,业务受理和服务监督。

①会员注册或服务开通功能包括用户登录、注册、用户编号绑定、留言、问卷调查、账户信息修改、信息推送。

②宣传展现功能包括业务介绍、服务支持和体验。

③信息公告功能包括服务信息查询、公告和营业网点查询。

④信息查询功能包括充电站点查询、余额查询、充电记录查询、充值记录、消费记录、用户基本档案及实时充电情况查询。

⑤充值交费和账单服务功能包括充电费交纳和充电发票开具。

⑥业务受理功能包括业务咨询、故障报修和信息订阅退阅。

⑦服务监督功能包括投诉、建议、表扬、意见及举报。

# 【学习与训练任务】

### 绿色出行充电无忧

2月15日，家住××省××市××区江滨小区的××先生感到意外，他前一天到××区供电公司营业厅报装电动汽车充电桩用电，第二天供电员工吴××就上门安装了电表。电动汽车产业发展越来越成熟，××供电公司科学规划充换电设施网络布局，加快充换电基础设施建设，服务产业发展。两个典型服务案例如下：

**(1)集中表箱进小区　便民充电解难题(个人客户案例)**

前不久，××先生购买了一辆比亚迪电动汽车，还购置了配套的充电装置。能不能顺利安装使用，他心里一直有疑问。

随着电动汽车在城乡普及，不规范用电带来了诸多隐患。××小区已经有3位业主购买了电动汽车。××××年××月，一位业主把电源接到物业专变上，不仅带来了安全隐患，还与其他业主产生了矛盾。××供电公司结合电动汽车发展趋势，提前摸排电动汽车购买情况，今年年初为有需要的小区安装了集中表箱。江滨小区就是其中之一。该公司在江滨小区的地下车库安装了3个集中表箱，可以服务整个小区的6幢住宅楼。这些前置工作，让××先生能顺利开上电动汽车。接下来，××区供电公司还将为山水嘉苑、绿洲两个小区安装10个集中表箱。

**(2)全过程跟踪服务　助力电动公交出行(企业客户案例)**

"自从电动公交车投入使用后，我们的运营成本大大降低了。"2月18日，××市公交公司负责人包××说。

今年年初，××市公交公司又新购入了10辆电动公交车，为往来于城乡的乘客提供更加方便、舒适、安全的出行选择。"电动公交车启动、停靠都很稳，没有汽油味，也没噪声"，市民李××说。为满足电动公交车的充电需要，××供电公司主动与公交公司沟通联系，及时了解公交车购置数量、充电站建设规模、充电桩安装数量等情况。该公司在电网规划、建设上超前考虑，提前消除供电能力不足等问题。××供电公司做好跟踪服务工作，对公交公司、充电站等开展经常性的走访、检查，为充电桩的使用给予技术指导，以便及时发现和解决用电问题。截至2018年年底，××市共投运电动公交车362辆。到2020年年底，该市将更换50%的柴油公交车。

# 【任务实施】

**（1）安装电动汽车充电桩的申请主体**

①谁来申请？个人用户和企业用户都可以自己申请,也可委托电动汽车企业申请。

②向谁申请？向所在区域供电营业厅提出用电报装申请。

**（2）小区住宅居民用户申请电动汽车私人充电桩需要准备的材料**

①购车意向协议或购车发票。

②申请人有效身份证件。

③固定车位产权或1年以上（含1年）使用权证明。

④停车位（库）平面图或现场环境照片。

⑤物业出具（无物业管理小区由业委会或居委会出具）的同意安装充电桩证明材料。

**（3）正式受理用户申请之后的关键流程**

1）现场勘查

供电企业会同用户或委托的电动汽车企业、小区物业到现场进行用电及施工可行性勘查,供电企业从受理申请到具备实地勘查条件的时间原则上不超过3个工作日。

2）限期答复方案

对于符合条件的申请,供电企业应在规定的时间内正式答复供电方案。其中,对低压（一般为220~380 V）电力用户不超过7个工作日、高压（一般为10 kV）单电源用户不超过15个工作日、高压双电源用户不超过30个工作日,申请方应在有效期内予以确认。

3）配套改造工程

现有配电设施确实无法满足充电基础设施用电报装申请的,产权为供电企业的,应由供电企业配合相关方提出解决方案;产权为用电用户的,应由用电用户组织相关方提出解决方案,经各方协商一致后,由产权单位实施改造。

4）装表接电

工程施工完成并检查合格后,供电企业应于5个工作日内完成装表接电工作。申请方、建设企业会同小区物业完成充电基础设施验收和试充电确认。

5）管理维护

电动汽车企业在协议期内为用户提供自用充电桩维护保养。充电基础设施所有权人也可与小区物业签订服务协议,由小区物业协助管理、维护充电基础设施,为用户提供相关服务。

**（4）电价的确定**

1）集中式充电设施

充电电费严格执行国家已出台的新能源汽车用电价格政策,对向电网经营企业直接报装接电的经营性集中式充电设施用电,执行"大工业用电"类价格,且2020年前免收基本电费。

2）小区内充电设施

居民家庭住宅、居民住宅小区、执行居民电价的非居民用户中设置的充电设施用电,执行居民用电价格中的合表用户电价。

3）停车场充电设施

党政机关、企事业单位和社会公共停车场中设置的充电设施用电执行"一般工商业及其他"类用电价格。充电设施用电执行峰谷分时电价政策。

# 【任务评价】

**绿色出行充电无忧案例任务评价表**

| 绿色出行充电无忧案例任务评价表 | | | | | | |
|---|---|---|---|---|---|---|
| 姓名 | | 学号 | | | 成绩 | |
| 序号 | 评分项目 | 评分内容及要求 | 评分标准 | 满分 | 扣分 | 得分 |
| 1 | 1.服务规范 | 1.1 语言规范 | 语言清晰规范 | 10 | | |
| 2 | | 1.2 仪表得礼 | 仪表装容合适 | 5 | | |
| 3 | | 1.3 实行限时办结制 | 受理申请需在 20 min 内完成 | 5 | | |
| 4 | 2.业务技能 | 2.1 查询客户历史信息 | 正确确定客户用电历史、欠费情况及信用状况 | 10 | | |
| 5 | | 2.2 查验客户资料 | 客户申请资料查验正确 | 10 | | |
| 6 | | 2.3 用电申请书填写 | 客户基本信息和客户用电信息填写正确 | 10 | | |
| 7 | | 2.4 服务跟踪 | 服务跟踪及时 | 10 | | |
| 8 | 3.服务礼仪 | 3.1 微笑服务 | 微笑服务热情 | 5 | | |
| 9 | | 3.2 主动询问 | 主动询问合适 | 5 | | |
| 10 | | 3.3 主动请坐 | 主动请坐合理 | 5 | | |
| 11 | | 3.4 主动相送 | 主动相送得当 | 5 | | |
| 12 | 4.服务技巧 | 4.1 特殊情况处理 | 特殊情况处理适当 | 10 | | |
| 13 | 5.综合素质 | 5.1 着装整齐,精神饱满<br>5.2 现场组织有序,工作人员之间配合良好<br>5.3 独立完成相关工作<br>5.4 执行工作任务时,大声呼唱<br>5.5 不违反电力安全规定及相关规程 | | 10 | | |
| | 总分 | | | 100 | | |
| | 教师 | | | | | |

# 任务 6.2　新能源受理服务

## 【任务目标】

1.能简要说明新能源受理服务的意义、内容。
2.能简要说明新能源受理服务的工作流程。
3.能简要说明新能源服务的基本技术。
4.具备新能源受理服务的技能。

## 【任务描述】

介绍新能源受理服务的意义、内容和工作流程,掌握新能源受理服务的基本技术和基本技能,具备新能源受理服务的能力。

## 【相关知识】

## 6.2.1　新能源受理服务基本知识

### (1)新能源受理服务的意义

传统的煤炭、石油等一次能源是不可再生的,终归要走向枯竭。因此,提高能源利用效率、开发新能源、加强可再生能源的利用,就成为解决我国经济和社会快速发展过程中日益凸显的能源需求增长与能源紧缺、能源利用与环境保护之间矛盾的必然选择。采用分布式发电供能技术,有助于充分利用各地丰富的清洁和可再生能源,向用户提供"绿色电力",是实现我国"节能减排"目标的重要举措。

太阳能作为重要的清洁可再生能源之一,为光伏发电技术的发展提供了强大的能源支持。近年来,我国光伏发电产业发展十分迅速,光伏电池年产量稳步上升位列世界前茅,但是光伏发电市场发展相对迟缓,甚至严重滞后。总体来看,目前我国光伏发电能力仍显薄弱,以光伏发电为代表的分布式电源发电具有很大的发展潜力。因此,对于电网企业来说,提供高效便捷的分布式电源受理及并网服务具有重要的意义。

**（2）分布式电源**

1）分布式电源的定义

分布式电源是指在用户所在场地或附近建设安装，运行方式以用户侧自发自用为主、多余电量上网，且在配电网系统平衡调节为特征的发电设施或有电力输出的能量综合梯级利用多联供设施。它包括太阳能、天然气、生物质能、风能、地热能、海洋能及资源综合利用发电（含煤矿瓦斯发电）等。

2）分布式电源的分类

①按照电能消纳方式，可将分布式电源项目分为全部上网、全部自用和自发自用余电上网 3 种。发电量选择"全部自用"和"自发自用余电上网"的分布式电源项目，接入用户侧，用户不足用电量由电网提供。对利用建筑屋顶及附属场地新建的分布式光伏发电项目，发电量可"全部自用""自发自用余电上网""全部上网"，由用户自行选择。

②按照电压等级和并网容量分类：

a.10 kV 及以下电压等级接入，且单个并网点总装机容量不超过 6 MW 的分布式电源。

b.35 kV 电压等级接入，年自发自用电量大于 50%的分布式电源；或 10 kV 电压等级接入且单个并网点总装机容量超过 6 MW，年自发自用电量大于 50%的分布式电源。

**（3）新能源受理服务的内容**

国家电网公司为分布式电源新装用户提供并网申请受理、项目备案、接入系统方案制订、设计审查、电能表安装、合同和协议签署、并网验收与调试、补助电量计量及补助资金结算等一系列服务。在受理分布式电源并网申请时，应主动提供并网咨询、并网办理流程说明、相关政策规定解释及并网工作进度查询等服务，履行"一次告知"义务；接受、查验并网申请资料，协助客户填写并网申请表，并于受理当日录入营销业务应用系统。

## 6.2.2　新能源受理工作流程

**（1）法人项目办理简要流程**

1）受理申请与现场勘查

地市或县级公司营销部统一受理客户申请资料，负责将相关申请资料存档，并负责组织地市或县级公司发展部、运检部、调控中心、经研所等部门（单位）开展现场勘查。工作时限两个工作日。

2）接入方案的制订和审查

①接入系统方案制订

地市经研所制订接入系统方案。对 380/220 V 单点并网的较小型分布式光伏发电项目，地市或县级公司营销部在组织现场勘查后，根据经研所认可的典型接入系统方案模板制订接入系统方案。工作时限第一类 30 个工作日（其中，单点并网 10 个工作日，多点并网 20

个工作日);第二类50个工作日。

②接入系统方案审查

地市或县级公司营销部负责组织相关部门审定380/220 V分布式电源接入系统方案,并出具评审意见。工作时限5个工作日。

③地市公司发展部负责组织相关部门审定10 kV(单点装机容量6 MW及以下)接入项目

对多点并网项目,按并网点最高电压等级确定接入系统方案,出具评审意见、接入电网意见函并转至地市营销部。工作时限5个工作日。

④接入系统方案答复

地市或县级公司营销部负责将接入系统方案确认单,35 kV,10 kV项目接入电网意见函告知项目业主。负责受理并安排接入系统方案咨询。工作时限3个工作日。

380/220 V接入项目:在项目业主确认接入系统方案后,地市或县级公司营销部负责将接入系统方案确认单及时抄送地市或县级公司发展部、财务部、运检部(检修公司)。项目业主根据确认的接入系统方案开展项目核准(或备案)和工程建设等工作。

3)客户工程设计审查与接入系统工程建设

①项目业主在接入系统工程施工前自行委托具备资质的设计单位,按照答复的接入系统方案开展接入系统工程设计,地市或县级公司营销部负责受理项目业主设计审查申请,接受并检查客户提交的接入系统工程设计相关资料,并负责将接入系统工程设计相关资料存档。

②地市公司营销部受理客户设计审查申请后,负责组织地市发展部、运检部(检修公司)、调控中心等部门,对设计文件进行审查,并出具审查意见告知项目业主、抄送调控中心,项目业主根据答复意见开展接入系统工程建设等后续工作。若审查不通过,提出修改方案。工作时限10个工作日。

4)电网配套工程建设

①地市(县)公司负责分布式电源接入引起的公共电网改造工程。其中,已明确的分布式电源接入系统工程作为基建项目纳入公司年度综合计划的公共电网改造工程。

②对公司年度综合计划下达后新增的分布式电源接入系统工程,因接入引起的公共电网改造工程列为技改项目。

③在省公司完成ERP建项后,地市运检部(检修公司)或建设部按照公司工程建设管理程序先行组织工程实施,以满足分布式电源接入电网需求。

5)并网验收与调试

①验收申请

地市或县级公司营销部负责受理项目业主并网验收与调试申请,接收、存档相关材料(工程竣工报告、试验报告等),并对资料的完整性进行审核,并报地市或县级公司运检部(检修公司)、调控中心、财务部。工作时限两个工作日。

②合同签订

380/220 V接入项目:地市或县级公司营销部负责办理关于购售电、供用电、发用电和调度方面的合同签订工作。

③安装表计

地市或县级公司营销部负责电能计量表计的安装工作。工作时限 8 个工作日。

10 kV 及以下电压等级接入(单个并网点容量在 20 MW 及以下)项目表计接线方式见表 6-2-1。

表 6-2-1　10 kV 及以下电压等级接入表计接线方式

| 表计类别 | 发电量消纳方式 | |
| --- | --- | --- |
| | 全部上网 | 自发自用余电上网 |
| 上下网关口表 | 正向为下网,反向为上网 | 正向为下网,反向为上网 |
| 发电量计量表 | — | 正向为发电量 |

10 kV 及以上电压等级接入且单个并网点容量在 20 MW 及以上的地面光伏电站:上下网关口表计接线方式参照大型发电企业执行,应为正向为上网,反向为下网。

④并网验收、调试

电能计量表安装完成、合同与协议签订完毕后,组织分布式电源并网验收、调试工作。

380/220 V 接入项目:地市、县营销部(客户服务中心)负责组织相关部门开展并网验收及调试,出具并网验收意见,验收调试通过并网运行。若验收调试不合格,提出整改方案。

6)项目试验

10 kV 及以上分布式电源项目应开展电能质量监测试验、谐波测试试验,由项目业主委托有资质单位在正式并网前完成,将正式报告递交客服中心存档。高、低压项目均应做防孤岛试验。

7)项目资料归档

分布式电源项目并网后,项目经理完成营销系统归档,再将完整纸质资料移交档案室。

**(2)自然人项目办理简要流程**

①自然人与法人项目一样完成"受理申请、现场勘查、接入方案制订、并网验收与调试、项目试验、资料归档、运行管理、结算"的工作流程,但无设计审查、配套工程建设的环节。

②公司为自然人分布式光伏发电项目提供项目备案服务。地市、县发展部(发展建设部)收到客户接入系统方案确认单后,根据当地能源主管部门项目备案管理办法,按月集中代自然人项目业主向当地能源主管部门进行项目备案,备案文件抄送财务部、营销部。

## 6.2.3　光伏发电的组成及其设备情况

### (1)光伏发电的原理

光伏发电是利用半导体界面的光生伏特效应而将光能直接转变为电能的一种技术。这种技术的关键元件是太阳能电池。太阳能电池经串联后进行封装保护可形成大面积的太阳电池组件,再配合上功率控制器等部件就形成了光伏发电装置。太阳能光伏发电的最基本元件是太阳能电池(片),有单晶硅、多晶硅、非晶硅及薄膜电池等。其中,单晶和多晶电池用量最大,非晶电池用于一些小系统和计算器辅助电源等。目前,多晶硅电池效率在 16%~17%,单晶硅电池的效率为 18%~20%。由一个或多个太阳能电池片组成的太阳能电池板,称为光伏组件。

**(2)光伏发电的系统组成**

并网三相光伏发电系统组成如图 6-2-1 所示。它通常由光伏阵列、逆变器、交流电路及控制电路 4 个部分组成。并网逆变器将光伏阵列所产生的直流电逆变成交流电进而并入电网;控制电路部分实现光伏阵列最大功率点跟踪、控制逆变器并网的输送功率和并网电流的波形,进而使光伏阵列模块所发的最大电能功率与向电网输送的功率平衡。

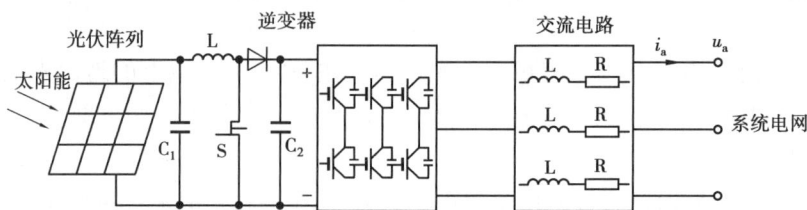

图 6-2-1  并网三相光伏发电系统组成

光伏发电系统是由太阳能电池方阵、蓄电池组、充放电控制器、逆变器、交流配电柜及太阳跟踪控制系统等设备组成。

1)太阳能电池方阵

在有光照(无论是太阳光,还是其他发光体产生的光照)情况下,电池吸收光能,电池两端出现异号电荷的积累,即"光电效应"。在光生伏特效应的作用下,太阳能电池的两端产生电动势,将光能转换成电能。太阳电池组件为了获得更高的工作电压,可将组件串联使用;为了获得更大的输出电流,可将组件并联使用。

2)蓄电池组

蓄电池组的作用是储存太阳能电池方阵受光照时发出的电能并可随时向负载供电。蓄电池的容量就是蓄电池的蓄电能力,标志符号为 C,通常用单位安时来表征蓄电池容量。

太阳能电池发电对所用蓄电池组的基本要求如下:

①自放电率低。

②使用寿命长。

③深放电能力强。

④充电效率高。

⑤少维护或免维护。

⑥工作温度范围宽。

⑦价格低廉。

根据光伏发电系统使用的要求,可将蓄电池串并联成蓄电池组。蓄电池组主要有3种运行方式:循环充电、连续充电和定期浮充。

3)充放电控制器

充放电控制器是能自动防止蓄电池过充电和过放电的设备。由于蓄电池的循环充放电次数及放电深度是决定蓄电池使用寿命的重要因素,因此,能控制蓄电池组过充电或过放电的充放电控制器是必不可少的设备。一般来说,光伏控制器应具备以下基本功能:

①防止蓄电池过充电和过放电,延长蓄电池寿命。

②防止电池板或光伏方阵、蓄电池极性接反。

③防止负载、控制器、逆变器和其他设备内部短路。

④具有防雷击引起的击穿保护。

⑤具有温度补偿的功能。

⑥显示光伏发电系统的各种工作状态,包括蓄电池(组)电压、负载状态、光伏方阵工作状态、辅助工作状态、辅助电源状态、环境温度状态及故障报警等。

4)逆变器

逆变器是将直流电转换成交流电的设备。由于太阳能电池和蓄电池是直流电源,而负载是交流负载,因此,逆变器是必不可少的。逆变器按运行方式,可分为独立运行逆变器和并网逆变器。独立运行逆变器用于独立运行的太阳能电池发电系统,为独立负载供电;并网逆变器用于并网运行的太阳能电池发电系统。

5)太阳跟踪控制系统

相对于某一个固定地点的太阳能光伏发电系统,一年之中的各个季节以及一天之中的各个时段,太阳的光照角度时时刻刻都在变化,如果太阳能电池板能时刻正对太阳,发电效率才会达到最佳状态。目前,世界上通用的太阳跟踪控制系统都需要根据安放点的经纬度等信息计算一年中的每一天的不同时刻太阳所在的角度,将一年中每个时刻的太阳位置存储到PLC、单片机或计算机软件中,从而实现跟踪。

**(3)光伏发电的优缺点**

1)与常用的火力发电系统相比,光伏发电的优点

①无枯竭危险。

②安全可靠,无噪声,无污染排放外,绿色环保。

③不受资源分布地域的限制,可利用建筑屋面的优势。

④无须消耗燃料和架设输电线路即可就地发电供电。

⑤能源质量高。

⑥使用者接受度较高。

⑦建设周期短,获取能源花费的时间短。

2)与传统发电方式相比,光伏发电的缺点

①照射的能量分布密度小,即要占用巨大面积。

②获得的能源同四季、昼夜及阴晴等气象条件有关。

③产生的电力接入电网需要增加无功补偿设备。

④储能困难。

## 6.2.4 新能源受理服务的基本内容

**(1)分布式电源项目申请资料**

1)自然人客户需要提交的申请资料

①申请人身份证原件及复印件。

②光伏项目建设地点房产证或其他房屋产权证明文件(申请人与房屋产权人原则上要保持一致)。

③小区居民需提供业主委员会出具的项目同意书或所有相关居民家庭签字的项目同意书以及其他相关文件等。

2)非自然人客户需要提交的申请资料

①经办人身份证原件及复印件、法人身份证复印件(非企业法人办理业务需提供法人授权委托书)。

②企业法人营业执照(三证合一)、土地证和房产证(或房屋所有权者出具的房屋使用证明或者合同能源管理合同协议)等项目合法性支持性文件。

③政府主管部门同意项目开展前期工作的批复(需核准项目)。

④发电项目前期工作资料(项目立项资料、可研报告等)。

⑤项目业主与用电客户不同时,除提供上述资料外,需再提供项目业主与提供光伏建设用地单位合作协议(包括合同能源、屋顶租赁、安全责任协议及运行维护协议等)。

**(2)分布式电源结算**

1)抄表复核

①分布式电源项目电量电费结算以月为结算周期,按购售电合同约定抄表例日抄表,结算数据以电网企业采集系统采集的电能表数据为准。

注:电费消纳方式为自发自用余电上网的客户,用电客户缴费号和发电客户编号抄表例日应设置在同一天,分配到同一抄表段。

②每月发行电费,电网企业发行完毕分布式电源项目电量电费数据,并通过电话或短信方式通知发电客户。

③发电客户核对完毕上月电量、电价、电费,根据结算单到电网企业或主管税务机关开具发票,并按约定时间送达电网企业。

2)电价标准

光伏发电项目执行国家发改委批复的光伏发电标杆电价,标杆电价包括上网电价和财政补贴两部分。上网电价执行省内燃煤机组标杆电价,由电网企业按月统一支付,计入购电成本。财政补贴通过国家可再生能源补助资金解决,由财政部拨付至电网企业、电网企业再及时进行转付。

3)税收开票

①自然人分布式光伏项目,可由电网企业分别代开具上网电费和补贴发票,或由发电客户自行到税务部门分别开具上网电费和补贴发票。

②非自然人分布式光伏项目,可由电网企业代开具上网电费和补贴发票,或由发电客户自行开具上网电费和补贴发票,也可由发电客户到税务部门开具上网电费和补贴发票。发电客户结算上网电费和补贴金额超过增值税起征点的,应自行开具或取得其在主管税务机关代开的增值税专用发票,小规模纳税人税率为3%,一般纳税人税率为17%。

③地面光伏电站,发电客户根据结算单自行开具上网电费和补贴发票,或到税务部门开具上网电费和补贴发票。发电客户结算上网电费和补贴金额超过增值税起征点的,应开具增值税专用发票,小规模纳税人税率为3%,一般纳税人税率为17%。

**(3)接入系统相关定义**

1)并网点

对有升压站的分布式电源,并网点为分布式电源升压站高压侧母线或节点;对无升压站的分布式电源,并网点为分布式电源的输出汇总点。如图 6-2-2 所示,$A_1$,$B_1$ 点分别为分布式电源 A,B 的并网点,$C_1$ 点为常规电源 C 的并网点。

2)接入点

接入点是指电源接入电网的连接处。该电网既可能是公共电网,也可能是用户电网。如图 6-2-2 所示,$A_2$,$B_2$ 点分别为分布式电源 A,B 的接入点,$C_2$ 为常规电源 C 的接入点。

3)公共连接点

公共连接点是指用户系统(发电或用电)接入公用电网的连接处。如图 6-2-2 所示,$C_2$,D 点均为公共连接点,$A_2$,$B_2$ 点不是公共连接点。

4)接入系统工程

如图 6-2-2 所示,$A_1$—$A_2$,$B_1$—$B_2$ 和 $C_1$—$C_2$ 输变电工程以及相应电网改造工程分别为分布式电源 A,B 和常规电源 C 接入系统工程。其中,$A_1$—$A_2$,$B_1$—$B_2$ 输变电工程由用户投资,$C_1$—$C_2$ 输变电工程由电网企业投资。

5)专线接入

专线接入是指分布式电源接入点处设置分布式电源专用的开关设备(间隔),如分布式电源直接接入变电站、开闭站、配电室母线或环网柜等方式。

6)"T"接

"T"接是指分布式电源接入点处未设置专用的开关设备(间隔),如分布式电源直接接入架空或电缆线路方式。

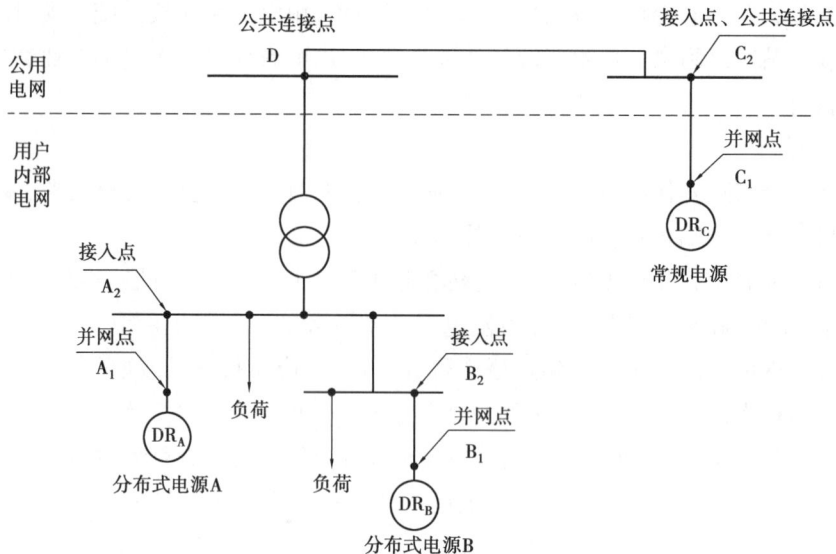

图 6-2-2　分布式电源接入系统示意图

# 【学习与训练任务】

### 业主新叶的太阳能"发电梦"

客户新叶到营业厅办理分布式光伏项目新装业务,主要申请信息如下:安装地址在××县××镇×××街154号,光伏板安装位置为用户自有房屋屋顶,申请并网容量为5 kW,发电量意向消纳方式为自发自用余电上网。经勘查公共连接点选取为××县××变电站10 kV××线××公变Ⅰ回D08号杆,采用220 V单相并网,用户原有用电客户3×1.5(6)A单相表一块。请按照分布式电源新装业务流程完成自申请受理至档案归档的全过程操作模拟。

# 【任务实施】

根据给定条件完成新能源受理服务处理与操作任务。

(1)受理申请与现场勘查

该客户为自然人客户且安装地点为自有产权自建房,需提交并核验以下申请资料:

①申请人身份证原件及复印件。

②光伏项目建设地点房产证或其他房屋产权证明文件(申请人与房屋产权人原则上要

保持一致）。

营业厅人员应引导客户正确填写分布式电源并网申请表。

营业厅人员受理后当日将申请资料传递至县级公司营销部（客户服务中心）市场拓展班并委派项目经理，项目经理负责组织县级公司发展部、运检部、调控中心等部门开展现场勘查。现场勘查时，应重点核查并确定用户光伏设备安装位置、分布式电源接入系统方案、客户原有表计安装位置及接线方式、主要用电设备容量等信息。

**（2）接入系统方案制订和审查**

根据现场勘查情况制订接入系统方案。

该项目为 380 V 接入自然人分布式光伏发电项目，由县级公司营销部（客户服务中心）组织运检部、发展部和调控中心进行接入系统方案审查。

**（3）接入系统方案答复**

项目经理将接入系统方案确认单告知项目业主，并提供接入系统方案咨询服务。在项目业主确认接入系统方案后，将接入系统方案确认单及时抄送县公司发展部、财务部及运检部。接入系统方案需经业主（用户）确认后填写分布式电源接入系统方案项目业主（用户）确认单。

县发展部（发展建设部）收到客户接入系统方案确认单后，根据当地能源主管部门项目备案管理办法，按月集中代自然人项目业主向当地能源主管部门进行项目备案，备案文件抄送财务部、营销部。

**（4）验收申请**

县客户服务中心负责受理项目业主并网验收与调试申请，接收、存档相关材料（工程竣工报告，试验报告等），并对资料的完整性进行审核，并报运检部（检修公司）、调控中心、财务部。

该项目属于 220 V 项目，须收集施工单位资质复印件［承装（修、试）电力设施许可证］、光伏板组件、逆变器及开关等主要设备技术参数、型式认证报告或质检证书，并网前单位工程验收报告（记录）。

**（5）合同签订**

并网验收合格且调试成功后，应在 8 个工作日内与发电客户签订合同。合同中，应明确发用电基本情况、发用电地址、用电性质和用电容量、无功补偿及功率因数、电能计量、计量失准及争议处理规则等重要内容。

**（6）安装表计**

该客户属于 220 V 单相并网且采取自发自用余电上网方式，应安装上下网关口双向表，正向为下网，反向为上网。

**（7）并网验收、调试**

电能计量表安装完成，合同与协议签订完成后，组织分布式电源并网验收、调试工作。县营销部（客户服务中心）负责组织相关部门开展并网验收及调试，出具并网验收意见，验收调试通过并网运行。若验收调试不合格，提出整改方案。

（8）项目资料归档

分布式电源项目并网后,项目经理完成营销系统归档,再将完整纸质资料移交营销部（客户服务中心）档案室。身份证（有效复印件）、房产证（有效复印件）、主要设备型式认证报告、质检证书、主要电气设备信息表、发用电合同以及上述过程资料。

（9）后续运行管理、结算

在业扩归档的同时,完成分布式电源档案同步到财务的操作。分布式电源项目并网后,上网关口和发电关口计量装置的抄表也应纳入正常抄表计划中,在抄表例日当日与用电客户的下网电量一同抄表,并及时上报相关数据。

# 【任务评价】

业主新叶的太阳能"发电梦"任务评价表

| 新能源受理服务任务评价表 | | | | | | |
|---|---|---|---|---|---|---|
| 姓名 | | 学号 | | | 成绩 | |
| 序号 | 评分项目 | 评分内容及要求 | 评分标准 | 满分 | 扣分 | 得分 |
| 1 | 1.受理申请与现场勘查 | 1.1 申请受理 | 1.申请资料每缺一项扣1分<br>2.申请表填写不规范每处扣0.5分 | 10 | | |
| 2 | 2.接入系统方案制订和答复 | 2.1 接入系统方案 | 接入系统方案错误扣5分 | 5 | | |
| 3 | | 2.2 计量方案 | 计量方案错误扣5分 | 5 | | |
| 4 | | 2.3 计费方案 | 计费方案错误扣5分 | 5 | | |
| 5 | | 2.4 方案答复 | 分布式电源接入系统方案项目业主（用户）确认单填写错误或遗漏扣5分 | 5 | | |
| 6 | 3.验收申请 | 3.1 并网和验收申请表 | 每填写错误一处扣1分 | 10 | | |
| 7 | | 3.2 材料清单 | 验收材料每缺一项扣2分 | 10 | | |
| 8 | 4.合同签订和安装表计 | 4.1 合同内容 | 任选两点合同签订条款进行描述,每一点错漏扣5分 | 10 | | |
| 9 | | 4.2 表计选择 | 表计选择错误扣5分 | 10 | | |
| 10 | 5.并网验收和调试 | 5.1 并网验收意见单 | 每填写错误一处扣1分 | 10 | | |
| 11 | 6.流程时限 | 6.1 时限要求 | 每一处流程时限回答错误扣2分 | 10 | | |

续表

| 序号 | 评分项目 | 评分内容及要求 | 评分标准 | 满分 | 扣分 | 得分 |
|------|---------|---------------|---------|------|------|------|
| 12 | 7.综合素质 | 7.1 着装整齐,精神饱满<br>7.2 现场组织有序,工作人员之间配合良好<br>7.3 独立完成相关工作<br>7.4 执行工作任务时,大声呼唱<br>7.5 不违反电力安全规定及相关规程 | | 10 | | |
| | 总分 | | | 100 | | |
| | 教师 | | | | | |

# 任务 6.3    节能服务

## 【任务目标】

1.能简要说明节能服务的意义、内容。

2.能简要说明需求侧管理、合同能源管理、节能服务公司等概念及节能服务的工作流程。

3.能简要说明节能服务的基本技术。

4.具备节能服务的技能。

## 【任务描述】

介绍节能服务的意义、内容,具备需求侧管理、合同能源管理、节能服务公司新理念,明确节能服务的工作流程,掌握节能服务的基本技能,具备节能服务的能力。

# 【相关知识】

## 6.3.1　节约用电

### (1)节约用电的含义

节约用电是指通过加强用电管理,采用技术上可行,经济上合理的节电措施,以减少电能的直接和间接损耗,提高能源利用效率和减少环境污染的行为。

### (2)节约用电的意义

节约用电是节约能源的重要内容,是国家能源战略的重要组成部分,是国家发展经济的一项长期方针,是科学发展观的重要体现,也是实现我国经济持续、高速发展的保证,对促进能源、经济和环境协调发展具有重要意义。节约用电是全社会的共同责任,要通过深入开展节电行动,进一步增强节电意识,在全社会大力倡导节约型生产方式、消费模式和生活方式,促进经济社会可持续发展。

1)节约一次能源

节约用电就是合理、有效地利用电能,既可节省国家对电源建设的投资,又可缓解能源紧张状况。

2)提高电能使用的经济效益

节约用电能减少不必要的电能损耗,为企业减少电费支出,降低成本,提高电能使用的经济效益,从而使有限的电力资源发挥更大的社会经济效益。

3)加速工艺、设备的改造,促进技术进步

节约用电必将促进对旧设备、落后工艺的革新、改造和挖潜,从而提高生产能力,降低电能损耗。

4)提高企业的管理水平

节约电能,要靠加强用电的科学管理,从而改善经营管理工作,提高企业的管理水平。

5)可减少酸雨,减缓地球变暖

节约用电可减少煤炭等化石燃料的燃烧,从而减少其直接燃烧产生的酸性气体,减少酸雨的形成进而减缓温室效应。

## 6.3.2　需求侧管理

**(1)需求侧管理的概念**

需求侧管理是综合资源规划的重要内容,是指电力企业采用行政、技术、经济等手段与客户协力提高终端用电效率,改变用电方式,为减少电量消耗,节约一次能源,提高经济效益和环境效益所进行的管理活动。综合资源规划是将资源供应侧和需求侧各种形式的资源作为一个整体进行规划的活动。在电力规划中,把节电也视为一种资源挖掘方式,即把通过电力需求侧管理减少的电量消耗值和降低的电力需求值,也视为与电力供应侧资源开发同等重要的新电力资源,改变了以往只通过增加电力、电量供应来满足需求增长的传统思维模式。综合资源规划标志着人类在提高能源使用价值领域步入了一个崭新的阶段,意味着人类将能更高效、更经济地利用能源,以满足人们日益增长的物质文明需要。

**(2)需求侧资源**

供需双方的界定和划分是以客户计费电能表为界限,计费电能表以上为供应方,计费电能表以下为需求方,即客户计费电能表就是供应方的终点,需求方的始点。供应方终点以下称为终端客户,它是需求方管理的对象。需求方资源指的是终端用电领域的节电资源,凡是有用电的地方都存在潜在的节电资源。概括起来包括以下 7 个方面:

①提高照明、空调、电热、冷藏、电动机、电化学等设备用电效率节约的电力和电量。

②蓄冷、蓄热、蓄电等改变用电方式所节约的电力和电量。

③能源替代、余热回收所节约的电力和电量。

④合同约定可短时中断负荷所节约的电力和电量。

⑤建筑物保温等改善用电环境所节约的电力和电量。

⑥客户改善消费行为来减少用电所节约的电力和电量。

⑦自备电厂参与调度后电网减供的电力和电量。

**(3)需求侧管理的内容**

客户对电能的需求包括电力和电量。电力是指用电能力,一般用 kW(千瓦)表示;电量是指用电数量,一般用 kW·h(千瓦时)表示。电力系统要具备相适应的发供电能力和发供电量,才能满足联入电网的各类客户的用电需求。

从电力系统角度看,一方面要力图以较少的新增装机容量达到电力供需平衡,就必须千方百计降低电网的最大负荷,其根本措施就是减少客户在电网高峰负荷时段的电力需求;另一方面要力图减少系统的发电燃料消耗,就必须设法减少系统的发电量,其根本措施就是使客户更有效地利用电能,在不以牺牲客户能源需要为代价的情况下同时减少电力需求和用电量。因此,需求侧管理的目的主要集中在终端客户电力和电量的节约上。

需求侧管理包括能效管理和负荷管理两个方面的内容。

1）能效管理

客户采用先进技术和高效设备,实行科学管理,提高终端用电效率,减少用电消耗,取得节约电量和减少污染排放的效益。其中,峰荷期间运行的节电设备还可降低电网最大负荷,同时获得节约电力减少系统装机容量的效益。

2）负荷管理

通过负荷整形技术改善客户的用电方式,降低电网最大负荷,取得节约电力和减少装机容量的效益。

## 6.3.3　需求侧管理手段

### (1)引导手段

在市场经济中,推行任何新产品、新技术都离不开引导手段。主要的引导措施有普及节能知识、信息传播、研讨交流、审计咨询、技术推广、宣传鼓动及新旧对比等。主要的引导方式有以下两种:

①利用各种媒介把信息传递给客户,如电视、手机、报纸等。

②与客户直接接触,提供各种能源服务讲座、咨询等。

### (2)行政手段

行政手段是指政府和有关职能部门通过法规、条例和标准等来规范电力消耗和市场行为,以政府持有的行政力量和权威性来推动节能节电,约束浪费,保护环境的管理活动,如减免税收、财政资助和利润提成等。

### (3)经济手段

经济手段是指利用经济杠杆原理刺激和鼓励客户主动改变消费行为和用电方式,减少电量消耗和电力需求的手段。以电价政策为例,可向客户提供多种可供选择的鼓励性电价,如容量电价、峰谷电价、分时电价及可中断负荷电价等。

### (4)技术手段

技术手段是通过采用当前成熟的负荷管理技术和先进节能设备,达到改变客户用电方式和提高用电效率,从而实现降低电力需求和电量消耗的管理措施。

1）改变客户用电方式

改变客户用电方式有改善负荷曲线形态,降低峰荷要求,提高负荷率等方法。

①削峰

在电网高峰负荷期间减少客户的电力需求的方法,称为削峰。削峰可减少在高峰负荷期调用昂贵发电机组的次数,减少备用容量,降低运行费用,同时提高电网运行的安全性和经济性。

②填谷

填谷是指拔高电网低谷负荷。一般是利用峰谷分时电价刺激低谷时的用电需求,充分利用空闲机组,降低峰谷差,增加电力销售收入,同时也降低客户电费总支出。

③移峰填谷

移峰填谷是将电网高峰负荷移到低谷负荷时段运行,同时起到削峰和填谷的双重作用。其主要措施有实行分时电价、发展蓄冷技术、蓄热技术及推广能源替代等。

2)提高客户用电效率

通过改变客户的消费行为,可采用先进节能技术和高效节电设备来实现。

①绿色照明

完整的绿色照明内涵包括高效节能、环保、安全、舒适 4 项指标。高效节能意味着以消耗较少的电能获得足够的照明,从而明显减少电厂大气污染的排放,达到环保的目的。安全、舒适指的是光照清晰、柔和,以及不产生紫外线、眩光等有害光照,不产生光污染。

绿色照明的技术原理主要分为以下 3 种:

a.采用高效节能的电光源如高效荧光灯、金属卤化灯和发光二极管等。

b.利用各种照明节能的控制设备或器件如遥控调光、超声传感和时间控制等。

c.采用正确、合理的照明工程设计,以实现绿色照明。

②高效电动机

目前,国内高效电动机主要有 Y 系列、Y2 系列和 YX 系列。其中,Y2 系列是 20 世纪 90 年代中期统一设计的新一代产品,功率为 0.12~315 kW。YX 系列高效节能异步电动机其效率比 Y 系列平均提高 3%,且更加适用于负载率高,使用时间长的场所。部分高效节能电动机的主要技术参数见表 6-3-1。

③高效变压器

高效变压器是指在满足运行可靠性和经济性要求的前提下,通过采用新材料、新结构和新工艺等技术手段,降低变压器空载损耗和负荷损耗,使变压器在运行中减少损耗,达到节约能源的目的。目前,随着技术的进步,高效变压器成熟产品包括 S11 型油浸式配电变压器、10 型油浸式电力变压器和 10 型干式电力变压器。

表 6-3-1　部分高效节能电动机的主要技术参数

| 产品名称 | 主要技术参数 | 技术经济效益 | 可替代的老产品型号 |
|---|---|---|---|
| Y 系列三相异步电动机 | 全系列共有 65 个规格,11 个机座号,19 个功率等级,0.55~90 kW;与老产品 JO2 比较,效率提高 0.413%,启动转矩提高 33%,体积缩小 15%,质量减轻 12% | 以年产 1 600 万 kW 计,全部代替 JO2 系列,每年可节电1.4 亿 kW·h | JO2,JO3 |
| YX 系列三相高效异步电动机 | 已试制 4 个规格,2 个机座号;与老产品 JO2 比较,效率提高 3.2%~3.5%,启动转矩提高 20% | 以每台 75 kW 计,每年可节电 1.27 万 kW·h | JO2,JO3,JY |

续表

| 产品名称 | 主要技术参数 | 技术经济效益 | 可替代的老产品型号 |
|---|---|---|---|
| YB系列防爆型三相异步电动机 | 全系列共有65个规格,11个机座号;与老产品JO2比较,效率提高0.413%,启动转矩平均提高33% | — | JB,BJO2 |
| LZRYZ系列冶金起重电动机 | 全系列共有43个规格,11个机座号;与老产品JO2比较,效率提高1.87%,功率因数提高9.35% | 以年产43万kW计,全部代替老产品,每年可节电150kW·h | JZR2,JZ,JZ2 JZB,JZRGB |

## 6.3.4 合同能源管理

### (1)合同能源管理的概念

合同能源管理的实质是一种以预期可减少的能源消费来支付因节能项目实施带来的成本的节能投资方式。这种节能投资方式允许客户使用未来的节能收益为工厂和设备升级,降低目前的运行成本,提高能源利用效率。

### (2)合同能源管理机制的运作模式

节能服务公司(ESCO)是一种基于合同能源管理机制运作的、以盈利为直接目的的专业化公司。节能服务公司与愿意进行节能改造的客户签订节能服务合同,对客户的节能项目进行投资或融资,向客户提供能源效率审计、节能项目设计、原材料和设备采购、施工、监测、培训、运行管理等一条龙服务,并通过与客户分享项目实施后产生的节能效益来赢利和发展。

按照合同能源管理模式运作节能项目,在完成节能改造后,客户企业原先单纯用于支付能源费用的全部资金,可同时支付节约后的能源费用和节能服务公司的费用。合同期满后,客户享有全部的节能效益,从而产生正的现金流。

### (3)合同能源管理的意义

我国是世界上第二大能源消耗国,同时也是能源效率低,能源浪费最严重的国家之一。典型案例研究和市场调查分析表明,大量技术上可行,经济上合理的节能项目,完全可通过节能服务公司来实施。

一方面,通过专业化节能服务公司按照"合同能源管理"方式为客户企业实施节能改造项目,不仅可帮助众多企业克服在实施节能项目时所遇到的障碍,包括项目融资障碍、节能新技术/新产品信息不对称障碍等,还可帮助企业全部承担或部分分担项目的技术风险、经济风险和管理风险等;另一方面,节能服务公司帮助客户企业克服这些障碍,可加速各类具有良好节能效益和经济效益的项目的广泛实施。更重要的是,基于市场运作的节能服务公司通过不断寻找客户实施节能项目,努力开发节能技术和节能投资市场,从而使自身不断发展壮大,终将在我国形成一个基于市场的节能服务产业大军。

## 6.3.5　节能服务公司

节能服务公司通过与客户签订节能服务合同,为客户提供节能服务。节能服务公司是一种比较特殊的企业,其特殊性在于它销售的不是某一种具体的产品或技术,而是一系列的节能服务。

节能服务公司的业务活动主要包括以下服务内容:

**(1)能源审计(节能诊断)**

节能服务公司针对客户的具体情况,对各种企业购进和消耗能源的情况、各项节能设备和措施的可行性进行评价。测定企业当前用能量,并对各种可供选择的节能措施的节能量进行预测。

**(2)节能项目设计**

根据能源审计的结果,节能服务公司向客户提出如何利用成熟的节能技术和节能产品来提高能源利用效率、降低能源消耗成本的方案和建议。若客户有意向接受节能服务公司提出的方案和建议,节能服务公司就为客户进行具体的节能项目设计。

**(3)节能服务合同的谈判与签署**

节能服务公司与客户协商,就准备实施的节能项目签订《节能服务合同》。在某些情况下,如果客户不同意与节能服务公司签订节能合同,节能服务公司将向客户收取能源审计和节能项目设计等前期费用。

**(4)节能项目融资**

节能服务公司向客户的节能项目投资或提供融资服务,节能服务公司用于节能项目的资金来源可能是节能服务公司的自有资金、银行商业贷款或者其他融资渠道。

**(5)原材料和设备采购、施工、安装及调试**

由节能服务公司负责节能项目的原材料和设备采购,以及施工、安装和调试工作,实行"交钥匙工程"。

**(6)运行、保养和维护**

节能服务公司为客户培训设备运行人员,并负责所安装的设备、系统的保养和维护。

**(7)节能效益保证**

节能服务公司为客户提供节能项目的节能量保证,并与客户共同监测和确认节能项目在项目合同期内的节能效果。

### （8）分享节能效益

在项目合同期内,节能服务公司对项目有关的投入(包括土建、原材料、设备、技术等)拥有所有权,并与客户分享项目产生的节能效益。在节能服务公司的项目资金、运行成本、所承担的风险及合理的利润得到补偿后,设备的所有权一般将转让给客户。客户最终将获得高能效的设备和节约的能源成本,并享受全部节能效益。

节能服务公司与客户就节能项目的具体实施达成的契约关系,称为节能服务合同。节能服务公司的这种经营方式即上述合同能源管理。

## 6.3.6　节能项目的成本效益

### （1）项目的成本效益

1）项目的成本效益的表达式

对于终端客户而言,任何一个节能项目只有收益大于成本时才会被考虑是否列入节能实施计划。具体来讲,终端客户采用科学的管理方法和先进的技术手段减少能源消耗,期望它在寿命期内减少的能源开支大于节能投入的成本,并能在较短的时间内回收节能投资,获得较好的净收益,方才乐意主动为节能减排的公益事业作出贡献。

成本效益的表达式为

$$成本＝项目支出费用＝项目直接费用－项目避免费用$$
$$收益＝项目收入费用＝项目节约费用＋项目支持费用$$

当收益>成本时,方可获得净收益,项目才是有效的。

2）项目的成本

项目支出费用是指采纳节能技术措施后增加的支出费用,其中项目直接费用主要包括高效设备的购置费;项目避免费用又称项目避免成本,是指被替代技术设备的购置费,同一节能措施避免费用的大小,与被替代的对象不同而有所差异。

例如,电子镇流器替代普通电感镇流器用于新增设的双管荧光灯上,避免费用就是电感镇流器的购置费;但如果电子镇流器替代原来已装有普通电感镇流器的双管荧光灯上,被替代下来的电感镇流器可能别无他用而报废,这种情况就不存在避免费用。又如,以蓄冷式中央空调去替代没有抵达寿命期又不够淘汰条件的传统中央空调,其避免费用可能仅是传统中央空调购置费的一部分,而在新建筑物内选择安装蓄冷式中央空调就避免了安装传统中央空调的全部购置费,节能成本显著下降。

一般以高效设备替代相对低效的设备,直接替代最为合适,避免在安装上低效设备后再考虑技术改造。因此,节能应优先考虑避免成本较大的节能项目,尤其是那些投资大和周期长的项目,常常因为升级换代使大笔投资沦为"沉没成本"。

3）项目的收益

项目节约费用是指由节能而减少的能源开支,它是节能收益的主要来源。项目节约费用的多少与节能数量和能源价格有关。技术方案的节能力度越大,能源价格越高,节约的费用也就越多,即项目的节能收益与节能量和能源价格成正相关。

其实际做法如下:

①要优先考虑效率低的技术设备,同样的节能技术在效率低的设备上其节能效率高,节能力度大。

②优先考虑设备利用率高的技术设备,平均利用小时长和平均负载率高的设备其节能量大,而且投资回收期更短。

③优先考虑在电网高峰时段用电时间长、低谷时段用电时间相对较短的技术设备,对实行峰谷分时电价的客户其节能收益更高。

④优先考虑在经济发达和能源价格高的地区和领域推行节能技术改造,其节能收益比能源价格低的地区和领域更多。

例如,采用高效电光源替代低效的电光源,在商业服务业的年平均利用时数高达4 000~5 000 h,而在居民住宅区一般在1 500~2 000 h,而且前者的电价水平高,后者电价水平低,前者的照明节能收益的投资回收期远比后者短得多。

**(2)项目方案的评价标准**

节能项目的效果评估是以效率为基础,以效益为中心,对替代与被替代的技术方案进行比较和计算,在保持社会整体效益和参与群体效益一致的前提下,优选出技术上可行,经济上合理,且有利于环境保护的实施方案。

技术方案的可比条件主要有:

1)提供同样的作业功能,完成需要的能源服务

能源不是社会的最终产品,它是提供热力、动力、制冷、照明及环境等方面的一种服务性中间产品,只有能提供同样作业功能和完成需要能源服务的技术方案,才能相互比较列入备选方案。例如,照明电光源均应能提供同样的光通量;采暖或制冷均应能达到同样的温度要求;风机泵类的流量调节均应满足同样的调节功能需要。

2)技术效率是基础,替代技术效率必须高于被替代技术效率

采用科学的管理方法,应用高效的技术设备,才会提高能源利用率,达到节能降耗和污染减排的目的。节能项目的技术方案设计,必须遵循技术效率优先原则,准备实施的替代技术效率必须高于被替代技术效率是参与项目评估的必要条件。当然,效率是基础,效益是目的,经济效益是判别技术效率的标准,节能但不省钱的节能技术原则上也不能列入备选方案。

3)采用寿期成本,长寿期项目还应考虑货币的时间价值

寿期成本是指在寿命周期内发生的费用。寿命周期是工程项目能够发挥其基本技术性能的使用时间。寿期成本效益分析主要包括以下两大要素:

①相互比较的技术方案必须具有相同的计算寿期。

②在计算寿期内要考虑货币的时间价值。

例如,用高效紧凑型荧光灯替代普通白炽灯,前者的平均使用寿期差不多是后者平均使用寿期的5~6倍。也就是说,5~6只普通白炽灯等同于一只紧凑型荧光灯的照明服务期

限,因而两者应量化到相同计算寿期所发生的成本和收益后再进行相互比较,因为等同的服务期限是技术方案比较的必要条件。当然,长寿期项目还应考虑货币的时间价值,应以折现量化方法计入计算寿期内所发生的成本和收益中。

(3)项目方案评价标准的指标体系

由于节能项目管理主体对效果评估的要求不尽一致,因此,评估的指标也不会完全一样。政府主导或国际支持的节能项目重在社会效果,客户主管或参与的节能项目更重视终端效果。基于能源资源的有效利用,节能项目的效果评估大体上包括节能效益、经济效益和环境效益 3 个方面的量化指标。图 6-3-1 基本上反映了终端和社会两个方面的基本要求。

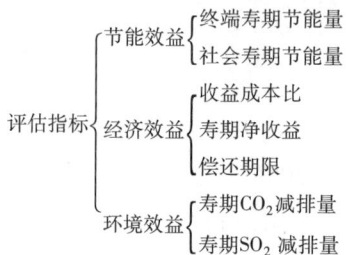

图 6-3-1　节能项目效果评估指标

节能效果的评估可依据具体条件选择适合项目要求的评估指标。终端客户最为关注的指标是终端寿期节能量、收益成本比、寿期净收益及偿还期限。主管部门重视的是社会寿期节能量、寿期 $CO_2$ 减排量、寿期 $SO_2$ 减排量。

# 【学习与训练任务】

## 某二级甲等医院绿色照明节能技术改造

某市立医院创建于 1942 年,为综合性二级医院。医院占地面积 80 300m$^2$,建筑面积 53 600 m$^2$。改造前医院照明系统情况为:T8(60 cm)20 W(含电器)日光灯管共计 150 盏,照明时间为每天 24 h;40 W(含电器)吸顶灯 42 盏,照明时间为每天 10 h;24 W(含电器)吸顶灯 38 盏,照明时间为每天 10 h。原照明系统大部分为普通照明灯具,光效低,耗电量大,总计年耗电量约 4.2 万 kW·h(电价为 0.865 6 元/kW·h)。投资 2.76 万元,实施绿色照明工程,实现了年收益 1.82 万元,年节约电量 2.1 万 kW·h,节约电力 3.9 万 kW,年节能量 6.74 t 标准煤,静态回收期为 5 年。试完成该项目绿色照明工程的设计与实施。

## 【任务实施】

(1)项目设计

1)技术原理

①技术原理介绍

发光二极管(LED)是一种固态的半导体器件,可直接把电能转化为光能。发光二极管的心脏是一个半导体的晶片,晶片的一端附在一个支架上,一端是负极,另一端连接电源的正极,使整个晶片被环氧树脂封装起来。半导体晶片由以下 3 个部分组成:

a.P 型半导体,在它里面空穴占主导地位。

b.N 型半导体,在它里面主要是电子。

c.1~5 周期的量子阱。

当电流通过导线作用于这个晶片时,电子和空穴就会被推向量子阱。在量子阱内,电子与空穴复合,然后就会以光子的形式发出能量,这就是发光二极管发光的原理。

②关键能效指标

相同照度下,LED 灯比高压钠灯、金卤灯等传统灯具节电 50% 以上,比白炽灯节电 80% 以上。

③技术优势

最新的 LED 技术高效节能(LED 光效大于 110 lm/W),寿命可达 30 000 h;具有独特的光学设计,光输出和光线分布佳,平均照度、均匀度和眩光控制等指标完全符合国家室内照明标准;符合 IEC 60958 对灯具的安全标准;高品质的白色光照明,色彩一致性好,显色指数高;可轻松对 LED 和电器模组进行替换,无须更换整套灯具,从而使系统升级和维护更简单,安装方式更灵活方便。

2)技术方案

①技术方案介绍

a.LED T8(60 cm)9 W 替换原有灯具 T8(60 cm)20 W(含电器)日光灯(150 盏, 24 h),则

$$年节能 A = (20-9)\times24\times150\times365 \ kW\cdot h = 14\ 454 \ kW\cdot h$$

b.LED 18 W 吸顶灯替换原有 40 W(含电器)吸顶灯(42 盏,10 h),则

$$年节能 B = (40-18)\times10\times42\times365 \ kW\cdot h = 3\ 372.6 \ kW\cdot h$$

c.LED 12 W 吸顶灯替换原有 24 W(含电器)吸顶灯(38 盏,10 h),则

$$年节能 C = (24-12)\times10\times38\times365 \ kW\cdot h = 1\ 664.4 \ kW\cdot h$$

d.年总节能及年经济效益为

$$年总节能 = 14\ 454 \ kW\cdot h + 3\ 372.6 \ kW\cdot h + 1\ 664.4 \ kW\cdot h = 19\ 491 \ kW\cdot h$$

理论上年经济效益 = 年总节能×电价 = 19 491 kW·h×0.865 6 元/kW·h = 16 871.4 元

②技术方案实施要求

原有灯具及线路使用年限长,存在严重的老化现象,在更换灯具的同时,对线路进行全

面的检测,并对存在老化的线路进行更换。

3)经济分析

①项目投资模式

本照明节能改造项目采用分享型合同能源管理方式,医院无须投入灯具购买资金,改造所需 LED 灯具及工程施工由国网公司节能服务有限公司负责,5 年内产生的节电效益与医院按比例分成,分享期满后 LED 灯具所有权归医院,节电效益由用户独享。具体节能效益分享模式见表 6-3-2。

表 6-3-2　节能效益分享模式

| 项目 | 乙方分享比例/% | 甲方分享比例/% | 乙方分享效益/元 | 甲方分享效益/元 |
|---|---|---|---|---|
| 第一年 | 0.8 | 0.2 | 13 964.06 | 3 491.01 |
| 第二年 | 0.8 | 0.2 | 13 964.06 | 3 491.01 |
| 第三年 | 0.6 | 0.4 | 10 473.04 | 6 982.03 |
| 第四年 | 0.6 | 0.4 | 10 473.04 | 6 982.03 |
| 第五年 | 0.5 | 0.5 | 8 727.54 | 8 727.54 |
| 合计 | | | 57 601.74 | 29 673.63 |

②项目投资、运行费用、经济效益

总投资 2.76 万元,5 年总的节电效益 8.7 万元,国网公司节能服务有限公司分享效益 5.76 万元,资金年收益率 21.74%,静态回收期 5 年。

**(2)项目实施**

1)项目实施流程

详细调查医院原有照明灯具及线路使用情况,根据调查结果出具详细技术方案并作经济效益分析,向客户推荐能源合同管理模式,依靠能源合同管理模式及客观的节能效益说服客户签约,组织工程采购及现场施工,竣工验收。项目投入运行后及时组织客户进行节能效益确认,按照签署的合同条款进行效益分享。

2)项目实施流程中应注意的重要问题

①用户的年用电量、结算电价。

②计量装置安装是否符合节能量计算需要。

③照明灯具年运行时间是否正确。

④项目工期是否合理。

**(3)项目效益分析**

1)节能量测量方案及项目节能量核算

改造前对项目照明区域进行灯具实测,测试周期为 120 h,改造前的小时耗电量为

$$\eta_1 = \frac{电能表所计电量}{测试时间}$$

改造施工完成后,灯具正常运行一周,达到技术协议中规定亮度指标,甲乙双方共同对具备测试条件的照明区域进行灯具实测,测试周期为 360 h,则改造后的小时耗电量为

$$\eta_2 = \frac{\text{电能表所计电量}}{\text{测试时间}}$$

改造前后单位节能量为

$$\Delta\eta = \eta_1 - \eta_2$$

各区域节能量为

$$Q_Q = \Delta\eta t_q$$

式中　$t_q$——实际运行时间。

因此,项目总节电量为

$$Q = \sum Q_Q$$

2)项目节能效益

根据上述公式计算可得,该项目年节电量为 2.1 万 kW·h,结算电价 0.865 6 元/kW·h,年度节电效益计算值为 1.82 万元。

# 【任务评价】

**某二级甲等医院绿色照明节能技术改造项目任务评价表**

| 某二级甲等医院绿色照明节能技术改造项目任务评价表 | | | | | | |
|---|---|---|---|---|---|---|
| 姓名 | | 学号 | | 成绩 | | |
| 序号 | 评分项目 | 评分内容及要求 | 评分标准 | 满分 | 扣分 | 得分 |
| 1 | 1.项目设计 | 1.1 技术原理 | 技术原理明确、清楚 | 10 | | |
| 2 | | 1.2 技术方案 | 技术方案合理、可执行 | 20 | | |
| 3 | | 1.3 经济分析 | 经济效益明显、回收期短 | 10 | | |
| 4 | 2.项目实施 | 2.1 项目实施流程 | 项目实施流程正确 | 10 | | |
| 5 | | 2.2 项目实施须知 | 项目实施注意事项明确、具体 | 10 | | |
| 6 | | 2.3 项目实施 | 项目实施正确有序 | 10 | | |
| 7 | 3.项目效益分析 | 3.1 节能量测量及核算 | 节能量测量方案可行,核算准确 | 10 | | |
| 8 | | 3.2 项目经济效益分析 | 项目经济效益分析明确、具体 | 10 | | |
| 9 | 4.综合素质 | 4.1 着装整齐,精神饱满<br>4.2 现场组织有序,工作人员之间配合良好<br>4.3 独立完成相关工作<br>4.4 执行工作任务时,大声呼唱<br>4.5 不违反电力安全规定及相关规程 | | 10 | | |
| | 总分 | | | 100 | | |
| | 教师 | | | | | |

## 【情境总结】

通过对本情境的系统学习,使学生在遵循相关法律法规和标准的前提下,对电力客户服务新型业务有初步认识和理解。本情境要求学生能了解充换电客户服务、充换电营业服务和充换电交易结算,具备电动汽车充电服务的初步技能;了解新能源受理业务基本知识和基本技能,明白太阳能光伏发电系统组成结构、工作原理及作用,具备受理新能源业务基本技能;掌握节约用电意义和节约用电的基本方法,了解合同能源管理机制的运作模式。

## 【学习与思考】

1.私人充电桩如何接入车联网平台?

2.属地运维人员现场核实计费模型,应重点做好哪几点?

3.对居民家庭住宅、居民住宅小区、执行居民电价的非居民用户中设置的充电设施用电,应执行什么电价? 对电动汽车充换电设施用电是否执行峰谷分时电价政策?

4.光伏发电的优缺点分别有哪些?

5.太阳能光伏发电系统要求光伏控制器有哪些基本功能?

6.简述新能源受理服务的工作流程。

7.节约用电有哪些意义?

8.提高客户用电效率的主要技术措施有哪些?

9.合同能源管理机制的运作模式是怎样的?

# 情境 7  用电检查

## 【情境描述】

本情境是在遵循相关法律法规和技术标准的前提下,以某台区用电客户或某 10 kV 单电源高压用电客户作为研究对象,完成对该台区用电客户或某 10 kV 单电源高压用电客户用电进行安全检查服务、违约用电检查服务和窃电检查服务及其处理工作。其关键技能为安全检查能力、违约用电检查能力和违法用电检查能力。

## 【情境目标】

1.知识目标

(1)能说明用电检查的概念、目的及其意义。

(2)能简要说明违约用电的概念及违约用电行为。

(3)能简要说明窃电的概念及窃电行为。

2.能力目标

(1)能依法正确实施安全用电检查及处理工作。

(2)能依法正确实施违约用电检查及处理工作。

(3)能依法正确实施窃电检查及处理工作。

3.态度目标

(1)能主动提出用电检查问题,并积极查找用电检查方面的资料。

(2)能团结协作,共同学习与提高。

# 任务 7.1　安全用电检查

## 【任务目标】

1.能简要说明用电检查的概念、目的及其意义。
2.能简要说明用电安全检查程序、检查方法及检查要求。
3.能根据相关法律法规,正确处理不安全用电行为。
4.能正确合理合法收集客户不安全用电证据。

## 【任务描述】

依据相关技术规程、规范和技术标准,按用电检查程序和要求能检查用电客户受电装置运行情况,向用电客户指明存在的安全隐患和缺陷,以及安全用电检查其他工作。

## 【相关知识】

## 7.1.1　用电检查的基本知识

### (1)用电检查的意义

用电检查是《电力法》赋予供电企业对用户的用电检查权,是电网经营企业根据国家有关电力供应与使用的法律法规、政策以及电力行业标准,对用电客户的用电情况进行检查的活动,是一种民事行为。也可以说,用电检查是供电企业为了保障正常的供用电秩序和公共安全而从事的检查、监督、指导、帮助用户进行安全、经济、合理用电的行为。

①用电检查是用电客户服务工作的组成部分。

用电检查是供电企业与用电客户之间沟通的桥梁。用电检查工作不是卖方市场对买方市场的单方面的检查,而是供电企业窗口服务工作的一部分。不是检查用电客户,而是服务用电客户。

②用电检查有利于电力系统安全稳定运行和客户的正常用电。

　　用电客户的受(送)电装置是电力系统的一个重要组成部分,其内部的电气事故可能危及整个电力系统,甚至引起大面积停电事故。因此,供电企业对用电客户的用电行为进行有效的检查和监督是十分必要的。

　　③用电检查有利于供电企业和电力客户的合法权利保证和维护。

　　④用电检查有利于供电企业优质服务品牌创立和电力市场开拓。

**(2)用电检查的法律依据和检查原则**

　　1)法律依据

　　用电检查是依据国务院电力管理部门制定的《用电检查管理办法》开展工作。该办法规定了用电检查的检查内容与范围、组织机构及人员资格、检查程序、检查纪律等。

　　2)检查原则

　　供电企业以内部管理与外部服务为主线,以事实为依据,以国家有关电力供应与使用的法规、方针、政策以及国家和电力行业的标准为准则,依据与客户签订的《供用电合同》条款,正确对客户进行用电检查。

**(3)用电检查人员资格**

　　《用电检查管理办法》规定对用电检查人员的资格实行考核认定。用电检查资格由跨省电网经营企业或省级电网经营企业组织统一考试,合格后发给相应的《用电检查资格证书》。根据用电检查工作需要,用电检查职务序列为一级用电检查员、二级用电检查员和三级用电检查员。已取得相应等级的用电检查资格者,方可应聘为相应等级的用电检查员。三级用电检查员仅能担任 0.4 kV 及以下电压受电的用户的用电检查工作;二级用电检查员能担任 10 kV 及以下电压供电用户的用电检查工作;一级用电检查员能担任 220 kV 及以下电压供电用户的用电检查工作。

**(4)用电检查人员的责任**

　　供电企业应在用电管理部门配备合格的用电检查人员和必要的装备,依照《用电检查管理办法》的规定开展用电检查工作。其职责包括:

　　①宣传贯彻国家有关电力供应与使用的法律、法规、方针、政策以及国家和电力行业的标准、管理制度。

　　②负责并组织实施下列工作:

　　a.负责用户受(送)装置工程电气图纸和有关资料的审查。

　　b.负责用户进网作业电工培训、考核,并统一报送电力管理部门审核、发证等事宜。

　　c.负责对承装、承修、承试电力工程单位的资质考核,并统一报送电力管理部门审核、发证。

　　d.负责节约用电措施的推广应用。

　　e.负责安全用电知识的宣传和普及教育工作。

　　f.参与对客户重大电气事故的调查。

　　g.组织并网电源的并网安全检查和并网许可工作。

　　③根据实际需要,按用电检查内容定期或不定期地对客户的安全用电、节约用电、计划

用电状况进行监督检查。

**（5）用电检查人员工作纪律**

①用电检查人员在执行用电检查任务时，应遵守客户的保卫保密规定，不得在检查现场替代客户进行电工作业。进入巡视检查现场应做好安全防护措施。

②需要检查带电设备时，必须停电进行；检查地下隐蔽设备时，不得带电进行；检查负荷管理设备、电能量采集设备时，必须由专业人员进行，保证其运行完好。

③客户对其设备的安全负责，用电检查人员不承担因被检查设备不安全引起的任何直接损坏或损害的赔偿责任。

④用电检查人员必须按照国家电网公司员工服务"十个不准"的要求，遵纪守法，依法检查，不徇私舞弊，不以电谋私。

**（6）用电检查工作流程**

1）确定参加本次用电检查的人员

供电企业用电检查人员实施现场检查时，用电检查员的人数不得少于两人。

2）填写《用电检查工作单》

执行用电检查任务前，用电检查人员应按规定填写《用电检查工作单》，经审核批准后，方能赴客户执行查电任务。

3）出示相关证件

用电检查人员在执行查电任务时，应主动向被检查的客户出示《用电检查证》，并向客户说明来意。客户不得拒绝检查，并应派员随同配合检查。

4）开展现场检查

经现场检查确认客户的设备状况、电工作业行为、运行管理等方面有不符合安全规定的，或在电力使用上有明显违反国家有关规定的，用电检查人员应开具《用电检查结果通知书》或《违约用电、窃电通知书》一式两份，一份送达客户并由客户代表签收，一份存档备查。

5）进行现场处理

依据《用电检查管理办法》的规定，现场检查确认有危害供用电安全或扰乱供用电秩序行为的，用电检查人员应按规定，在现场予以制止。若拒绝接受供电企业按规定处理的，可按国家规定的程序停止供电，并请示电力管理部门依法处理，或向司法机关起诉，依法追究其法律责任。现场检查确认有窃电行为的，用电检查人员应当场予以中止供电，制止其侵害，并按规定追补电费和加收电费违约金。拒绝接受处理的，应报请电力管理部门依法给予行政处罚；情节严重，违反治安管理处罚规定的，由公安机关依法予以治安处罚；构成犯罪的，由司法机关依法追究刑事责任。

6）资料归档

工作终结，用电检查人员应将《用电检查工作单》及《用电检查结果通知书》或《违约用电、窃电通知书》交回存档。

用电检查工作流程如图 7-1-1 所示。

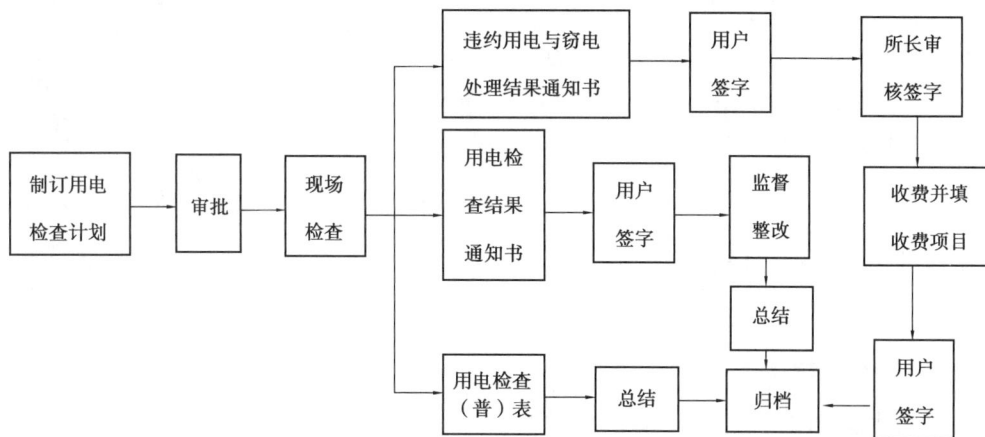

图 7-1-1　用电检查工作流程

## 7.1.2　用电检查的内容

**（1）用电检查的主要内容**

①用户执行国家有关电力供应与使用的法规、方针、政策、标准、规章制度情况。

②用户受（送）电装置工程施工质量检验。

③用户受（送）电装置中电气设备运行安全状况。

④用户保安电源和非电性质的保安措施。

⑤用户反事故措施。

⑥用户进网作业电工的资格、进网作业安全状况及作业安全保障措施。

⑦用户执行计划用电、节约用电情况。

⑧用电计量装置、电力负荷控制装置、继电保护和自动装置、调度通信等安全运行状况。

⑨供用电合同及有关协议履行的情况。

⑩受电端电能质量情况。

⑪违章用电和窃电行为。

⑫并网电源、自备电源并网安全状况。

**（2）用电检查可延伸检查的内容**

《用电检查管理办法》明确规定,用电检查的主要范围是用户受电装置,但被检查的用户有下列情况之一者,检查的范围可延伸至相应目标所在处:

①有多类电价的。

②有自备电源设备(包括自备发电厂)的。

③有二次变压配电的。

④有违章现象需延伸检查的。

⑤有影响电能质量的用电设备的。

⑥发生影响电力系统事故需做调查的。

⑦用户要求帮助检查的。

⑧法律规定的其他用电检查。

## 7.1.3　用电检查的种类

**（1）周期性检查**

1）周期性检查的周期

周期性检查又称定期检查。对高危及重要客户,应每6个月检查一次;10 kV高压供电的专变客户及低压供电的重要客户每12个月至少检查一次;低压供电（公变）的客户,每24个月至少检查一次。

2）周期性检查的具体内容与要求

①检查客户基本情况

重点核对客户户名、地址、用电类别、主管单位、联系人、用电负责人、停送电联系人、调度联系电话、受电电源、设备编号、电气设备主接线、受电设备参数;生产班次、生产工艺流程、负荷构成、负荷变化情况;非并网自备电源的连接、容量等情况。

②检查制度情况

检查客户变电所（站）内各种规章制度及运行管理制度的执行情况,检查操作票、工作票及工作许可制度执行情况。

a.检查看交接班记录及交接班手续是否按制度执行。

b.检查设备巡视检查有无记录,是否按巡回检查制度执行,发现的缺陷是否统计上报。

c.检查设备检修、试验记录、运行记录、安全活动记录是否符合要求。

d.检查近一年的操作票、工作票执行情况,是否严格按制度执行,是否符合要求。统计"二票"合格率。其计算公式为

$$合格率 = \frac{总份数 - 不合格份数}{总份数} \times 100\% \tag{7-1-1}$$

③检查客户电工人员情况

a.检查客户从事电气设备高压值班电工、维修电工、试验和继电保护电工是否按岗位培训持有《电工进网作业许可证》,是否进行了年审。

b.检查所有从事电气工作的人员是否进行了《电业安全工作规程》（新安规）的学习考试,并基本掌握抢救触电人员的心肺复苏法。

c.检查人员培训制度,是否每月进行了技术问答等。

④检查客户关口保护情况

a.客户进线总屏定值与分屏定值配合是否恰当。

b.各种保护及自动装置是否定期试验,实际定值核对是否相符,压板投退是否正确。

c.直流操作电源是否完好可靠,直流绝缘是否良好。

d.检查保护及自动装置是否存在缺陷,已发现的缺陷是否上报主管部门和安排整改。

e.对保证电网安全的低周减载装置核定和装置校验以及投入情况进行检查。

⑤检查一次设备

a.检查客户对前次检查发现设备安全缺陷的处理和其他需要采取改进措施的落实情况。

b.检查一次设备运行中存在哪些缺陷,是否上报主管部门和安排整改。

c.检查电气设备是否按周期进行预防性试验,预试报告内容是否齐全,是否符合标准。

d.对危及电网安全的关口一次、二次设备到期未进行修试的用户,督促尽快安排计划进行修试。

e.督促客户对国家明令淘汰的设备和小于电网短路容量要求的设备进行更新改造。

⑥检查生产设备与场地

a.检查变配电所(间)是否有高低压电气设备一次模拟结线图,要求与现场设备、位置相符。

b.检查各高压开关柜和刀闸是否有可靠的防误措施,高压设备是否有双重编号。

c.检查变配电站高压室、控制室门窗是否完整,各处孔洞是否采取了防小动物措施。

d.检查接地电阻是否定期测试,有无记录,避雷器避雷针是否完好并接地可靠,接地电阻是否符合规程要求。

e.检查消防设施是否齐全良好,消防器材试验过期与否,竖井及电缆防火隔墙是否符合要求。

f.检查场地整洁、道路畅通,室内外有无与变电运行无关的杂物。

g.检查有自备电源的客户,防止倒送电源的措施是否完备。

h.检查各种计量计费装置、电测指示仪表配置是否合理、运行是否正常,客户是否存在违章用电和窃电行为。

i.检查无功补偿设备是否完好,投退是否符合要求,无功补偿设备容量是否满足要求。

⑦检查安全用电工器具和仪表

a.变配电站保证人身安全的绝缘手套、绝缘靴、验电器、绝缘操作杆、安全帽、临时接地线等是否齐全且试验合格,是否有定期试验记录,存放是否整齐,使用是否方便。

b.常用的电工工具和仪表是否定校和检查。

c.各种禁止类、警告类安全标示牌是否齐全适量。

⑧其他要求

a.检查《供用电合同》及有关协议履行和变更情况,了解客户电费结算情况。

b.检查客户无功补偿设备投运情况和功率因数情况,督促客户达到《供电营业规则》第四十一条规定当电网高峰负荷时客户应达到功率因数值。

c.了解生产工艺流程,主要设备的用电情况,用电规律性,包括负荷曲线、负荷率、用电连续性及单耗值,统计保安负荷。了解企业生产计划和发展趋势,为电网发展规划提供依据。

**(2)专项检查**

1)季节性检查

按每年季节性的变化,对客户设备进行安全检查。检查内容包括春安检查、秋安检查、迎峰检查、防雷检查、防污检查、防汛检查及防冻融冰检查等。

2)营业普查

营业普查是指集中一段时间在较大范围内核对用电营业基础资料,检查客户履行供用电合同的情况,有无违章用电、窃电行为,以及重新核定功率因数等。

主要内容包括:

①客户用电基础档案是否完整,与实际是否一致,有无改变。

②客户电能计量信息是否正确。

③客户电能计量装置配置是否符合规定,计量装置的封闭性、完好性、准确性。

④供用电合同的履行和签约情况,有无窃电、违约用电行为。

⑤客户受电装置安全状况和安全管理制度、进网作业电工资格、供电方式的合理性。

⑥客户分类电价核定是否正确,抄表是否到位,以及电费回收情况。

⑦客户双电源、自备电源运行及管理情况等。

⑧当客户电费均价、线损、功率因数、分类用电比率及电费等出现大的波动或异常时,供电部门应组织相关人员到现场对其进行经营性检查。

## 7.1.4 供电所安全监督检查

**(1)定期检查**

定期检查分为防雷迎峰、防暑度夏和防冻融冰三大检查。根据本地区季节气候特点,每年至少应进行3次季节性安全大检查,分别为防雷迎峰安全大检查(春季)、防暑度夏安全大检查(夏季)和防冻融冰安全大检查(冬季)。根据季节不同特点,各季节性安全大检查的重点内容有所不同。

1)防雷迎峰大检查

①接地网检查,接地电阻的测量情况。

②避雷器检查、避雷器的试验情况。

③防小动物措施落实情况。

④配电线路砍青扫障工作情况。

⑤防汛工作的准备情况。

2)防暑度夏大检查

①防暑药品、物资配备情况。

②线路交叉跨越情况。

③配电变压器负荷测试情况,是否过载。

④电气设备接头是否存在松动、发热情况。

⑤剩余电流动作保护器投运情况。

⑥农业生产、临时用电是否存在违章及安全隐患。

3)防冻融冰大检查

①防寒防冻物资配备情况。

②巡视、检查工作及车辆防滑措施落实情况。

③融冰所需工器具、材料准备情况。

④取暖用具、消防器材的管理情况。

**(2)不定期检查**

供电所的安全抽查是监督性检查,由技安员负责组织,所长负责指导和督促,抽查的日程和周期可根据其实际工作任务与安全生产状况确定,但每季应不少于一次。抽查的主要内容:

①"两票三措"的执行情况、现场安全管理人员的履职情况。

②工作现场安全措施执行情况和危险点预防控制措施。

③现场"三交"执行情况、剩余电流动作保护器运行及日常试验情况。

④10 kV 配电线路、配电装置、低压线路的运行情况。

⑤安全工器具的保管和使用情况。

⑥临时工、外包工、外聘施工队的安全管理情况。

⑦个人交通工具和车辆运行情况。

⑧供电所内"三防"工作及其他项目。

# 7.1.5　用电检查方法

用电检查方法归纳为"口问、眼看、耳听、鼻闻、表测、对比"的六诊方法。

**(1)口问法**

口问法就是问客户电气设备运行的方式,了解客户设备使用情况、安全管理、生产经营情况。了解情况要尽可能详细和真实。

**(2)眼看法**

眼看法就是用眼睛观察设备的外部状况或运行状况。例如,设备的外形、颜色有无异常,保险有无熔断;电气回路有无烧伤、烧焦、开路、短路,机械部分有无损坏变形;户外设备外观是否正常。

**(3)耳听法**

耳听法就是用耳朵细听设备运行中的声响。电气设备在运行中会有一定噪声,但其噪声一般较均匀且有一定规律,噪声强度也较低。带病运行的电气设备其噪声会发生变化,用耳细听往往可区分与正常设备运行噪声的差异。

### (4)鼻闻法

鼻闻法就是利用人的嗅觉,根据电气设备的气味判断故障。例如,过热、短路、闪络故障,则有可能闻到焦味、火烟味,以及塑料、橡胶、油漆等受热挥发的臭味。注油设备内部短路、过热、进水受潮后,其油样的气味也会发生变化,如出现酸味、臭味、火烟味等。

### (5)表测法

表测法就是利用常用仪表(如万用表、钳形电流表、相序表、容量测试仪等),测量客户的电压、电流、相序、容量等参数,判断客户的受电设施是否正常。

### (6)对比法

对比法就是根据同类同地区相同客户的产品单耗、月用电量等技术数据进行比较,分析该客户的用电是否正常。

## 【学习与训练任务】

**旺旺公司低压配电室安全检查**

旺旺公司低压配电室一次主接线图如图 7-1-2 所示(具有一台 10/0.4 kV 变压器 315 kV·A及以下,且有低压配电总柜、低压馈出分柜和低压无功补偿柜),试进行该客户安全用电检查。

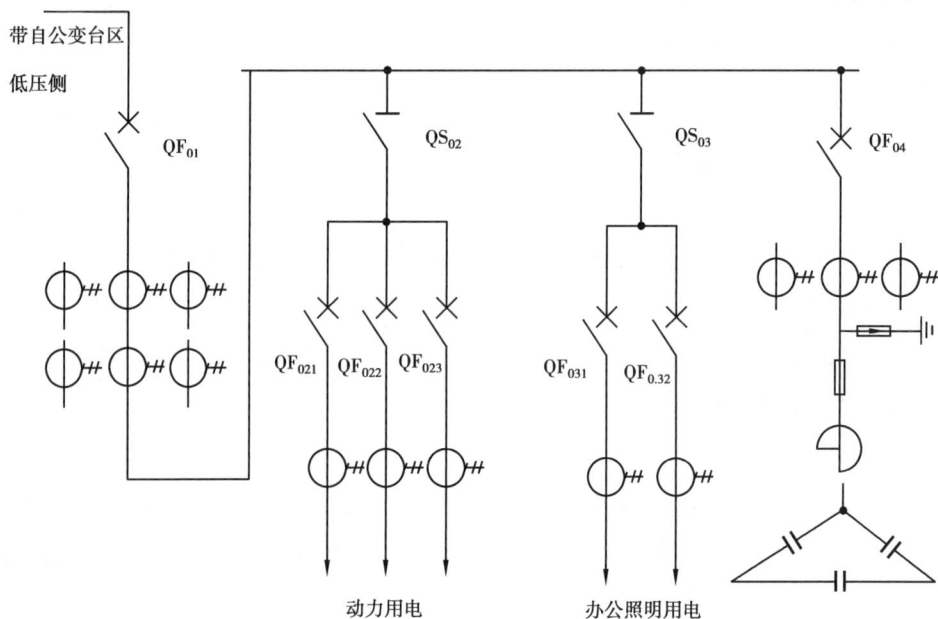

图 7-1-2　客户低压配电室一次主接线图

# 【任务实施】

## (1) 工作准备

①联系客户电气负责人。

②约定检查时间。

③填写《低压安全用电检查工作单》,见表 7-1-1,并审批。

表 7-1-1    低压安全用电检查工作单

| 户        名 | | | | 户        号 | |
|---|---|---|---|---|---|
| 用电地址 | | | | 审核批准 | |
| 检查人员 | | 检查时间 | 电工总数 | 电话号码 | |
| 负荷等级 | | 用电类别 | 行业类别 | 电气负责人 | |
| 主接线方式 | | 运行方式 | 生产班次 | 厂 休 日 | |
| 安全检查项目,执行情况:正常打"√",不正常写具体内容 | | | | | |
| 进线隔离开关 | | | 架空及电缆 | | |
| 配电箱柜 | | | 计量表计 | | |
| 防倒送电 | | | 安全、消防用具 | | |
| 规章制度 | | | 安防及反事故措施 | | |
| 工 作 票 | | | 工作记录 | | |
| 电工管理 | | | 其他情况 | | |
| 《供用电合同》内容、执行情况:有违约行为写具体内容 | | | | | |
| 电源性质 | | 主供电源 | 受电容量 | 批准容量 | |
| 供电线路 | | 备用电源 | | | |
| 自备电源 | | | 用电设备容量 | | |
| 容量核定情况 | | | 转供电情况 | | |
| 计量方式 | | TA 变比 | 电价类别 | 力率标准 | |
| 计量容量 | | 倍率 | 电费交费方式 | 无功补偿设备 | |
| 有功表计 | | 无功表计 | 有否欠费 | 封印情况 | |
| 检查结论: | | | | | |
| | | | 客户签名: | | |

④带齐安全工器具及仪表,穿好工作服,戴好安全帽等。

## (2) 现场检查行为规范

①保持两人及以上配合工作。

②向客户出示用电检查工作证并要求客户配合安检。

③交谈中使用规范的专业术语。

④礼貌与客户进行交谈。

**（3）现场检查的安全规范**

①严格按照《电力生产安全工作规程》相关规定进行检查。

②不擅自打开遮栏、开关柜门，注意保持安全距离。

③不用手触碰、触摸运行中的电气设备或装置。

④遵守客户的保卫保密规定，不替代客户进行电工作业。

**（4）实施安全检查**

1）低压线路运行情况检查

①架空线路和电缆的型号、工作电压、使用环境等符合要求。

②导线的允许载流量不小于线路的负载计算电流。

③从变压器低压侧母线至用电设备受电端的线路电压损失，一般不超过用电设备额定电压的 5%。

④三相四线中性线的允许载流量不小于线路中最大的不平衡负载电流。用于接零保护的中性线，其导线应不小于中相导线的 50%。

⑤导线的允许载流量应根据导体敷设处的环境温度、并列敷设根数进行校正。

2）低压电气设备运行检查

①低压电气设备的电压、电流、容量、频率等各种运行参数符合要求。

②低压开关设备的灭弧装置应完好无缺。

③低压电气设备的外壳、操作手柄等应完好无损伤。

④低压电气设备正常不带电的金属部分接地（接零）应良好，配电屏两端应与接地线或中性线可靠连接。

⑤低压开关设备动作灵活、可靠，各接触部分接触良好，无发热现象。

⑥低压电气设备的绝缘电阻符合要求。

⑦低压电气设备的安装牢固、合理，操作方便，满足安全要求。

3）客户安全用电档案资料检查

①设备台账、出厂试验报告及调试记录、出厂合格证明、安装调试报告、安装验收记录、交接试验报告、设备预防性试验报告齐全。

②缺陷记录包括配电房缺陷记录、设备缺陷记录、安全工器具缺陷记录及安全防范措施缺陷记录；缺陷整改记录；人员培训记录；事故记录齐全。

4）客户配电室管理情况

①客户的运行制度、运行规程和值班记录齐全。

②安全工器具齐全。

③有安全预防措施。

④消防安全落实。

**（5）填写《用电安全检查结果通知书》**

①客观描述现场检查情况。

②对现场安全隐患、缺陷描述清楚、准确,定性正确。

③客户签字确认,检查人员签字。

《用电安全检查结果通知书》见表7-1-2。

表7-1-2 用电安全检查结果通知书

| 客户名称 | 旺旺公司 | 用电地址 | ××市××路××号 |
|---|---|---|---|
| 经我单位用电安全检查人员现场检查,贵客户用电设备存在以下缺陷,请及时整改。<br><br>检查单位:(签章) | | | |
| 序 号 | 具体内容 | | |
| 1 | 低压配电室堆放杂物 | | |
| 2 | 低压配电盘开关,有放电痕迹,存在安全隐患 | | |
| 3 | 消防器材过期,未及时更换 | | |
| | | | |
| 检查人<br>员签字 | ××× | 客户代表<br>签字 | ××× |
| 日 期 | ××××年××月××日 | 日 期 | ××××年××月××日 |

# 【任务评价】

旺旺公司低压配电室安全检查任务评价表

| 客户安全用电检查任务评价表 | | | | | | |
|---|---|---|---|---|---|---|
| 姓名 | | 学号 | | | 成绩 | |
| 序号 | 评分项目 | 评分内容及要求 | 评分标准 | 满分 | 扣分 | 得分 |
| 1 | 1.安全用电检查程序 | 1.1 准备 | 安全帽,着工装及工器具准备齐全 | 5 | | |
| 2 | | 1.2 工单 | 填写《用电检查工作单》且正确 | 5 | | |
| 3 | | 1.3 工作证 | 带工作证,并出示工作证 | 5 | | |
| 4 | 2.安全用电检查 | 2.1 查看电气设备试验报告 | 电气设备试验报告格检查正确 | 10 | | |
| 5 | | 2.2 查看低压线运行情况 | 低压线运行情况检查正确 | 10 | | |
| 6 | | 2.3 查看低压电气设备运行情况 | 低压电气设备运行情况检查正确 | 10 | | |
| 7 | | 2.4 查看客户安全用电档案资料 | 客户安全用电档案资料检查正确 | 5 | | |
| 8 | | 2.5 查看客户配电室管理情况 | 客户配电室管理情况检查正确 | 5 | | |

续表

| 序号 | 评分项目 | 评分内容及要求 | 评分标准 | 满分 | 扣分 | 得分 |
|---|---|---|---|---|---|---|
| 9 | 3.填写检查结果通知书 | 3.1 填写客户名称 | 填写客户名称正确 | 5 | | |
| 10 | | 3.2 填写电气设备运行情况 | 电气设备运行情况填写正确 | 10 | | |
| 11 | | 3.3 填写规章落实情况 | 规章落实情况填写正确 | 5 | | |
| 12 | | 3.4 填写客户用电情况 | 客户用电情况填写正确 | 10 | | |
| 13 | | 3.5 填写检查人 | 填写检查人正确 | 5 | | |
| 14 | 4.综合素质 | 4.1 着装整齐,精神饱满<br>4.2 现场组织有序,工作人员之间配合良好<br>4.3 独立完成相关工作<br>4.4 执行工作任务时,大声呼唱<br>4.5 不违反电力安全规定及相关规程 | | 10 | | |
| | 总分 | | | 100 | | |
| | 教师 | | | | | |

# 任务 7.2　违约用电检查

# 【任务目标】

1.能简要说明违约用电的概念及违约用电行为。

2.能简要说明违约用电检查程序、检查方法及检查要求。

3.能根据相关法律法规,正确处理违约用电行为。

4.能正确合理合法收集客户违约用电证据。

# 【任务描述】

熟悉供电所内客户或 10 kV 单电源高压用电客户违约用电检查相关项目,并能依据相关技术规程和法律法规,进行违约用电检查及处理工作。

## 【相关知识】

## 7.2.1　违约用电

**(1)违约用电的定义**

客户存在的危害供用电安全或扰乱供用电秩序的行为,称为违约用电。

**(2)违约用电的种类**

根据《供电营业规则》规定,用户不得有下列危害供电、用电安全,扰乱正常供电、用电秩序的行为:

①擅自改变用电类别。

②擅自超过合同约定的容量用电。

③擅自超过计划分配的用电指标。

④擅自使用已在供电企业办理暂停使用手续的电力设备,或擅自启用经被供电企业查封的电力设备。

⑤擅自迁移、更动或擅自操作供电企业的用电计量装置、电力负荷控制装置、供电设施以及约定由供电企业调度的用户受电设备。

⑥未经供电企业许可,擅自引入、供出电源或者将自备电源擅自并网。

## 7.2.2　违约用电行为的检查与判断

**(1)电价类别检查**

客户电价类别的检查首先要了解客户的行业类别、供电电压、供电方式、用电容量、计量方式、负荷组成、现行电价等基本用电情况,然后到客户现场进行认真检查核对。常用检查方法如下:

①采用检查客户负荷接电位置的线路走向跟踪法,检查客户执行低电价的供电线路上是否接用电价高的用电设备。

②采用钳形电流表测算容量法,检查客户未安装电能计量装置执行不同电价类别的定量、定比的电能数量和比例是否与实际相符。

**（2）用电容量检查**

1）单一制电价客户

执行单一制电价的客户的用电容量检查主要的方法有现场查看电流表推算容量法、根据客户月均用电量和用电时间推算容量法、使用钳形电流表测算容量法。

2）两部制电价客户

两部制电价客户计费的用电容量检查可使用变压器容量测试仪检查变压器容量和损耗参数，也可不定期检查客户已办理暂停、减容的变压器加封情况，防止客户擅自拆封使用，还可根据每月客户行业特点和月均用电量推断用电容量。对利用"远程抄表系统"每日定时抄表客户，可分析客户日负荷曲线变化情况，确定用电容量。

**（3）电费执行情况检查**

①核对现行销售价格与客户现场的电力用途、用电性质、用电地址等条件是否相符。

②对实行定比定量分摊电价的客户，根据现场分类电价所使用的容量及可能使用的用电量，核对电量比例分摊是否符合实际，与系统的信息是否一致。

③根据客户用电容量核对基本电费收取是否准确。

④加计线损是否正确。

⑤根据现场客户用电负荷容量与用电性质，核对客户执行的功率因数电费标准。

⑥峰谷电价执行是否准确。

⑦代征费执行是否正确。

**（4）供用电合同执行情况检查**

①检查客户实际使用容量是否与合同容量相符，用电客户是否有私自增容的情况。

②检查双电源用户的运行方式，是否将冷备用变压器私自转为热备用。

③检查客户用电性质是否与合同相符。

④检查用电客户是否有私自转供电情况。

⑤检查用电客户电价执行是否正确，各类用电量或比例是否变化。

⑥检查用电客户计量装置计量是否正确。

⑦检查双方约定的特殊条款执行情况。

⑧检查用电客户是否按合同规定交纳电费。

**（5）变更用电检查**

①客户减容或暂停变压器的，用电检查人员在收到办理的通知后，应赴现场，在对需暂停或减少容量的设备核对后加封，计量装置应该满足变更后的计量要求，否则应进行更换。待减容或暂停期满后，再去现场启封重新投入使用。

②对改压客户，负责改压后客户相关电气设备的绝缘等级把关，相应电气设备型号选择及继电保护的改动，以及停电改造、竣工验收和送电等工作。

③对移表、迁址的客户，要检查其新地址是否符合安装计量装置的要求，并对计量装置的安全运行进行检查。

④销户业务中负责对客户《供用电合同》的终止工作,并最终确认停止供电,拆除计量装置。

⑤对暂换变压器的客户,要赴现场勘查,负责暂换设备的投运工作,暂换时间到期后,负责更换原来的变压器。

**(6)违约用电行为的判断**

1)擅自改变用电类别的判断

该类型一般是未按照业扩报装时确定的电价用电,用电性质已发生了改变,通常是在低电价的线路上从事高电价的生产经营活动。该类型判别方法是:通过营销自动化系统或核算台账筛选执行电价低且用电量大的客户,可列为主要检查对象。

2)擅自超过合同约定的容量用电的判断

该类型判别有以下 3 种方式:

①通过电能量采集系统来查看某一阶段最大用电负荷。

②根据售电量、生产班次折算其用电负荷。

③通过高低压钳型电流表现场测试其用电负荷。

对用电负荷超出设备运行容量 125%的用户,应重点检查、核对相关用电设备。首先应要求其提供各变压器(含高压电动机)的明细,询问清楚有关安装位置;其次根据提供明细现场复核,检查是否存在设备无铭牌或铭牌更换现象。在上述复核无误后,还应查清负荷出线柜出线电缆条数,按照电缆走径,逐一核对用电设备。

3)擅自使用办理暂停或临时减容手续的电力设备,或擅自启用已封存的电力设备的判断

该类型有以下两种方法判别:

①根据电能量采集系统监测其最大用电负荷。

②根据售电量、生产班次折算其用电负荷。

对用电负荷明显超出办理暂停后设备总容量,或超出临时减容手续后设备容量的,可列为重点检查对象。同时,对现场检查发现有私自更动或伪造负荷开关封印的,也可视为存在擅自开启使用的违约嫌疑。

4)擅自迁移、更动和擅自操作用电计量装置、电力负荷控制装置、供电设施以及约定由供电企业调度的客户受电设备的判断

该类型判别有以下 3 种方式:

①查看用电计量装置封印的完好性。

②检查相关负控装置、供电设施的位置是否发生了改变。

③检查约定同供电企业调度的受电设备是否存在更动现象。

5)未经供电企业许可,擅自引入、供出电源或者将自备电源擅自并网的判断

该类型判别有以下 3 种方式:

①检查本区域或客户用电量是否异常减少,此时可能引入第二电源。

②检查本区域或客户用电量是否突然增大,此时可能存在转供电问题。

③在供电设施计划检修或临时检修时,检查客户是否存在自供用电现象。

对该类客户重点检查其发电机并网手续及相关安全措施。

## 7.2.3 违约用电行为处罚

①在电价低的供电线路上,擅自接用电价高的用电设备或私自改变用电类别的,应按实际使用日期补交其差额电费,并承担 2 倍差额电费的违约使用电费,使用起讫日期难以确定的,实际使用时间按 3 个月计算。

②私自超过合同约定的容量用电的,除应拆除增容设备外,属于两部制电价的用户,应补交私增设备容量使用月数的基本电费,并承担 3 倍私增容量基本电费的违约使用电费;其他用户应承担私增容量每千瓦(kV·A)50 元的违约使用电费,如用户要求继续使用者,按新装增容办理手续。

【例 7-2-1】 某 10 kV 大工业客户,合同约定用电容量为 2 000 kV·A,供电企业 8 月份抄表时发现该客户在高压计量装置后,接用 10 kV 变压器一台,容量为 200 kV·A,实际用电容量为 2 200 kV·A,从开始使用至发现之日止,已使用两个月,供电企业该如何处理? [基本电费计收标准为 24 元/(月·kV·A)]

**解** 该客户合同约定用电容量为 2 000 kV·A,实际用电容量为 2 200 kV·A。根据《供电营业规则》,该客户的行为为私自增容的违约用电行为。

应作以下处理:

①补收两个月基本电费

$$200 \text{ kV·A} \times 24 \text{ 元/(月·kV·A)} \times 2 \text{ 月} = 9\ 600 \text{ 元}$$

②加收违约使用电费

$$9\ 600 \text{ 元} \times 3 = 28\ 800 \text{ 元}$$

③拆除私自接的 200 kV·A 变压器,如果客户要求继续使用,则按增容办理手续。

③擅自超过计划分配的用电指标的,应承担高峰超用电力每次每千瓦 1 元或超用电量与现行电价电费五倍的违约使用电费。

④擅自使用已在供电企业办理暂停手续的电力设备或启用供电企业封存的电力设备的,应停用违约使用的设备。属于两部制电价的用户,应补交擅自使用或启用封存设备容量和使用月数的基本电费,并承担两倍补交基本电费的违约使用电费;其他用户应承担擅自使用或启用封存设备容量每次每千瓦(kV·A)30 元的违约使用电费。启用属于私增容被封存的设备的,违约使用者还应承担第二项规定的违约责任。

【例 7-2-2】 用电检查人员 2002 年 7 月 30 日检查时,发现某大工业客户将已报停,并经供电企业封存的用电设备私自启封投入运行,设备容量为 2 000 kV·A,时间已无法查明,只知道该设备停运时间为 2002 年 5 月 10 日,试计算该用户应补交的基本电费和违约电费 [基本电价为 20 元/(月·kV·A)]。

**解**　擅自使用已在供电企业办理暂停手续的电力设备或启用供电企业封存的电力设备行为属于违约用电行为,则

$$补交的基本电费 = 2\ 000 \times 20 \times \frac{1}{30}(31-10) + 2\ 000 \times 20 + 2\ 000 \times 20\ 元 = 108\ 000\ 元$$

$$违约使用电费 = 108\ 000\ 元 \times 2 = 216\ 000\ 元$$

**【例 7-2-3】**　某低压供电的冰果厂,私自拆启供电企业的私自增容设备用电,容量为 4 kW,试计算违约使用电费。

**解**　私自拆启供电企业的加封用电设备,并造成私自增容。其行为同时违犯第二条和第四条规定,属于典型的违约行为,则

$$违约使用电费 = 4 \times 30\ 元 + 4 \times 50\ 元 = 320\ 元$$

⑤私自迁移、更动和擅自操作供电企业的用电计量装置、供电设施以及约定由供电企业调度的用户受电设备者,属于居民用户的,应承担每次 500 元的违约使用电费;属于其他用户的,应承担每次 5 000 元的违约使用电费。

⑥未经供电企业同意,擅自引入(供出)或将备用电源和其他电源私自并网的,除当即拆除接线外,应承担其引入(供出)或并网电源容量每千瓦(kV·A)500 元的违约使用电费。

## 7.2.4　违约用电处理

### (1)违约用电处理程序

①执行用电检查任务前,用电检查人员应按规定填写《用电检查工作单》(高压或低压)经部门负责人审核批准后,方能赴客户执行检查任务。

②供电企业用电检查人员开展现场检查时,应向客户出示有效证件,向客户说明检查事项。检查人数不得少于两人。

③对存在违约用电行为的,应要求客户立即停止违约用电行为。

④发现客户存在违约用电行为应进行取证。首先应保护现场;其次应进行现场拍照、录像、录音等形式信息取证,收集相关违约用电工具、材料、设备等现场物证。对妨碍、阻碍、抗拒用电检查人员检查取证或威胁用电检查人员人身安全的,应及时报请公安机关现场处理。

⑤现场向客户下达《违约用电、窃电通知书》,说明本次检查的结果及客户因违反《供用电合同》相关约定而要求其接受处理的期限。《违约用电、窃电通知书》一式两份,待客户签字确认后,一份留给客户,另一份存档备查。

⑥对在规定日期内愿接受处理的客户,检查人员应根据《供电营业规则》相关规定,按照违约用电的容量、时间计算追补电费及违约使用电费,开具相关电费发票。

⑦违约用电处理完毕后,检查人员应将本次《用电检查工作单》《违约用电、窃电通知书》和客户交纳电费票据复印件等整理保存。

### (2)违约用电取证方法和内容

违约用电取证的方法和内容比较多,主要包括以下方面:

①拍照、摄像、录音。

②制作用电检查的现场勘验笔录。

③经当事人签字的询问笔录。

④经当事人签字的《违约用电、窃电通知书》。

⑤收集客户用电量显著异常变化的电费单据、运行记录。

⑥收集当事人、知情人、举报人的书面陈述材料。

⑦收集专业试验、专项技术鉴定结论材料。

⑧供电部门的线损资料、值班记录。

⑨电能量采集、负荷管理等系统的记录。

⑩客户产品、产量、产值统计表及产品平均耗电量数据表。

**(3)违约用电取证注意事项**

因电能商品的特殊性,违约用电证据具有与其他证据不同的特点,即违约用电证据的不完整性和推定性。违约用电证据的不完整性是由电能的特殊属性所决定的,即只能获得行为证据,而无法直接获取财物证据。违约用电证据的推定性是指违约用电数量可能无法直接记录,只能依据间接证据进行量的推定。在违约用电取证时,应注意:

①收集、提取证据要及时。

②获取违约用电证据要合法。

③违约用电物证的提取要完整,保存要规范。

④对供电企业不能擅自收集的证据,一般应委托公安机关、人民法院进行取证。

## 7.2.5　防范违约用电的措施

①营业普查和稽查工作常态化,减少营业差错,防止违约用电现象发生。

②监督检查客户计费表计容量是否和报装容量相匹配,有无影响正常计量的现象。

③检查客户用电性质发生变化后是否按规定及时更改电价,有无随意更改电价现象。

④检查供用电合同签订是否正确、合法、有效。

⑤监督检查对客户的报停、恢复用电,相关检查人员是否到现场核实,有无记录。

⑥加大对客户的监控力度。对高能耗企业安装负荷监控装置,采用智能电能表。

⑦加大对客户容量的监视力度。对所有无法核定其容量的专变客户的变压器容量进行现场检测,无误后在变压器上封盖螺钉上加铅封。

⑧健全完善客户的基础资料管理。对报停客户准备启运时,工作人员要认真核对计量装置是否完好、变压器容量是否准确。

⑨对办理暂停或减容手续的变压器,加强用电检查力度。对客户办理暂停(减容)手续的变压器进行现场加封,并由客户确认后,现场签字,防止客户私自启用变压器。

# 【学习与训练任务】

**旺旺公司用电业务检查**

旺旺公司低压配电室一次主接线图如图 7-1-2 所示(具有一台 10/0.4 kV 变压器 315 kV·A 及以下,且有低压配电总柜、低压馈出分柜和低压无功补偿柜),试进行该客户用电业务检查。

# 【任务实施】

**(1)工作准备**

①联系客户电气负责人。

②约定检查时间。

③填写《低压用电检查工作单》并审批。

④带齐安全工器具及仪表,穿好工作服,戴好安全帽等。

**(2)现场检查行为规范**

①保持两人及以上配合工作。

②向客户出示用电检查工作证,并要求客户配合安检。

③交谈中使用规范的专业术语。

④礼貌与客户进行交谈。

**(3)现场检查的安全规范**

①严格按照《电力生产安全工作规程》相关规定进行检查。

②不擅自打开遮栏、开关柜门,注意保持安全距离。

③不用手触碰、触摸运行中的电气设备或装置。

④遵守客户的保卫保密规定,不替代客户进行电工作业。

**(4)实施用电业务检查**

①核对客户基本情况。重点核对客户名称、用电地址、用电类别、用电负责人、调度联系电话、受电电源、受电设备参数、负荷构成、负荷变化情况及用电容量等情况。

②检查客户执行国家有关电力法规、方针、政策、标准及规章制度情况。

③检查客户进网电工资质、进网作业安全状况和作业安全措施。

④检查客户《供用电合同》及有关协议履行和变更情况。

⑤检查客户配电室各种规章制度、管理运行制度和安全防护措施执行情况。

⑥检查客户配电室安全措施防护情况。

⑦检查客户配电室停电应急处理预案的编制及演练情况。

⑧检查操作票、工作票和工作许可制度执行情况。

⑨检查电能计量装置及其运行情况。

⑩检查客户受电端电能质量状况。

⑪检查客户无功补偿设备运行情况和功率因数情况。

⑫检查备自投运行情况。

⑬检查客户电气设备的周期试验情况、继电保护和自动装置周期校验情况。

⑭检查客户是否存在违约用电、窃电行为。

(5)填写通知书

填写《违约用电、窃电检查结果通知书》。

# 【任务评价】

旺旺公司用电业务检查任务评价表

| 旺旺公司用电业务检查任务评价表 | | | | | | |
|---|---|---|---|---|---|---|
| 姓名 | | 学号 | | | 成绩 | |
| 序号 | 评分项目 | 评分内容及要求 | 评分标准 | 满分 | 扣分 | 得分 |
| 1 | 1. 用电检查程序 | 1.1 准备 | 安全帽,着工装及工器具准备齐全 | 5 | | |
| 2 | | 1.2 工单 | 填写《用电检查工作单》且正确 | 5 | | |
| 3 | | 1.3 工作证 | 带工作证,并出示工作证 | 5 | | |
| 4 | 2. 用电业务检查 | 2.1 核对客户基本情况 | 客户基本情况与实际相符 | 10 | | |
| 5 | | 2.2 检查客户安全用电情况 | 客户安全制度、安全防护措施、停电预案落实 | 10 | | |
| 6 | | 2.3 检查《供用电合同》履行情况 | 检查《供用电合同》履行情况 | 10 | | |
| 7 | | 2.4 检查客户电能计量装置运行情况 | 客户电能计量装置检查正确 | 5 | | |
| 8 | | 2.5 检查客户违约用电情况 | 客户违约用电情况检查正确 | 5 | | |

续表

| 序号 | 评分项目 | 评分内容及要求 | 评分标准 | 满分 | 扣分 | 得分 |
|------|----------|----------------|----------|------|------|------|
| 9 | 3.填写检查结果通知书 | 3.1 填写客户名称 | 填写客户名称正确 | 5 | | |
| 10 | | 3.2 填写客户用电情况 | 客户用电情况填写正确 | 10 | | |
| 11 | | 3.3 填写规章落实情况 | 规章落实情况填写正确 | 5 | | |
| 12 | | 3.4 填写客户用电情况 | 客户用电情况填写正确 | 10 | | |
| 13 | | 3.5 填写检查人 | 填写检查人正确 | 5 | | |
| 14 | 4.综合素质 | 4.1 着装整齐,精神饱满<br>4.2 现场组织有序,工作人员之间配合良好<br>4.3 独立完成相关工作<br>4.4 执行工作任务时,大声呼唱<br>4.5 不违反电力安全规定及相关规程 | | 10 | | |
| | 总分 | | | 100 | | |
| | 教师 | | | | | |

# 任务 7.3  窃电检查

## 【任务目标】

1.能简要说明窃电的概念及窃电行为。

2.能简要说明窃电检查程序、检查方法及检查要求。

3.能根据相关法律法规,正确处理窃电行为。

4.能正确合理合法收集客户窃电证据。

## 【任务描述】

熟悉供电所内客户或 10 kV 单电源高压用电客户用电窃电检查相关项目,能依据相关技术规程和法律法规,进行窃电检查及处理工作。

# 【相关知识】

## 7.3.1 窃电

**(1) 窃电的定义**

以不交或少交电费为目的,采用隐蔽或其他手段以达到不计量或者少计量而非法占用电能的行为,称为窃电。

**(2) 窃电的种类**

根据《供电营业规则》规定,窃电行为包括:

①在供电企业的供电设施上,擅自接线用电。

②绕越供电企业用电计量装置用电。

③伪造或者开启供电企业加封的用电计量装置封印用电。

④故意损坏供电企业用电计量装置。

⑤故意使供电企业用电计量装置不准或者失效。

⑥采用其他方法窃电。

## 7.3.2 窃电的检查方法

**(1) 直观检查法**

直观检查法就是通过人的感官,采用口问、眼看、鼻闻、耳听、手摸等手段,检查电能表、互感器、连接线等计量装置,从中发现窃电迹象的侦查方法。

1) 检查电能计量装置

①计量装置安装是否牢固,铅封是否完好。

②计量装置选择是否符合技术要求。

③计量装置运行是否正常。

2) 检查电能计量装置接线

①检查电能表接线有无短路、开路或错误接线。

②检查 TA,TV 接线是否正确,有无松动等。

（2）电量检查法

1）对照容量查电量

对照容量查电量就是根据用户的用电设备容量及其构成，结合考虑实际使用情况对照检查实际计量的电度数。通常用户的用电设备容量与其用电量有一定比例关系。检查时，应注意以下 3 个方面：

①用户的用电设备容量

用户的用电设备容量是指其实际使用容量，而不是用户的报装容量。

②用电设备构成情况

用电设备构成情况主要是指连续性负载和间断性负载各占多少，而不是动力负载和照明负载各占多少。例如，家庭照明、风扇、电视、洗衣机等属于间断性负载，而冰箱就属于长期性负载。

③实际使用情况

检查实际使用情况时，应注意现场核实，并考虑气候的变化、生产及经营形势变化等。

2）对照负荷查电量

对照负荷查电量就是根据实测用户负荷情况，估算出用电量，与电能表计算的电度对照检查。其具体做法有连续性负荷电量测算法和对照容量查电量。

连续性负荷电量测算法适用于三班制生产的工厂和天气炎热时的宾馆这一类用户，具体方法如下：

①选择几个代表日，如选一个白天一个晚上，或选两个白天两个晚上。

②用钳形电流表实测出一次电流，或测出二次电流再换算成一次电流值。

③根据用户负荷构成情况估算出 $\cos \varphi$。

④根据实测电流、$\cos \varphi$ 估算值计算出平均每天用电量，并将电能表的记录电度换算成日平均电量加以对照，正常情况下两者应较接近，否则就有可能是电能表少计或者测算有误，应通过进一步检测以查明原因。

3）前后对照查电量

前后对照查电量就是将用户当月的用电量与上月用电量或前几个月的用电量对照检查。电量突然比上月增加，应重点查上个月；电量突然减少应则重点查本月份。

查用电量增加（或减少）时，观察是否存在以下原因：

①抄表日期是否推后（或提前）。

②抄表过程是否有误，如抄错读数、乘错倍率等。

③是否因季节变化、生产经营形势变化等原因引起实际用电量增加。

④是否因原来窃电较严重而本月窃电较少或无窃电等。

如果电量无明显变化也不能轻易认为无窃电，因有的用户一开始就有窃电，或用电量多时窃电而用电量少时不窃电，或多用多窃少用少窃等，都会导致电量无明显变化。

（3）仪表检查法

仪表检查法就是通过采用普通的电流表、电压表、相位表（或相位伏安表）或专用仪器及标准电能表等进行现场定量检测,从而判断用户窃电的一种方法。

1)电流表检查法

用钳形电流表检查电流法主要检查直接接入式电能表的单相用户和小容量三相用户。

2)电压表检查法

可用普通电压表或万用表的电压挡,检测计量电压回路的电压是否正常。

3)相位表检查法

用相位伏安表测量电能表电压回路和电流回路间的相位关系,即可判断电能表接线的正确性。

4)电能表检查法

当互感器及二次接线经检查确认无误而怀疑是电能表不准时,可用准确的电能表现场校对或在校表室校验。

5)专用仪器检查法

近年来,国内已开发研制出多种查窃电仪器,如 DGY-Ⅱ 型计量故障分析仪就是其中之一。这种仪器功能完善,使用简捷方便,尤其在侦查技术性、隐蔽性窃电方面更具优势。

## 7.3.3　窃电疑点分析方法

**(1)经济分析法**

1)线损率分析法

排除供电部门的自身管理因素外,线损变化主要是窃电引起。因此,及时掌握、分析线损的变化是查找窃电线索的重要方法之一。

从线损率指标入手侦查窃电的方法如下:

①做好统计线损率的计算和分析

定期计算每月、每季、每年度的统计线损,并定期召开线损分析会,及时掌握线损动态,不但要做好全局线损的统计分析,同时还应逐条回路、逐台公变进行统计、分析、比较。

②做好理论线损的计算、分析与推广

采用线损计算软件包会大大减少计算工作量。计算和分析理论线损要有专人负责,应定期进行,同时应结合线损测量仪表在线实测的数据进行分析比较,灵活应用。

③加强管理,减少人为失误

对用电营业人员人为因素造成的电量损失,要做到心中有数,以免对分析判断造成误导。

2)产品单耗分析法

所谓单位产品耗电量,是指以用户用于生产管理的总用电量除以其单位产品总数量所得出的平均单位产品耗电量。其计算公式为

$$W_D = \frac{W_总}{M} \qquad\qquad (7\text{-}3\text{-}1)$$

式中　$W_总$——用户用于生产管理总耗电量；

　　　$M$——用户所生产单位产品总数；

　　　$W_D$——单位产品耗电量。

对产品单耗，国家对一些常见工业产品都颁布有产品单耗定额，而对某些不常见产品单耗，查电人员也可参考本地其他厂家或其他相近产品的单位产品耗电量。

单位产品耗电量分析法通常只适用于工矿企业，而不适用于一般的小用户。由于用户的产品总数比较难以掌握，因此，要求查电人员必须经常了解用户的生产情况和经营状况。

3）用户功率因数分析法

对某一种类型的企业或生产厂家，其生产设备大同小异，而且用户的生产设备是相对固定的，因此，一个生产稳定的用户从电能计量所反映出来的有功和无功电量的比例也是相对稳定的。窃电者窃电（窃取有功电能）很难保证有功电能和无功电能按相同比例变化，势必引起功率因数发生变化，因此，对用户功率因数的监视也是侦查窃电的一种方法。

在检查中，首先从用户的历史用电量中掌握用户过去的功率因数变化情况，并熟悉与该用户生产类型和情况相似的厂家的功率因数，然后通过本次抄见电量计算用户的实际功率因数，再与历史功率因数比较。一般用户功率因数变化范围在10%以内，若有接近10%或超过者，应对用户的电能计量装置和无功补偿装置及其运行状况进行检查。

**（2）异常分析法**

1）电量异常分析

用电检查人员应首先了解客户的生产工艺流程及生产周期，了解其用电设备使用情况、生产班次和生产用电时间，根据了解掌握的情况对客户正常情况下当月用电量做出一个大致的估计判断；然后对比抄录电量，分析该户是否存在窃电行为。

一般来说，应对于以下5种异常用电客户实施重点监控：

①本月用电量为零，即零电量客户。

②本月用电量较上月大幅减少，一般减少幅度超过50%的客户。

③本月用电量较前几个月平均用电量大幅减少的，减少幅度超过30%的客户。

④连续数月用电量均为零的客户。

⑤从用电量异常减少月开始，连续数月月平均用电量均异常缩小的客户。

2）负荷异常分析

①用电检查人员应熟练掌握客户用电负荷变化规律，充分利用电能量采集系统或负荷管理系统对客户用电负荷进行实时监控，特别是对当前用电负荷违背其实际变化规律，较上月或前几月某段时间运行负荷大幅度减少的，应列为重点监控和检查对象。此时，客户即有可能采取欠流或欠电压的方式窃电，从而导致实际监控负荷减小。

②了解客户生产班次及每日用电时间，根据抄录月用电量分析客户平均用电负荷。如果某客户用电负荷异常缩小，计算出的月平均用电负荷小于其用电变压器容量的30%，则应将该户列为重点监控和检查对象。此分析方法特别适用于大工业客户。

3）计量装置异常分析

①计量装置外观异常分析

a.计量装置封印丢失或松动,封印线有被重新穿线或改动的痕迹。

b.计量装置封印存在被伪造嫌疑。

c.电能表外壳发生机械性破坏,表壳存在钻孔现象;接线盒遭受外力损坏或固定螺钉松动。

d.互感器外部铭牌与核算账卡登记不一致。

e.互感器至电能表连线存在断线或折痕,部分连接点似通非通;TV 二次熔断器和一次熔断器是否开路,特别是二次熔断器是否拧紧,接触面是否氧化。

f.检查所有接线端子,包括电能表、端子排、TV 和 TA 的接线端子是否松动,有无氧化层或垫压绝缘材料造成的虚接或假接现象。

②计量装置检测异常分析

a.检测电能表线电压异常。

b.检测电能表相电压异常。

c.检测三元件电能表中性线断线。

d.检测电能表电流异常。

e.检测电能表电压相序异常。

f.检测电能表电压、电流各量之间的相位异常。

4）封印异常分析

①用电计量装置无封印(包括计量箱封印、电能表耳封及尾封、接线盒封印、失压计时仪封印等)。

②客户处电能计量表计封印与供电企业封印不相符。

③计量装置封印松动,封印线存在被重新穿线或改动的痕迹。

④封印线被抽出。

5）接户线异常分析

①接户线上搭接有其他用电线路。

②接户线有明显破裂处或金属裸露点。

③接户线太长,线路走向不清晰。

## 7.3.4 窃电检查实施程序及其处理

### (1)窃电检查实施程序

①执行用电检查任务前,用电检查人员应按规定填写《用电检查工作单》(高压或低压)经部门负责人审核批准后,方能赴客户执行检查任务。

②供电企业用电检查人员开展现场检查时,应向客户出示有效证件,向客户说明检查事项。检查人数不得少于两人。

③对存在窃电行为的,检查人员应现场对其中止供电。

④发现客户存在窃电行为应进行取证。首先应保护现场;然后应进行现场拍照、录像、录音等形式信息取证,收集相关窃电工具、材料、设备等现场物证。对妨碍、阻碍、抗拒用电检查人员检查取证或威胁用电检查人员人身安全的,应及时报请公安机关现场处理。

⑤现场向客户下达《违约用电、窃电通知书》,说明本次检查的结果及客户因违反《供用电合同》相关约定而要求其接受处理的期限。《违约用电、窃电通知书》一式两份,待客户签字确认后,一份留给客户,另一份存档备查。

⑥对在规定日期内愿接受处理的客户,检查人员应根据《供电营业规则》相关规定,按照窃电设备的容量、时间计算追补电费及违约使用电费,开具相关电费发票。

⑦对在规定日期内拒不接受处理的客户,供电企业应及时报请电力管理部门处理;对窃电数额较大或情节严重的,应报请司法机关依法追究刑事责任。

⑧窃电处理完毕后,检查人员应将本次《用电检查工作单》《违约用电、窃电通知书》和客户交纳电费票据复印件等整理保存。

**(2)窃电行为处罚**

1)窃电处罚一般原则

根据《供电营业规则》规定,供电企业对查获的窃电者,应予制止并可当场终止供电。窃电者应按所窃电量补交电费,并承担补交电费3倍的违约使用电费。拒绝承担窃电责任的,供电企业应报请电力管理部门依法处理。窃电数额较大或情节严重的,供电企业应提请司法机关依法追究刑事责任。

2)窃电量和窃电时间的确定方法

按照《供电营业规则》有关规定,窃电量按下列方法确定:

①在供电企业的供电设施上,擅自接线用电时,所窃电量按私接设备额定容量(kV·A视同 kW)乘以实际使用时间计算确定。

②以其他行为窃电的,所窃电量按计费电能表标定的电流最大值(对装有限流器的,按限流器整定电流值)所指的容量(kV·A视同 kW)乘以实际窃电时间计算确定。

③窃电时间无法查明时,窃电日数至少以180天计算,每日窃电时间:电力用户按12 h计算;照明用户按6 h计算。

3)窃电行为处罚计算公式

①窃电电费=窃电量×窃电期间的电力销售价格。

②违约使用电费=窃电电费×3倍。

**【例 7-3-1】**　供电所在普查中发现某低压动力用户绕越电能表用电,容量为1.5 kW,且接用时间不清,试按规定计算该用户应补交的电费和违约使用电费。设客户用电电价为0.686 元/(kW·h)。

**解**　该用户绕越电能表用电的行为是窃电行为,接用时间不清,低压动力用电窃电时间应按180 天,每天12 h计算,则

$$该用户应补交电费=1.5×180×12×0.686 元=2\ 222.64 元$$
$$违约使用电费=2\ 222.64 元×3=6\ 667.92 元$$

【例7-3-2】 某220 V供电的居民用户家中安装一块单相10(40)A电表,用电检查人员发现该户在电表内部用铜线短接窃电,请问追补电费及违约金应如何收取[居民照明电价为0.5 元/(kW·h)]。

**解** 客户短接供电企业用电计量装置用电属于窃电行为。根据《供电营业规则》规定,所窃电量按计费电能表标定电流值所指容量乘以实际窃电时间计算确定。因题目未说明该户何时开始窃电,故窃电时间按180天计算,则

$$P = UI = 0.22 \times 10 \text{ kW} = 2.2 \text{ kW}$$
$$W = pt = 2.2 \times 6 \times 180 \text{ kW·h} = 2\ 376 \text{ kW·h}$$
$$追补电费 = 2\ 376 \times 0.5 \text{ 元} = 1\ 188 \text{ 元}$$
$$违约使用电费 = 1\ 188 \text{ 元} \times 3 = 3\ 564 \text{ 元}$$

## 7.3.5 窃电证据收集及其注意事项

**(1)证据及其特征**

1)证据

证据就是能证明案件真实情况的事实材料。不管窃电案件是适应民事、行政还是刑事处理,证据都是证明和确定案件的事实依据。

2)证据的特征

①客观性

证据必须是客观存在的事实材料。

②关联性

证据必须与待证的案件有内在的联系,这种内在的联系表现为,证据应当是证明待证案件事实的一部或全部。

③合法性

证据应按照法定要求和法定程序取得。

**(2)证据形式种类**

1)物证

物证是能证明案件真实情况的物品和痕迹。例如,窃电时使用的工具、窃电器、移相器、私自接入电网的设备,损坏的电能计量装置;伪造或擅自开启的用电计量装置的封印、电能表和互感器接线端的变化移动或破坏留下的痕迹等。

2)书证

书证是指能证明窃电案件真实情况的文字、符号、图案所表达出的思想内容来证明案件事实的书面材料或其他材料。例如,《违约用电、窃电通知书》、抄表卡;询问笔录、调查笔录、用电记录、电费收据(抄表记录、电量、电费、发票存根)等。

3）视听资料

视听资料是指以录音、录像、磁带所记录的形象、声音以及计算机中所储存的数据、资料及其载体等用以证明案件真实情况的信息资料。视听资料具有形象生动、保存难度大、认定复杂等特点，如录像、录音、拍照等。供电企业的负控装置、集中抄表系统、营销信息系统、客户服务系统等提供的录像资料也属于视听资料。

4）证人证言

证人证言是指知道案情的人，就其所了解的情况向有关调查人员所做的陈述，可以是口头形式或者书面证词。例如，举报人员的举报；负荷监控人员的证言；专业技术人员对窃电情况的说明和解释。最好是窃电客户的电工、管理人员、现场人员和窃电知情人对窃电情况和生产销售情况的证言。

5）当事人陈述

当事人就案件事实所做的陈述，即供电、用电双方就窃电案件的有关情况，向有关人员和部门所作的陈述或供述。由于当事人陈述事关案件的处理结果，与供用电双方有直接的利害关系，因此，其具有两面性，即真实的一面和虚假的一面。经过对方认可的当事人陈述，可作为直接证据。

6）勘验笔录

勘验笔录是指公安机关或人民法院对窃电现场进行勘查、检验后所作的笔录。这些笔录应由勘验人员、见证人员签名。

7）鉴定结论

由当事人或执行司法机关聘请、指定或认可的部门和人员依法对案件所涉及的专门性问题进行分析、研究和鉴别后作出的结论。例如，对窃电人员伪造的封印的真伪、改变后的计量装置的计量误差、对窃电器的窃电容量等所作的鉴定结论。

**（3）收集证据须知**

1）注意收集的合法性

收集证据时必须通过合法途径取得，通过不合法途径取得的证据，不能作为证据使用，其收集工作也就失去了其应有的意义。

2）把握好适时性和真实性

供电企业在查处过程中，应及时把握关键时机，把最能证明案件情况的场景、人物言行录制和制作下来，当场把收集的时间、地点、录制人姓名记入资料中。

3）对物证、书证应提取原物、原件

没有原物原件的照片、复印件等作为证据的效力低，复印件需要与原件核对无异才有效，否则有时甚至不被法院支持。提取窃电使用的计量装置时，先做好记录，并由窃电者签字确认，提取证据。拒绝签字、就地封存，证据保全。有其他无利害关系人在场见证的情况下，窃电拒绝签字时，也可提取证据。

4）加强与公安部门及电力管理部门的联动

在用电检查及取证过程中，应加强与公安部门及电力管理部门的联动，所取得的证据往往比供电企业自己取得的证据更有说服力。

5）充分利用公证

公证是根据当事人的请求，由国家公证机关证明法律行为以及具有法律意义的文书和事实的合法性、真实性的非诉讼活动。公证一经实施，即具有法律效力。当对窃电现场证据有争议，或窃电者企图逃避责任时，可邀请国家公证人员进行公证，也可在接到有效举报或确切线索后提前与公证部门联系，以确保公证的全面与及时。

# 【学习与训练任务】

### 热带雨林茶座窃电现形记

热带雨林茶座，低供低计，计量电流互感器变比为150/5，2016年5月1日发生故障时，将电流互感器烧毁。该客户未向供电企业报告，擅自购买了3只300/5的电流互感器更换了计量电流互感器，并将原来互感器的铭牌拆下钉到新互感器上，在当年的7月31日被供电企业的用电检查人员发现。经调查，5月1日至7月31日，该客户抄见电量为 6 000 kW·h，该户平均电价为0.6 元/（kW·h）。试问：

①该客户的行为属于什么行为？

②用电检查人员应如何处理？

③试计算应该追补的电量、电费及违约使用电费？

# 【任务实施】

**（1）工具、材料和设备准备**

1）工具

十字螺丝刀和一字螺丝刀各1把，斜口钳1把，试电笔1支，电筒1支，以及安全帽、绝缘手套。

2）材料

封印、尼龙绑扎连接线、第二种工作票、《用电检查工作单》、《违约用电、窃电处理通知书》。

3）设备

数字式钳形相位表1块，计量故障检测仪1台，窃电模拟台1台。

**（2）安全要求**

①办理第二种工作票。

②着装符合安全工作规定。

③正确使用电工工具和仪表，不发生人身伤害和设备损坏事故。

④保持与带电体的安全距离。

（3）**实施检查**

①外观检查。进户线采用电缆暗敷设,计量柜前、后门虽有铅封,但铅封记号字迹不清晰,计费倍率 30 倍,低供低计,抄码 25 568 kW·h。

②退出无功补偿设备,实施检测。

测量电压：$U_a = U_b = U_c = 0.22$ kV。

测量电流：$I_a = 71$ A, $I_b = 82$ A, $I_c = 53$ A。

假定 $\cos \varphi = 0.85$。

回路功率为

$$P = 3U_g I \cos \varphi = (71+82+53) \times 0.22 \times 0.85 \text{ kW} = 38.5 \text{ kW}$$

表计常数 $C = 5\,000$ r/(kW·h), $k = 30$, $n$ 满 20 圈时 $t$ 历经 15″。

表计功率为

$$P' = k \cdot \frac{n}{c} \cdot \frac{3\,600}{t} = 30 \times \frac{20}{5\,000} \times \frac{3\,600}{15} \text{ kW} = 28.8 \text{ kW}$$

计量误差为

$$\Delta P\% = \frac{P' - P}{P} \times 100\% = \frac{28.8 - 38.5}{38.5} \times 100\% = -25.19\%$$

③在供电公司用电检查人员在客户代表陪同下,根据以上测试结果开柜排查。铅封难辨真伪,打开计量柜门检查,3 只穿心式电流互感器铭牌变比为 150/5,一次穿两匝,接线无误。测量互感器一次、二次电流,比率约为 60 倍,判定互感器铭牌变比(150/5)与实际变比(应是 300/5)不符。供电公司当即将该互感器换下并经用户电工签字封存,止码 25 604.37 kW·h。

④经供电公司计量管理中心检测,热带雨林茶座所用 3 只电流互感器的检定合格证、检定员工号标签均系伪造,实际变比为 300/5。

⑤经公安人员调查,互感器厂供认:2016 年 5 月间,曾有人到该厂购买了 3 只 300/5 的电流互感器,并要求比照提供的 150/5 互感器铭牌参数复制了 3 块铭牌。现用互感器铭牌参数与初装档案记录基本相符,出厂日期为 2014 年 1 月。足以证明用户在 2016 年 5 月后更换了假铭牌互感器,以此扩大计量倍率,属于窃电行为。

（4）**填写《违约用电、窃电处理通知书》**

《违约用电、窃电处理通知书》见表 7-3-1。

表 7-3-1　违约用电、窃电处理通知书

| 用户名称 | | 热带雨林茶座 | 用电地址 | ××× | 表号 | ×××× |
|---|---|---|---|---|---|---|
| 现场记录 | 热带雨林茶座所用 3 只电流互感器的检定合格证、检定员工号标签均系伪造,实际变比为 300/5 | | | | | |
| | 客户实际装接容量 | ×××kW | 客户签名 | ××× | 客户电话 | ×××× |

续表

| 用户名称 | 热带雨林茶座 | 用电地址 | ××× | 表号 | ×××× |
|---|---|---|---|---|---|

| 检查认定 | 违章用电：<br>①擅自改变用电类别；②私增容量；③使用已报停或已封设备；④私自迁移、更动、操作计量装置、线路等；⑤擅自引入供出电源<br>窃　　电：<br>①擅自接线；②绕表用电；③伪造开启铅封；④故意损坏表计；⑤故意使计量不准或失效；⑥采取其他方式窃电 |||||
|---|---|---|---|---|---|
| | 现场检查人 | ××× || 检查时间 | |

| 处理意见 | 以 TA 一次侧功率为参照，根据给定条件<br>TA 烧坏以前的有功功率为<br><br>$$P_1 = \dfrac{\sqrt{3}\,UI\cos\varphi}{\dfrac{150}{5}} = \dfrac{\sqrt{3}\,UI\cos\varphi}{30}$$<br><br>TA 烧坏以后的有功功率为<br><br>$$P_2 = \dfrac{\sqrt{3}\,UI\cos\varphi}{\dfrac{300}{5}} = \dfrac{\sqrt{3}\,UI\cos\varphi}{60}$$<br><br>更正系数<br><br>$$K = \dfrac{W_\text{正}}{W_\text{错}} = \dfrac{P_1}{P_2} = \dfrac{\dfrac{\sqrt{3}\,UI\cos\varphi}{30}}{\dfrac{\sqrt{3}\,UI\cos\varphi}{60}} = 2$$<br><br>追补的电量<br><br>$$\Delta W = (k-1)W = (2-1)\times 6\,000 \text{ kW}\cdot\text{h} = 6\,000 \text{ kW}\cdot\text{h}$$<br><br>电费 = 6 000×0.6 元 = 3 600 元<br>违约使用电费 = 3 600×3 元 = 10 800 元 |||||
|---|---|---|---|---|---|
| | 应追补电量 | 6 000 kW·h || 应追补电费 | 3 600 元 |
| | 违约使用电费 | 10 800 元 || 合　　计 | 14 400 元 |

| | 已收费发票号码 | ×××× || 通知客户处理时间 | ×××× |
|---|---|---|---|---|---|

## 【任务评价】

<table>
<tr><td colspan="6" style="text-align:center">热带雨林茶座窃电现形记任务评价表</td><td></td><td></td></tr>
<tr><td>姓名</td><td></td><td colspan="2">学号</td><td></td><td>成绩</td><td></td></tr>
<tr><td>序号</td><td>评分项目</td><td>评分内容及要求</td><td>评分标准</td><td>满分</td><td>扣分</td><td>得分</td></tr>
<tr><td>1</td><td rowspan="2">1.检查窃电现象</td><td>1.1 工器具</td><td>工器具准备齐全</td><td>10</td><td></td><td></td></tr>
<tr><td>2</td><td>1.2 检查</td><td>方法正确,检查全面</td><td>30</td><td></td><td></td></tr>
<tr><td>3</td><td rowspan="4">2.填写通知书</td><td>2.1 填写窃电负荷</td><td>填写窃电负荷正确</td><td>5</td><td></td><td></td></tr>
<tr><td>4</td><td>2.2 填写铅封号</td><td>填写铅封号正确</td><td>5</td><td></td><td></td></tr>
<tr><td>5</td><td>2.3 填写表号</td><td>填写表号正确</td><td>5</td><td></td><td></td></tr>
<tr><td>6</td><td>2.4 填写检查人</td><td>填写检查人正确</td><td>5</td><td></td><td></td></tr>
<tr><td>7</td><td rowspan="3">3.计算窃电量</td><td>3.1 计算窃电负荷</td><td>计算窃电负荷正确</td><td>5</td><td></td><td></td></tr>
<tr><td>8</td><td>3.2 确定窃电时间</td><td>确定窃电时间正确</td><td>5</td><td></td><td></td></tr>
<tr><td>9</td><td>3.3 计算窃电量</td><td>计算窃电量正确</td><td>5</td><td></td><td></td></tr>
<tr><td>10</td><td rowspan="3">4.费用确定</td><td>4.1 执行电价</td><td>执行电价正确</td><td>5</td><td></td><td></td></tr>
<tr><td>11</td><td>4.2 计算补交电费</td><td>计算补交电费正确</td><td>5</td><td></td><td></td></tr>
<tr><td>12</td><td>4.3 计算违约使用电费</td><td>计算违约使用电费正确</td><td>5</td><td></td><td></td></tr>
<tr><td>13</td><td>5.综合素质</td><td>5.1 着装整齐,精神饱满<br>5.2 现场组织有序,工作人员之间配合良好<br>5.3 独立完成相关工作<br>5.4 执行工作任务时,大声呼唱<br>5.5 不违反电力安全规定及相关规程</td><td></td><td>10</td><td></td><td></td></tr>
<tr><td colspan="3" style="text-align:center">总分</td><td></td><td>100</td><td></td><td></td></tr>
<tr><td colspan="3" style="text-align:center">教师</td><td></td><td></td><td></td><td></td></tr>
</table>

## 【情境总结】

本情境是在遵循相关法律法规和技术标准的前提下,以某台区用电客户或某 10 kV 单电源高压用电客户作为研究对象,完成对该台区用电客户或某 10 kV 单电源高压用电客户用电进行安全检查服务、违约用电检查服务和窃电检查服务及其处理工作。其关键技能为安全检查能力、违约用电检查能力和违法用电检查能力。要求学生学习本情境任务后,能根据《用电检查管理办理》,按照规定流程实施安全检查、违约用电检查和窃电检查;能进行安全隐患处理、违法用电处理和窃电处理,正确填写《用电安全检查结果通知书》或《违约用电、窃电处理通知书》,胜任用电检查工作。

# 【学习与思考】

1.简述一级、二级、三级用电检查员各担任用电检查工作的范围。

2.用电检查范围需要延伸的具体内容是哪些?

3.简述供电企业用电检查员安全用电检查的方法。

4.周期性检查的周期是如何规定的?

5.什么是违约用电?

6.《供电营业规则》中对违约用电行为规定是怎样的?

7.私自迁移、更动和擅自操作供电企业的用电计量装置、供电设施以及约定由供电企业调度的用户受电设备者应如何处理?

8.供电所用电检查中查明,380V 三相四线制居民生活用电用户,私自接用租赁经营门市部照明 1 000 W,实际使用起止日期不清。试计算该用户应补交的差额电费和违约使用电费?[低压一般工商业及其他电价为 0.877 7 元/(kW·h),居民电价为 0.588 元/(kW·h)]

9.《供电营业规则》中规定哪些属于窃电行为?

10.如何确定窃电量?

11.如何确定窃电时间?

12.某 220 V 供电的居民用户家中安装一块单相 10(40)A 电表,用电检查人员发现该户在电表内部用铜线短接窃电,请问追补电费及违约金应如何收取?[居民照明电价为 0.5 元/(kW·h)]

# 情境 8　电力客户服务管理

## 【情境描述】

本情境是在遵循相关法律法规和技术标准的前提下,以某供电所作为研究对象,完成对该供电所用电客户服务自我情绪管理、客户关系管理和服务质量管理3个任务。其关键技能为服务管理技能及其提升。

## 【情境目标】

1.知识目标

(1)能简要说明用电客户服务人员的心理压力产生的原因。

(2)能简要说明客户关系管理的概念及其意义。

(3)能简要说明优质服务的主要表现形式。

(4)能简要说明电力客户服务质量指标。

2.能力目标

(1)具备缓解自身心理压力的方法与技巧。

(2)能简要说明变交易为交往的技巧,具备补救式服务技能。

(3)能正确进行客户业务档案建立、完善与保管,正确处理客户关系。

(4)具备提高电力客户服务质量的技能。

3.态度目标

(1)能主动提出电力客户服务管理方面的问题,并积极查找相关资料。

(2)能团结协作,共同学习与提高。

# 任务 8.1　自我情绪管理

## 【任务目标】

1.能简要说明用电客户服务人员的心理压力产生的原因。
2.能简要说明造成心理压力的各类因素及产生的影响。
3.具备缓解自身心理压力的方法与技巧。

## 【任务描述】

介绍用电客户服务人员的心理压力产生的原因及对工作的影响,通过要点归纳,掌握造成心理压力的各类因素及产生的影响,具有缓解心理压力的方法与技巧。

## 【相关知识】

电力客户服务由服务主体、服务客体和服务内容组成。服务主体是指与电力企业依法建立供用电关系的电力客户。服务客体是指为电力客户提供电力服务的电力企业员工。服务内容主要划分为柜台服务、线上服务和现场服务等。电力客户服务理念是"始于客户需求,终于客户满意"。但因电力客户数量基数大、服务范围广、复杂程度高,以及电力客户个体存在差异,导致不同电力客户对相同服务内容存在不同理解和看法。要想让客户服务结果令所有客户都满意,电力客户服务人员将面临巨大的压力和重大挑战。

## 8.1.1　心理压力及分析

### (1)心理压力的定义

心理学上把心理压力定义为个体在生理和心理上感受到威胁时的一种紧张状态。对心理压力概念的理解一般也存在以下 3 种认识:

①压力是指那些能使人感到紧张的事件或环境的刺激。例如,上级领导要来检查工作这件事情给下属带来的紧张。

②压力是主观的反应。例如,人感觉到压力时可能会脸红、心跳加快、手心出汗等。

③压力是外部刺激与内部主观反映之间的关系。个体对环境中具有威胁性的刺激,经过认知其性质之后所表现出来的反应。例如,社会的发展与变革,人们常常会受到内外环境的强烈影响,人们的观点、态度、希望也随之变化,情绪上出现波动,从而产生心理压力。

**(2)压力源**

凡是使个体产生紧张状态的刺激都能成为压力源。通常将压力源分为两大方面:个体因素和职业因素。

1)个体因素

①角色冲突

个体习惯于原有角色、习惯及思维定式,缺乏灵活变通性,当角色发生变化时无法快速适应新的角色,由此导致心理的不适应。

②人格因素

人格是个人内在的动力组织及其相应的行为模式的统一体,是一个相对稳定的结构体系。内在动力组织主要包含习惯性思维模式、稳定的价值观等。

③人际关系

人与人之间的相处融洽度,同事间的职业发展与竞争都是人际关系的具体体现。

2)职业因素

①工作负荷

工作任务繁重,经常需要延长工作时间,心理放松,调适时间少。

②面临困难

工作任务超出个人能力范围,工作需要多方协调,困难解决可能性不可预期。

③管理环境

工作环境不可控因素多,管理制度不合理,以及考核不公平等。

## 8.1.2　电力客户服务人员心理压力产生的原因

通常电力客户服务人员面临客户、市场、公司及个人 4 个方面因素造成的心理压力。

**(1)客户因素**

1)客户期望值的提升

随着客户服务需求不断提升,维权意识不断增强,客户对服务结果满意性期望越来越高,服务人员压力越来越大。

2)客户服务失误导致的投诉

在一般客户投诉处理上,可通过一些技巧很好地化解客户的抱怨。但是,因服务失误导致的投诉是比较难处理的。例如,生产环节计划停电延时、营业环节欠费复电不及时等形式的服务失误,极易导致客户投诉,给客户服务人员造成压力。

3）不合理的客户需求

有时,客户提出的不合理需求也会给电力客户服务人员造成很大的压力。例如,属于客户资产的设备、线路出现故障,要求抢修人员进行故障处理。按照公司规定,客户与公司资产有明确的产权分界点,公司可对客户资产进行代维、故障处理等,但这属于有偿服务范畴。客户想处理客户资产故障又不同意付费,这就属于不合理需求范围。既要遵守公司的规定,又要让客户满意,这常常成为服务人员的一道难题。

**（2）市场因素**

1）服务行业竞争加剧

随着电力行业改革的不断深化,供电企业作为参与电力市场竞争的主体,直接面对着大型企业自备电厂和市场化售电公司的竞争,同时面临太阳能、风能、生物质能等新能源的激烈竞争,以高效、真诚、优质的服务巩固和开拓市场是供电企业实现可持续发展的必由之路。国家电网公司向社会发布的《供电服务十项承诺》《员工服务十不准》等一系列服务承诺,就是重视客户服务、通过服务品质赢得市场的具体体现。

2）服务需求波动

波动性代表在一段时间不同时间点,需求与供应的匹配程度存在的差别。通常需求性越高,资源越紧张,客户敏感性越强。电能作为特殊商品,通常不能存储使用,电能质量与客户需求通常存在矛盾。例如,夏季,客户用电需求大,电能质量却下降,客户体验上不满意,要求供电部门解决电能质量的意愿变强,从而造成客户服务人员面临服务压力不断攀升。

3）社会监督压力

国家在发展,社会在进步,消费、维权、监督体系也在不断完善提升。电力能源与老百姓生活和企业生产发展息息相关,企业、老百姓对电的要求已不是止步于有电可用,而是需要用经济电、用可靠电、用高质量电,更高的需求代表更高的关注、监督和维权意识。因此,作为供电服务人员必然会面临来自社会各方面的监督压力。

**（3）公司因素**

1）超负荷的工作

电力企业作为社会责任性企业,承担电力调度、电网运营和建设,为社会经济发展和人民生活提供可靠电力保障服务。在整个服务体系中,电网建设自然环境恶劣,长时间面临高温、严寒、高空作业环境;抢修、值班、加班任务繁重,作息时间不能固定;日常作业安全管控严格,安全责任重大,安全风险程度高。各类工作任务时间紧、任务重、考核严,员工承受心理压力大,容易造成生理、心理疲惫。

2）营销指挥调度不顺畅

客户服务人员在受理客户服务需求到问题解决,一般需要经过需求分析、责任定性、内部信息流传递、部门配合、物资组织、现场实施等环节。客户对客户服务人员要求的是速度和结果,而客户服务人员面对的是客户需求处理流程的全过程跟踪和具体实施。因信息系统多,末端融合性不强,资源共享程度不高,部分人员责任感、服务意识、服务技能有待提升,对新形势、新业务、新设备不适应。诸如此类原因,导致营销指挥调度不顺畅,增大了客户需求处理不可控性和客户服务人员心理压力。

**（4）个人因素**

1）服务技能不足

客户服务人员的服务技能在很大程度直接影响客户对企业的满意度、信赖感。电力企业从以前的单一供电服务发展到现在的"供电互联网+",业务内容涉及电能交易、市场化售电、线上业务办理、智能化结算、新能源服务、电力设备生产及金融服务等,业务范围广,对服务人员的综合素质要求高,如果服务人员不能与时俱进,不断学习就可能造成服务技能不足,业务咨询、业务办理就容易造成客户投诉。

2）人际关系

人在职场,必然要和周围的同事、领导、客户发生关系,人际关系处理的好坏很大程度影响工作的开展。有些员工八面玲珑,处世圆滑,与周围关系处理融洽,矛盾少,工作开展得好。有些员工性格内向、敏感,不太愿意与人交往,工作不太合群,遇事放在心里,不善调整和释放,容易造成压力堆积,就影响工作展开。

3）身体状况

良好的身体状况是完成工作的首要前提。身体状况一般包含生理状况和心理状况,良好的生理健康是心理健康的基础。当身体状况出现问题,个人情绪容易波动,对周围环境感知容易变得敏感,不能形成客观认识,如处置不当,容易造成他人误解和差别对待,从而形成压力。

## 8.1.3　心理压力对客户服务人员的影响

**（1）心理压力的积极影响**

1）引向正向情绪

大多数人在面对压力时,能自行确定目标,产生挑战感和目标感。通过挑战,完成有压力的任务,能获得自我满足感和价值认同感。这样对个人的薪酬、职业发展、个人荣誉具备帮助作用,压力变为动力,能使人产生积极稳定的正向情绪。

2）促进注意力集中

很多人在考试前夕,记忆力会提升,在较短的时间内能记忆更多的内容,并且在考试时能快速回忆记忆的内容。分析其原因是压力导致身体产生压力荷尔蒙提升人的警觉性,促使注意力更加集中。因此,适当的压力能促进人的注意力集中,提高工作效率。

3）提升工作绩效

自20世纪50年代以来,对工作压力与工作效率关系的探讨一直成为西方管理学、心理学等学科专家研究的热点问题之一;许多学者在这方面做过大量的理论和实证研究。最早探讨这一问题的是 Yerkes 和 Dodson,他们提出了工作压力与工作绩效之间的倒 U 形关系模型。倒 U 形关系模型运用动态的方法研究了压力在不同时段对工作绩效的不同影响。

工作压力与工作绩效之间的倒 U 形关系(见图 8-1-1)模型显示:当压力等于员工的最优承受区间时,员工的工作绩效达到最大值。而压力过小或过大都会使工作绩效降低。因为压力较小时,工作缺乏挑战性,人处于松懈状态之中效率自然不高;当压力逐渐增大时,压力成为一种动力,它会激励人们努力工作,效率将逐步提高。但当压力超过了人们的最大承受能力之后,压力就成为阻力,效率也就随之降低。

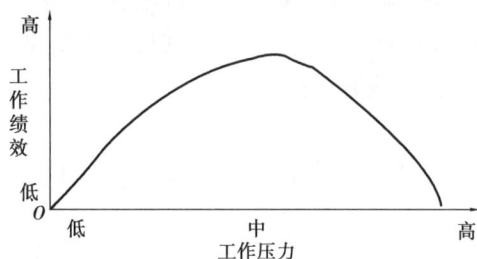

图 8-1-1　工作压力与工作绩效关系

**(2)心理压力的消极影响**

1)失去工作热情

客户服务人员长期在压力状态下工作,首先会产生疲惫感。其次当个人工作内容复杂且涉及部门、人员、环节多时,客户服务人员内心会缺乏对工作的控制感。如果在协调问题中所承担角色过多或者冲突,压力感和不满意感还会持续增加,进而对工作丧失兴趣,失去工作热情。

2)工作效率下降

心理压力与工作效率是一个动态的关系。当员工的心理压力过大,员工内心产生疲惫、厌烦、焦躁、低落等情绪,导致对工作任务会失去兴趣,用应付的心态去做事,工作效率下降,如果压力不能得到及时缓解与调适,甚至出现缺勤、离职的情形。如海尔集团从 1993 年开始,根据业绩对管理层和员工划分为优秀、合格和试用 3 类,实行分类考核、动态转换、竞争淘汰、届满轮换等机制。虽然该管理措施在很多方面带来了积极的效应,但同时因压力控制不恰当,导致上司动辄发火,底层心生怨气,极大影响员工对工作的积极性、兴趣度和满意度,导致效率下降、人员流失。截至 2003 年,在海尔,仅事业部部长以上的高级管理人员就有 20 多位离开了海尔,到海尔的竞争对手或其他相关产业就职。

3)工作失误

造成工作失误的主要原因是经验不足,面对任务不知道怎么做,关注力不集中,不够上心。心理压力过大,容易造成焦躁、抑郁情绪,导致关注力不集中、思维缓慢、记忆力衰退、判断力下降等状况。因此,在压力过大的情况下,工作难以以稳定的状态进行,容易造成工作失误。

## 8.1.4　缓解心理压力技巧与方法

**(1) 阳光心态的培养**

1) 何谓阳光心态

① 阳光心态

阳光心态是一种积极、宽容、感恩、乐观和自信的心智模式。了解情绪干扰源,减少没必要的干扰,以积极的情绪面对现实。

② 情绪复原

注重休息的方式,寻找良好的陪伴,创造让自己轻松的环境,学会接纳和适当放下,培养有效的复原方式和培养调适情绪的技巧。

③ 自我觉察

认识情绪与健康的管理,培养自我觉察的知识和技巧,建立能自我审视的心态。

2) 如何培养阳光心态

① 建立乐观心态

乐观的心态很多时候是由心理暗示逐步形成的。霍桑效应说明,你认为你能成为一个什么样的人,你就能成为一个什么样的人。

建立乐观的心态:一是事情多往好的方向去想。二是包容他人像包容自己一样,不能对人对己采用双标准。三是学会感悟自己的幸福。有一句幽默的话说过,我在遇到没有双足的人之前,一直为自己没有鞋而感到不幸。生活的眼睛更多是放在自己拥有的方面,而不是总是感叹自己没有。四是认识到乐观心态的价值。乐观的人容易快乐,乐观快乐的人周围总是不缺乏朋友,一群共同快乐为目标奋斗的人,更加容易进步。五是学会感激。一个会感激的人总是容易感受到别人对自己的帮助,感激他人不仅给他人带来快乐,同时让他人容易继续保持帮助自己的意愿。

② 适当心理宣泄

心理宣泄实际是学会心理释然,抛弃身上存在的负面情绪和多余的负担。工作压力过大、任务过难让自己感受到不胜重负,是产生负面情绪的根源。所谓宣泄,是指通过一定的行为或语言等方式来减缓或释放心理压力。例如,与朋友聊天、适当的游戏、体育锻炼、写日记等是我们提倡的。而打架、谩骂、破坏、飙车、沉溺网络游戏等会对他人、自身及社会造成直接或间接的损害。

③ 有效情绪管理

良好的情绪管理能力是个人成长的必经路径,是成熟的重要标志。面对情绪问题,不要害怕、退缩,要直接面对并逐步去寻求解决的办法。通常提升个人情绪有效管理能力的方式如下:

A.提高认知水平

认知水平的提升，更能让自己认清事物的本质和确定问题的性质，让自己拥有区分事实和观点的能力，提升逻辑思维能力。客户服务人员面临最多的就是客户。因此，对客户的价值、需求和客户的投诉要有正确的认识。客户是企业存在的根本，一个企业如果没有客户，那就没有存在的可能性。从客户角度去看，企业为客户提供产品使用、各类服务，这是企业为客户提供价值。从企业角度去看，客户的消费行为、消费特征等是企业存在、发展和价值体现的前提。客户、企业之间两者是利益共同体，客户与企业的关系稳定是企业长期稳定发展、实现企业社会价值的重要条件。因此，客户服务人员对客户提供服务的本质就是稳定客户与企业的关系，让客户意识到企业为客户提供产品、服务的价值体现。

B.提高同理心

所谓同理心，是指能设身处地为对方着想的意识，也就是人们通常所说的"将心比心"。客户服务人员与客户两者所处环境、专业知识认知度，需求紧迫性、角色位置不同，那么对沟通的同一个问题、同一件事情的理解可能完全不同。因此，作为客户服务人员，不能仅仅以自己的认知对客户需求进行理解，而是应进行换位思考，提高同理心，用负责任、热情、富有感情的心态多听取客户的需求表达，对客户情况有个基本或者全面了解后，站在客户容易理解的角度表达企业能提供的服务、承担的责任界限点、客户应承担的责任和义务，积极支持客户表达需求的权利，同情、理解、关怀客户，尽最大可能争取客户的理解和支持。

积极进行同理心沟通。客户服务人员在沟通过程中要主动进行同理心沟通，求同存异，达成共识。通常可通过"认同+赞美+转移+反问"来实现同理心沟通。在认同语中，主要采用"那很好啊!""您说得很有道理!""我能理解您的意思!"赞美语主要采用"像您这样的客户……""向您请教……""听说您……"反问语主要采用"您觉得怎样?""如果……是不是呢?"

C.积极的自我暗示

暗示是指人或环境以不明显的方式向个体发出某种信息，个体无意中受到这些信息的影响，并做出相应反应的心理现象。从心理机制上讲，它是一种被主观意愿肯定的假设，不一定有根据，但由于主观上已肯定了它的存在，心理上便竭力趋向于这项内容。自我暗示有镇定、集中和提醒的作用。

美籍物理学家钱致榕教授，在读初中时是一个调皮捣蛋的问题少年，他所在的学校的校长是一位教育改革家，校方宣布要成立一个荣誉班，荣誉班的学生要经过层层筛选，还要进行心理测试，方可进入。后来钱致榕教授有幸成为该班的一个成员，家长、学校、社会都对这个班级寄予厚望，该班的同学也倍感自豪，从此发奋图强，努力学习，后来大部分人都取得了很大的成就，在母校百年校庆之际，钱致榕教授特地从美国回来看望当年的校长，感谢他慧眼识英雄，伯乐识千里马。没想到校长是这样回答的:当年举办荣誉班只是我进行的一项教育实验，同学们都是随机挑选的。

**(2)自我心理压力缓解**

1)朗诵解压法

它是通过腹式呼吸带动人体各肌肉组织运动，同时锻炼呼吸肺部，以取得协调、全面、内外统一的效果。在书的世界遨游时,一切忧愁悲伤便付诸脑后,烟消云散。读书可使一个人在潜移默化中逐渐变得心胸开阔、气量豁达。

2)运动解压法

通过运动,能让身体发热,加快血液循环,转移注意力,产生有利于增强愉悦感的内啡肽。完成运动目标后,会获得成就感,增加自信,从而消除不良情绪,舒畅心情。

3)饮食减压法

医学研究发现,含有特定营养素的食物具有缓解心理压力、集中精力的作用。例如,富含 B 族维生素的大豆、瘦肉等对人的情绪的作用最突出,对人的神经系统的作用最明显。维生素 C 具有减轻心理压力的作用。钙可以稳定情绪,在一定程度上阻抑攻击性和破坏性行为的发生。维生素 A 对眼睛很容易疲劳、视力下降可起到预防的作用。

4)快乐工作法

通过更换角度思考问题,积极的自我心理暗示,激发自身快乐情绪,改变自身生活态度。如你改变不了环境,但你可以改变自己;你不能预知明天,但你可以把握今天;你不可以样样顺利,但你可以事事尽心;你不能延伸生命的长度,你可以决定生命的宽度;你不能左右天气,但你可以改变心情;你不能选择容貌,但你可以展现笑容。

**(3)团队互助情绪调整**

1)班组方面帮助与调整

①基层班组作用

基层班组是企业竞争的最基本单元,是践行企业文化的主导性力量,基层班组建设对绩效的驱动力与对员工的感召力发挥着重要的作用。班组作为一个小团队,班组成员之间的团结、友爱、互助,有助于班员心理健康发展、缓解员工心理及工作压力,增强班组凝聚力,提升员工幸福感,提升班组竞争力。

②班组长作用

班组长作为"兵头将尾",是一线员工与公司管理层的沟通桥梁,起着承上启下、上情下达的作用。同时,班组长最接近员工、了解员工。因此,班组长应发挥团结关心员工,通过关注员工情绪,帮助员工缓解情绪、调整情绪。

③员工的作用

比尔·盖茨曾经为他每一位员工的工装上印了一个口号"你的同事就是你最好的朋友"。员工作为班组个体,班组其他同事作为员工接触最多的人,同事之间可以算作最好的朋友。因此,每一位员工的自我情绪管控能力、自我工作表达能力、自我激励能力、帮助他人意愿的主动性,不仅仅影响到自己,同时也会影响团队的每一位成员。

2)公司方面帮助与调整

公司的良好发展与员工之间是一个相互依赖、相互激励和制约的关系。公司发展得好,体贴关心员工到位,氛围和谐,企业文化丰富,企业价值观正向积极,员工能吸取的营养就丰富,员工的价值观能得到很好的引导,员工归属感、集体荣誉感就强,员工的发展提升更加有机会、有希望;反之,员工的积极努力付出和员工的价值取向也决定了公司的竞争力和企业文化、价值观的发展方向。

因此,公司对员工进行情绪调整上的帮助和引导,实际是实现了公司、员工共同受益。在公司层面,对员工情绪的管理一般有以下 3 个方面:

①及时关注公司员工情绪状态,发现员工存在不良情绪产生,尤其是多人出现情绪上的问题,要剖析产生的原因,从公司层面整体安排,对症下药,及时介入,积极引导员工调整情绪。

②通过企业文化建设,营造良好氛围,影响改变员工认知,引导员工对人、事物的看法,逐步形成正确的价值观念和行为规范,减少不良情绪产生的前提。

③公司关心员工要细致、实在,要体现以人为本的核心价值理念,积极为员工的利益提供保障,为员工的发展创造舞台,为员工的心理健康提供疏导,构建和谐、平等、公正、自由的氛围。

# 【学习与训练任务】

## 供电所台区经理的阳光心态

某日,城郊供电所青林台区一电杆因外力破坏导致故障停电,台区经理及时通过系统平台对停电客户发送了停电原因、恢复供电的大致时间。在抢修过程中,某客户致电台区经理。

客　　户:你家里人没有死光啊,你们供电公司是干什么吃的! 吃的不是饭吗? 动不动就停电,停了半天了! 我家里在办丧事,如果再等半个小时不来电,我就投诉你! 作死地投诉你! 投诉死你! 只晓得收钱吃干饭,不办人事。

台区经理:真的不好意思,我也不想这样,线路电杆被车撞断了,已经在抢修,可能还要两个小时左右,请您包涵一下。

客　　户:包涵个屁,你家里死人了你包不包涵! 电杆撞断了,一下子就立起来了,还要几个小时,你们会不会做事,你们公司人都死光了吗,搞得这么慢! ……

台区经理:确实不好意思,抢修要运电杆,还要联系吊车,联系施工的人员,真的要这么长时间。我们会尽最快的速度恢复供电。对您家里出现这样的事情,我们表示节哀。但的确没有办法,抢修需要时间,需要保证安全,您理解支持一下。

客　　户:我不管你们怎么弄,等下不来电,我就打电话投诉,作死地投诉! 投诉死你! 让你们公司上面的人考核你。

客户继续谩骂,台区经理无法进行解释,言语无法继续沟通,大约过了 20 min,客户挂断了电话后,台区经理才挂电话。客户通话后 2 h,抢修完成,恢复供电。

　　当天抢修完毕后,台区经理回到供电所,情绪非常低落,没和任何人说话,晚饭也没吃。第二天还在询问供电所收到投诉工单没有。毕竟投诉了,不管属实与否,供电所投诉工单量都是要进行排名考核的。同样,也影响台区经理个人的绩效工资。

　　请你通过此案例,分析台区经理情绪低落的原因? 并指出台区经理产生心理压力的因素有哪些? 台区经理应如何进行自我情绪调整?

# 【任务实施】

　　**(1)台区经理情绪低落的原因**

　　①台区经理已按规定发布停电信息,按规定时限到达抢修现场并组织抢修,但客户不理解。却用过激的、侮辱性言语谩骂、攻击台区经理。

　　②公司相关管理规定,要求服务人员接到客户电话后让客户满意,不得与客户争吵,更不得发生投诉事件。只要有投诉电话,不管属实与否,对供电所、当事人按数量进行考核。

　　③台区经理受了委屈还要担心考核问题,感觉公司对员工理解支持不够,工作低人一等,但自己又无能为力。

　　**(2)产生心理压力的因素**

　　1)客户因素

　　客户对电力业务过程不清楚,不知道抢修流程和具体工作内容,期盼过高,认为交钱就可以用电,而且要保证随时正常用电。同时,客户对供电企业的优质服务内容理解过度,认为客户想怎样做,供电企业都必须满足,不管需求是否符合实际,是否合理,不满足要求就可以进行投诉。

　　2)市场因素

　　随着电力行业不断改革,供电企业压力增大,为了占领市场赢得客户,在与客户存在供需矛盾时,要求员工尽量满足,给员工下达工作任务标准要求高、过程要求细、结果考核要求严。

　　3)公司因素

　　公司在制订考核指标时,无论是过程还是结果,侧重客户需求偏多,对员工感受考虑偏少,对客观因素考虑不足。员工接到抢修任务,需要按规定时限到达抢修现场,要组织人员及材料,要向客户解释并让客户满意,接到工单要及时处理完结等,时间短,任务重。公司考核只以结果作为考核指标,对不合理情况、客户不合理需求、非责任性原因未进行剔除。

　　4)个人因素

　　电力服务人员付出努力后被误解、受委屈有时是不可避免的,服务人员要通过提升个人综合能力,准确、高效、高质完成服务任务,提升客户理解、认可、满意度。本案例中,台区经理对服务工作可能面临的特殊、极端情况心理预期不够,未做好充分的心理准备。

（3）对服务人员产生的影响

在本案例中，对台区经理产生了一定程度的消极影响。因客户言语过激，如果台区经理不进行心理压力及时排解，心态及时调整，可能造成心里抑郁、对工作进行逃避、不接听客户电话、想更换工作岗位等想法，严重情况可能与客户发生争执及其他不可控状态。

（4）如何进行心理压力释放和情绪调整

①正确认识工作岗位内容，对岗位可能面临的各类情况进行心理预期，避免出现心理落差过大造成情绪起伏。

②进行换位思考，多分析客户情绪失控原因是否存在特殊性。客户不当言语也许不是针对特定某人，而是对这突发状况本身，这种状况并不具备普遍性和状态延续性。

③转移注意力。可以做一场运动后好好休息一番，或做一些自己感兴趣的事情，转移关注力，缓解内心的不快。

④适当倾诉。向同事进行适当倾诉，通过与同事的沟通获得心里慰藉。

# 【任务评价】

供电所台区经理的阳光心态案例任务评价表

| 供电所用电客户服务中自身情绪调适及其处理案例任务评价表 | | | | | | |
|---|---|---|---|---|---|---|
| 姓名 | | 学号 | | | 成绩 | |
| 序号 | 评分项目 | 评分内容及要求 | 评分标准 | 满分 | 扣分 | 得分 |
| 1 | 1.心理压力导致情绪异常原因分析 | 1.1 说明服务人员情绪波动原因 | 分析原因不准确扣1~10分 | 10 | | |
| 2 | 2.产生心理压力的因素 | 2.1 心理压力因素 | 准确说明产生的4个因素。少1项扣10分 | 30 | | |
| 3 | | 2.2 压力因素详细说明 | 分因素详细说明，视情况扣1~20分 | 20 | | |
| 4 | 3.心理压力对服务人员的影响 | 3.1 确定案例对服务人员产生哪方面影响 | 确定心理压力对服务人员的影响是积极影响还是消极影响，不准确扣10分 | 10 | | |
| 5 | | 3.2 说明案例对服务人员产生影响的内容 | 说明影响内容，内容无关联性、不准确扣1~10分 | 10 | | |

续表

| 序号 | 评分项目 | 评分内容及要求 | 评分标准 | 满分 | 扣分 | 得分 |
|------|---------|---------------|---------|------|------|------|
| 6 | 4.说明缓解压力及调适方法 | 4.1 心理调适方法 | 针对案例说明心理调适的方法,少一项扣 5 分 | 10 | | |
| 7 | 5.综合素质 | 5.1 着装整齐,精神饱满<br>5.2 现场组织有序,工作人员之间配合良好<br>5.3 独立完成相关工作<br>5.4 执行工作任务时,大声呼唱<br>5.5 不违反电力安全规定及相关规程 | | 10 | | |
| | 总分 | | | 100 | | |
| | 教师 | | | | | |

# 任务 8.2   客户关系管理

## 【任务目标】

1.能简要说明客户关系管理概念及其意义。

2.能简要说明客户关系管理的功能和目标。

3.能正确进行客户业务档案建立、完善与保管。

4.能正确进行客户关系管理实践。

## 【任务描述】

依据相关技术标准和法律和法规,做好供电所用电客户服务关系管理工作。能完成供电所各类客户业务档案建立与维护工作。

# 【相关知识】

## 8.2.1 客户关系管理基本知识

### (1) 客户关系管理(CRM)的定义

客户关系管理是指通过采用信息技术,使企业市场营销、销售管理、客户服务和支持等经营流程信息化,实现客户资源有效利用的管理软件系统。其核心思想是以"客户为中心",提高客户满意度,改善客户关系,从而提高企业竞争力。

CRM 是一种以"客户为中心"的管理理念。它是遵循客户导向的策略,通过对客户进行系统化的研究,来改进对客户的服务水平,提高客户的忠诚度,不断地争取新客户和商机,以便为企业带来长期稳定的利润。

CRM 是一种旨在改善客户与企业关系的新型管理机制。CRM 是企业在市场营销、销售管理、客户服务及决策分析 4 个方面形成彼此协调的全新管理机制,有利于企业形成持久竞争优势。

CRM 是一种管理软件和技术。CRM 系统是一种以客户为中心的商业运作的自动化系统,并通过先进的技术平台和改进的业务流程,体现传统资源与先进技术的结合,以发挥出整体优势。

### (2) 客户关系管理的意义

①客户关系管理是企业为提高核心竞争力,达到竞争制胜、快速成长的目的,树立以客户为中心的发展战略,并在此基础上开展的包括判断、选择、争取、发展及保持客户所需实施的全部商业过程。

②客户关系管理是企业以客户关系为重点,通过开展系统化的客户研究,通过优化企业组织体系和业务流程,提高客户满意度和忠诚度,提高企业效率和利润水平的工作实践。

③客户关系管理也是企业在不断改进与客户关系相关的全部业务流程,最终实现电子化、自动化运营目标的过程中,所创造并使用的先进的信息技术、软硬件和优化管理方法、解决方案的总和。

### (3) 客户关系管理的目标

1) 提高销售额

客户关系从利益本质上来说是一种功利性关系。客户关系的维护是企业的一种投资方式,目的就是让客户认可你是朋友,但是是可以存在利益关系的朋友。我们将有限的人、财、物投放到给我们带来价值的客户身上,最终目的就是提升销售额。

华为公司认为进行客户关系管理的目的就是让客户选择华为,持续选择华为。华为每年销售额非常庞大,但是华为的客户非常集中,几千亿的年销售额,集中在几百个主要客户上,很多客户从华为成立之初开始就与华为合作,经过华为几十年的发展,依然保持着与华为的合作关系。这些客户的不断增长的需求,为华为公司销售额的稳定增长提供了强有力的保障。

任正非对于华为早期的成功有一段比较经典的话,华为的产品也许不是最好的,但这又怎么样。什么是核心竞争力? 选择我而没有选择你就是核心竞争力。从这句话的本质可以看出,华为公司客户关系管理的成功。

2)增加利润率

利润率是剩余价值与全部预付资本的比率,利润率是剩余价值率的转化形式,是同一剩余价值量不同的方法计算出来的另一种比率。如以 $p'$ 代表利润率,$m$ 代表剩余价值,$c$ 代表不变成本,$v$ 代表可变成本,则利润率为

$$p' = \frac{m}{c + v}$$

企业利润是指企业在一定时期内生产经营的财务成果,等于销售产品的总收益与生产商品的总成本两者之间的差额。企业利润和利润率并不是等同的概念。利润率反映企业一定时期利润水平的相对指标,利润率越高,代表企业在一定时期内的盈利能力越强。在全部预付成本不变的前提下,企业利润越大,利润率就越高。

企业利润的来源就是客户,在所有客户中,客户为企业带来的利润大小是不一样的。通过客户关系数据的管理,就能知晓客户为企业带来利润的大小,从而对客户按利润进行细分管理。通常企业的维持和发展就是寻找潜力客户、维持现有客户、侧重于重点客户,既然客户关系管理让我们知晓客户为企业带来价值的大小,那么企业的服务、投入必定优先于这些重点客户,通过对重点客户的维持、关系提升和不断开拓,不断增大企业的总体利润,提高利润率指标。

3)提高客户满意程度

以客户为中心,以生存为底线是企业生存的首要条件。失去一个客户可能对企业不能造成决定性的影响,但是对客户失去的原因不清楚却决定了企业的生存。通常客户满意程度,有利于提升客户对企业信任和认可程度,有利于增强客户与企业继续合作的意愿,有利于巩固客户与企业的关系。

通过对客户关系数据的技术处理分析,让企业更清楚知道客户需求,更加有针对性提供服务。能提升企业具备站在客户立场看待企业自身的能力,能提升企业分析客户未来发展趋势和未来客户组成结构的能力。企业可根据分析结果进行针对性战略发展调整、资源优化整合,从而提升客户满意度,延长客户生命周期。

## 8.2.2　客户业务档案建立、完善与保管

**（1）用电客户档案资料**

用电客户档案资料是指从客户申请用电开始,到装表接电以及用电业务变更的一切存档的原始资料。它是指导客户服务,正确处理日常营业工作的原始凭证,也是加强经营管理,提高服务质量的一个重要工具。

**（2）用电客户档案资料的分类**

1）用电客户档案资料按客户办理申请用电环节分类

①客户申请用电资料

客户申请用电资料一般包括:客户用电申请书,客户用电登记表,证明客户身份的有效证件,客户申请用电工程项目批准文件及政府产业政策要求的相关证件,以及环保部门的相关批文等。

②报装流程过程中相关资料

报装流程过程中相关资料有用电登记表,现场勘查工作单、供电方案答复单,客户工程接电验收单,以及供用电相关合同、协议、工作票等。

③变更用电业务相关资料

变更用电业务资料一般包括:客户变更用电申请书,变更用电登记表,定量、定比核定单,以及改变用电类别审批单等。

2）客户档案资料按存储介质分类

①电子档案

电子档案是指营销管理系统中业扩受理人员在接待客户、办理用电业务手续时,借助计算机系统所形成的各种记录。电子档案按形成的方式分为以下3类:

a.通过信息系统自动生成的档案,由系统自动保存备份的,如客户档案、业扩报表等。

b.通过手工录入后在计算机中以电子文档形式保存的档案,如地理位置信息、缴费参数、业扩收费台账、各种统计分析记录。

c.对现成的文字、文件、图片等通过扫描而形成的电子文本,如工商营业执照、现场照片等。

②纸质档案

纸质档案是指以纸质件保存的文件、图纸、工单及合同等资料图纸记录。

**（3）客户档案的主要内容**

客户档案的归档资料应包含客户从申请用电开始到验收送电和用电过程中各种变更直至销户所提供的各种申请资料、填写的各种表单、工作记录、审批意见、证明材料、设计图纸、协议、合同等所有与业务办理相关的原始资料。

1) 低压居民客户资料

低压居民客户资料一般包括：

①《用电报装登记表》。

②居民身份证复印件。

③房产证复印件。

④《业扩现场勘查工作单》(低压)。

⑤《装拆表工作单》。

⑥《供用电合同》。

⑦其他需要存档的资料如用电申请(变更)报告,用电申请(变更)登记表,供电方案审批单,安全用电协议,以及客户回访登记表等。

2) 低压非居民客户资料

低压非居民客户资料一般包括：

①客户报装所提供的相关证明材料。

②《用电报装登记表》。

③《用户用电设备清单》。

④《业扩报装现场勘查工作单》。

⑤《供电方案答复书》。

⑥《装拆表工作单》。

⑦《受电工程竣工验收单》。

⑧供用电合同及其附件。

⑨其他需要存档的资料如用电申请(变更)报告,用电申请(变更)登记表,供电方案审批单,安全用电协议,以及客户回访登记表等。

3) 客户档案资料中所包含的信息

①客户的基本信息

客户的基本信息主要有户号、户名、通信电话等,是供电企业与客户形成供电、用电关系的主要依据。

②客户的电源信息

客户的电源信息主要包括供电线路、产权分界点、电压等级、容量、电源数量及电源相数等信息。

③客户用电信息

客户用电信息包括用电的具体地址、电价类别、合同与用电容量以及客户种类等信息。

④客户用电设备信息

客户用电设备信息包括设备的名称、设备型号、电压、电流、功率、制造厂家、检验报告以及合格证书等,并按户逐一进行登记、保管,随时进行更新。

⑤客户计量信息

客户计量信息主要包括电能表、失压仪、互感器以及计量点等信息,这些信息都是供电企业准确计量客户电量的重要依据。

⑥客户计费信息

客户电费的计算标准,电价的代码和功率因数考核标准等因素都是计算客户电费的重要依据。

⑦供用电合同信息

供用电合同对供用电双方行使的权力和履行的义务作了明确规定,同时也明确了各自需要承担的法律责任,供用电合同是收取电费的关键依据,也是客户交纳电费的重要依据。

**(4)客户档案管理要求**

供电企业对客户档案资料要设专人保管,且要求资料管理员在接收客户档案资料时,应对资料内容进行审核,并要有交接手续。对每一客户档案资料要求如下:

1)唯一性

客户档案编号应唯一,便于档案资料检索和信息系统管理。

2)准确性

客户档案资料中记录的客户信息要与该户的电费账卡、计量账卡、客户用电现场实际及营销自动化系统记录相符。

3)时效性

对客户办理拆表销户(含临时用电销户)的客户档案,可另行保管,不得销毁,并在档案目录上注明"已销户"字样。

4)严肃性

对已存入的客户档案原始资料,任何人都不得随意修改,如需更改,应按照规定的流程并上报主管领导批准后方能改动。改动后要由改动人员及主管领导签章确认。

5)程序性

因工作需要借用客户档案资料时,应履行借阅手续,归还时,业扩报装员应当面核对资料内容及份数,防止丢失。

**(5)客户纸质档案的保管**

①客户纸质档案应建立和装入客户档案袋,妥善保管,应设专柜、专室。

②客户纸质档案资料柜及资料盒要求规格统一,分类存放,存入的资料应悬挂类别、名称标示牌。

③客户档案资料应设有目录或索引。

④销户客户档案仍应妥善保存,销户的低压客户档案分别保存5年以上,重要客户长期保存。

**(6)客户电子档案的保管**

①电子档案保存一般采用硬盘、光盘等存储设备保存。

②对归档存储设备应标注内容、制作时间等,与相应纸质档案的描述要保持一致。

③归档存储设备应作防写处理,不得擦、划、触摸记录涂层。

④存放环境应符合存储设备的存放要求。

⑤定期对电子档案进行检测和维护。

## 8.2.3　VIP 客户及其界定

### (1) VIP 客户

VIP 是英文 very important person 的缩写,现在已被广泛使用。VIP 客户是指很重要的客户。一般对待 VIP 客户,会有优于普通客户的服务级别和服务态度。供电企业的 VIP 客户确定主要参考客户的用电容量、用电量、客户交纳信用度、用电设备安全度、持续用电时间及社会知名度 6 项主要指标。

### (2) VIP 客户界定

结合客户关系管理,建立 VIP 客户科学合理的评价体系,实现 VIP 客户评定的科学化、合理化和常态化。有利于扩大电力市场,提高供电企业的经营效益。

一般按照用电性质、用电行为、客户信誉等级和对供电企业贡献大小,将 VIP 客户进行分类。电力 VIP 客户的评定周期一般一年评定一次。

## 8.2.4　VIP 客户服务项目及服务要求

### (1) 建立 VIP 客户服务专区

营业厅内设立 VIP 客户服务专区。VIP 专区设有明显标志,设立 VIP 引导标志,悬挂"VIP 客户服务专区"标牌,由 VIP 客户接待经理负责引导、解答、受理 VIP 客户的各类问题和需求,接受投诉、举报,让 VIP 客户在专门的服务区域内优先办理各项用电业务。

### (2) 专职客户经理一对一服务

各供电公司设置专职 VIP 客户经理,实行客户经理负责制,对 VIP 客户进行一对一、全过程跟踪服务。VIP 客户经理对 VIP 客户项目办理全程跟踪,及时协调解决 VIP 客户在办项目存在的问题。客户可随时通过电话、传真、E-mail 联系自己的专职客户经理。如果客户的问题无法在电话中解决,应进行上门服务。

### (3) 用电业务办理实行绿色通道

VIP 客户在各供电营业厅、95598 客服热线和 95598 客服网站办理用电业务时,实行绿色通道服务,供电公司优先安排 VIP 客户经理为其提供高效、快捷、方便的服务。

### (4) 客户服务热线实行 VIP 客户专属服务

客服热线开设电力 VIP 客户座席,优先受理 VIP 客户的咨询、投诉、举报等业务。客户致电服务热线时,客服系统能自动识别是否是 VIP 客户,并直接转入 VIP 客户座席。VIP 客户可在客服热线登记自己的多个电话号码,便于识别 VIP 客户的身份。在普通客户座席全忙的时候,VIP 客户仍可准确、及时地接入 VIP 客户座席,并根据 VIP 客户预留信息验证后进行专属服务。

(5)快速处理、落实 VIP 客户的投诉、举报

VIP 客户拨打客服热线进行投诉、举报时,由 VIP 客户座席负责处理,在电子工单上注明 VIP 客户级别,电子工单优先处理、转结、落实和回应,并通知相关的大客户经理,由客服主管和 VIP 客户经理全程跟踪直至处理完毕。

(6)对 VIP 提供个性化定制服务

根据客户需求特点,对 VIP 客户提供以下个性服务:

①个性化账单服务。客户电子账单以电子邮箱、短信、电话及信函等方式进行通知。

②客户实行定期走访回访。收集客户需求、意见和建议,整理、分析并及时回复。

③对客户开展用电设备上门检查服务。免费为客户用电设备进行预防性实验、计量设备校验,对客户用电设备的安全用电隐患提出整改建议。

④对客户用电设备管理人员开展免费培训。免费进行反事故演练,提升客户用电设备管理水平,降低客户用电设备事故损失。

⑤优先满足客户特殊电力保障需求。计划停电、临时停电、事故停电信息及时告之。

⑥提供客户用电侧技术指导服务,让客户安全用电、节约用电、智慧用电。根据客户生产工艺、负荷特点提出电力生产优化改进建议,采取有效措施帮助客户降低用电成本,对新能源利用、电能替代提供专业指导意见。

⑦举办客户联谊座谈。为客户免费提供最新业务、新政策宣传资料。为客户介绍区域电网发展规划情况。

⑧特殊日期问候。供电公司在节假日,或 VIP 客户及其指定人员的生日,对 VIP 客户进行节日、生日的电话、贺卡及 E-mail 问候。

# 【学习与训练任务】

### 供电所服务经理的不凡之举

为了更好地服务供电所辖区专用变客户,某供电所设立专用变客户服务经理。专用变客户服务经理根据优质服务标准和内容,建立了供电所辖区内专用变客户档案。档案信息包含客户第一联系人(法人)、备用联系人、电气联系人、客户企业生产属性及用电特点、客户供电电源属性、缴费习惯、经营状况、手机及微信联系方式等。

专用变客户服务经理在专用变客户档案基础上,建立了客户微信群。在微信群中,服务经理及时转发在系统中发布的停电消息、最新电价政策文件、新业务政策等,对客户咨询进行答疑,并及时收集整理客户的意见和建议。

针对缴费积极、账户预存电费余额高、信用好的客户,客户服务经理做出重点标记;对停电作业计划、计费政策调整、公司推行的优惠活动、有利于客户的新型服务方式等专门电话联系客户,确保客户第一时间知晓相关的消息和政策。同时,针对这些优质客户,客户经理每年专门组织上门服务活动,进行客户用电设备安全检查,与客户当面座谈,听取客户意见、建议。

针对那些对电费、电价政策敏感的客户,客户经理随时监控客户账户余额及费控装置运行情况,按规定时间发送催费短信,上门送达催费、停电通知单,对客户电费异常波动告知异动原因,对客户用电结构优化主动提出优化建议,引导客户自助查询实时用电情况,宣传供电公司非现金缴费渠道等。

通过每月给客户及时发送电费账单、提供功率因数优化建议、引导客户关注供电公司官方公众号、电 E 宝自助缴费、节日问候、上门服务等具体措施,客户咨询电费疑问的少了,咨询新型业务的多了;客户往返现金缴费的少了,缴费平台无现金支付的多了;对计划停电抱怨的少了,对信息提前告知表扬的多了;对先买后用用电模式不理解的少了,对节约用电、智慧用电咨询的多了。

专用变客户服务经理将相关优质服务举措、取得效果等进行总结,通过微信群、当地新闻媒体等进行宣传,让供电公司优质服务形象深入客户心中。试说明在本案例中,客户服务经理运用了哪些客户关系管理方法提升了客户满意度和企业品牌形象。

# 【任务实施】

①建立详细、完善、准确、个性特点的客户档案,为客户差异化服务、满意服务提供了保障。

②以客户为中心,关注服务细节,强化客户感知。对客户关心的敏感问题提前介入、主动告知、精细化服务、人情化关怀,在服务过程中,潜移默化解答客户关注的焦点问题,引导客户理解、支持和应用供电公司的服务标准、方式和渠道,加强客户电力服务的感知范围。

③对优质客户进行 VIP 管理。对优质客户进行以个性化服务为中心的服务方式进行重点关注。维护了客户权益,加强服务管理。通过个性化服务让客户感知供电企业的真诚、温暖。

④提升服务人员服务能力。客户服务经理通过加强自身学习,熟知客户服务技巧,了解客户需求,专业能力强,风险意识强、服务敏感性高。通过有效的服务行为、沟通消化风险,加强了客户和企业关系的紧密性。

⑤媒体积极宣传。通过新闻媒体等各类服务渠道,让客户更容易知晓供电企业的服务内容,更直观感知供电企业服务的真诚,更清楚供电企业服务的渠道。从正面积极引导客户对供电企业客户服务工作的理解、支持和认可,提升企业品牌形象。

# 【任务评价】

## 供电所服务经理的不凡之举案例任务评价表

| 供电所用电客户服务中买卖关系和公共关系处理案例任务评价表 | | | | | | |
|---|---|---|---|---|---|---|
| 姓名 | | 学号 | | 成绩 | | |
| 序号 | 评分项目 | 评分内容及要求 | 评分标准 | 满分 | 扣分 | 得分 |
| 1 | 1.档案管理 | 1.1 档案建立 | 未建立档案扣 10 分,建立不准确扣 5~10 分 | 10 | | |
| 2 | | 1.2 档案分类 | 档案未分类扣 10 分 | 10 | | |
| 3 | 2.服务管理 | 2.1 服务中心 | 服务未以客户为中心扣 20 分 | 20 | | |
| 4 | | 2.2 服务感知 | 未采取措施加强客户服务感知扣 10 分 | 10 | | |
| 5 | | 2.3 服务宣传 | 未对服务采取宣传措施扣 1~10 分 | 10 | | |
| 6 | 3.客户管理 | 3.1 客户管理分类 | 未实行普通客户与 VIP 客户分类管理扣 10 分 | 10 | | |
| 7 | | 3.2 VIP 客户服务措施 | 未列举 VIP 客户服务内容扣 1~10 分 | 10 | | |
| 8 | 4.服务能力 | 4.1 主动服务 | 无主动服务意识扣 5 分 | 5 | | |
| 9 | | 4.2 服务提升 | 未提供个性化服务扣 1~5 分 | 5 | | |
| 10 | 5.综合素质 | 5.1 着装整齐,精神饱满<br>5.2 现场组织有序,工作人员之间配合良好<br>5.3 独立完成相关工作<br>5.4 执行工作任务时,大声呼唱<br>5.5 不违反电力安全规定及相关规程 | | 10 | | |
| | 总分 | | | 100 | | |
| | 教师 | | | | | |

# 任务 8.3　服务质量管理

## 【任务目标】

1.能简要说明优质服务的主要表现形式。
2.能简要说明供电所电力客户服务质量指标及其要求。
3.能提出提高供电所电力客户服务质量具体措施。

## 【任务描述】

依据相关技术标准和服务规范,能举例说明在供电所现场服务、营业厅服务和客户
95598 服务中如何提升电力客户服务技能,以提高电力客户服务质量。

## 【相关知识】

## 8.3.1　电力客户服务质量

**(1)电力客户服务质量是一种认知的质量,并非目标性质量**

①服务质量是客户感知的对象,主观性强。

②服务质量既要有客观方法对其进行衡量,但更多的则要按客户的主观认识进行衡量
和检验,客户的主观标准常被作为服务质量的主要衡量标准。

③服务质量较实物产品质量更难被客户所评价。

④客户对服务质量的认知取决于他的预期同实际感受到的服务水平的对比。

⑤对服务质量的评价不仅要考虑服务的结果,还要涉及服务的过程。

**(2)电力客户服务质量的特征**

1)主观性

服务质量的高低受接受服务者主观因素影响更多,这也是服务质量最基本的特性。

2)过程性

服务质量是在服务的生产和消费过程中同时发生的,服务质量体现为既是结果质量又是过程质量,客户对服务过程是参与和感知的,从而影响到对服务过程的评价。

3)整体性

服务质量的形成不仅取决于直接服务人员的服务质量,而且与整个企业的全员参与密切相关。

**(3)电力客户服务质量构成要素**

电力客户服务质量构成要素是指所拥有的用于服务的实际设施、设备以及服务人员的仪表、技能等。主要包括:

1)技术质量

技术质量是指服务过程的产出,即客户从服务过程中所得到的东西。

2)形象质量

形象质量是指服务企业在社会公众心目中形成的总体印象。企业可从 CIS 系统(企业形象识别系统)去体现,客户可从企业的资源、组织结构、市场运作、企业的行为方式等去认识企业形象。企业形象是客户感知服务质量的"过滤器"。

3)职能质量

在服务过程中,客户所感受到的服务人员在履行职责时的行为、态度、穿着和仪表等给客户带来的利益和享受。过程质量取决于客户的主观感受,很难进行客观评价。

4)真实瞬间

真实瞬间是指服务过程中客户与企业进行服务接触的过程,即服务提供者能向客户展示其服务质量的时间和地点。这个过程是一个特定的时间和地点,这是企业向客户展示自己的服务质量的时机。时机一过,服务结束,企业也就无法改变客户对服务质量的感知。它是服务质量构成的特殊因素,这是有形产品质量所不包含的因素。

**(4)电力客户服务质量评价构成要素**

1)有形性

有形性是指服务过程中的有形部分。由于服务的本质是一种过程而不是一种实物,因此,客户只能借助这些有形的、可视的部分来把握服务的实质。例如,现代化的服务设施、设备、人员外表和书面文件的外观等。

2)可靠性

可靠性是指供电企业准确无误地完成所承诺的服务。例如,供电企业提出的"十项承诺"履行情况。可靠性实际上是要求供电企业避免在服务过程中出现差错,因为服务差错给企业带来的不仅是直接的经济损失,而且可能使许多的潜在客户流失。

3)响应性

响应性是指企业随时准备并愿意为客户提供快捷、有效的服务。强调在处理客户咨询、投诉等问题时的快速反应能力。例如,供电企业到达抢修现场的时间长短,处理客户投诉工单的时间长度。响应性反映着一个企业服务传递的效率。

4）真实性

真实性是指服务人员的友好态度和胜任工作的能力。它能增强客户对企业服务质量的信心和安全感。当客户同一名友好、和善,知识丰富的服务人员接触时,他会认为自己选对了企业,从而获得了信心和安全感。

5）移情性

移情性是指企业是否设身处地为客户着想,是否为客户提供个性化服务,获得服务的时间是否便利,以及获得服务的网点布局和数量是否合理等因素对客户感知服务质量的影响。例如,客户电费账单的个性化定制服务,以及对贫困客户费用的减免等。

## 8.3.2　电力客户服务质量标准

### (1)供电产品质量标准

1）频率质量

①在电力系统正常状况下,电网装机容量在 300 万 kW 及以上的,供电频率的允许偏差为±0.2 Hz;电网装机容量在 300 万 kW 以下的,供电频率的允许偏差为± 0.5 Hz。

②在电力系统非正常状况下,供电频率允许偏差不应超过±1.0 Hz。

2）电压质量

①在电力系统正常状况下,供电企业供到用户受电端的供电电压允许偏差为:

a.35 kV 及以上电压供电的,电压正、负偏差的绝对值之和不超过额定值的 10%。

b.10 kV 及以下三相供电的,为额定值的±7%。

c.220 V 单相供电的,为额定值的+7%,-10%。

②在电力系统非正常状况下,用户受电端的电压最大允许偏差不应超过额定值的± 10%。

3）波形质量

①电力系统公共连接点正常电压不平衡度允许值为 2%,短时不得超过 4%。

②6~220 kV 各级公用电网电压(相电压)总谐波畸变率允许值:0.38 kV 为 5.0%,6~10 kV 为 4.0%,35~66 kV 为 3.0%,110 kV 为 2.0%。

4）供电可靠性

①城市客户年平均停电时间不超过 37.5 h(对应供电可靠率不低于 99.6%)。

②供电设备计划检修时,对 35 kV 及以上电压供电的用户,每年停电不应超过 1 次;对 10 kV 供电的用户,每年停电不应超过 3 次。

### (2)服务渠道质量标准

①供电营业厅应准确公示服务项目、业务办理流程、电价和收费标准。

②与客户交接物品时,应双手递送,不抛不丢,交接现金时唱收唱付。

③居民客户收费办理时间一般每件不超过 5 min,用电业务办理时间一般每件不超过

20 min。

④95598 服务热线应 24 h 保持畅通。

⑤座席人员应在振铃 4 声(12 s)内接听,使用标准欢迎语;外呼时应自我介绍,一般情况下不得先于客户挂断电话,结束通话应使用标准结束语。

⑥网上营业厅应 24 h 受理客户需求,如需人工确认的,服务人员在 1 个工作日内与客户确认。

⑦进入客户现场时,服务人员应统一着装、佩戴工号牌,并主动表明身份、出示证件。协作人员应统一着装,出示有效证明。

⑧现场工作结束后应立即清理,不能遗留废弃物,做到设备、场地整洁。

⑨受供电企业委托的银行及其他代办机构营业窗口应悬挂委托代收电费标识,并明确告知客户其收费方式和时间。

**(3)服务项目质量标准**

①供电方案答复期限:居民客户不超过 3 个工作日,低压电力客户不超过 7 个工作日,高压单电源客户不超过 15 个工作日,高压双电源客户不超过 30 个工作日。

②对客户送审的受电工程设计文件和有关资料答复期限:自受理之日起,高压供电的不超过 20 个工作日;低压供电的不超过 8 个工作日。

③向高压客户提交拟签订的供用电合同文本(包括电费结算协议、调度协议、并网协议)期限:自受电工程设计文件和有关资料审核通过后,不超过 7 个工作日。

④城乡居民客户向供电企业申请用电,受电装置检验合格并办理相关手续后,3 个工作日内送电。非居民客户向供电企业申请用电,受电工程验收合格并办理相关手续后,5 个工作日内送电。

⑤对高压业扩工程,送电后应 100%回访客户。

⑥严禁为客户指定设计、施工、供货单位。

⑦对客户用电申请资料的缺件情况、受电工程设计文件的审核意见、中间检查和竣工检验的整改意见,均应以书面形式一次性完整告知。

⑧供电抢修人员到达现场的时间一般为:城区范围 45 min;农村地区 90 min;特殊边远地区 2 h。

⑨客户查询故障抢修情况时,应告知客户当前抢修进度或抢修结果。

⑩受理客户咨询时,对不能当即答复的,应说明原因,并在 3 个工作日内回复。

⑪受理客户投诉或窃电及违约用电举报后,投诉应在 5 个工作日内、举报应在 10 个工作日内答复。

⑫客户欠电费需依法采取停电措施的,提前 7 天送达停电通知书。

⑬受理客户计费电能表校验申请后,应在 7 个工作日内书面提供校验结果。

⑭当客户需要用电指导时,应在约定时间内提供指导建议方案。

⑮因供电设施计划检修需要停电的,提前 7 天公告停电区域、停电线路和停电时间。

⑯客户缴费日期、地点和方式发生变更时,应在变更前 10 个工作日告知客户。

⑰供电设施计划检修停电时,应提前 7 天通知重要客户;临时检修需要停电时,应提前 24 h 通知重要客户。

⑱当电力供应不足或因电网原因不能保证连续供电的,应执行政府批准的有序用电方案。

⑲高压客户计量装置轮换应提前预约,并在约定时间内到达现场。轮换后,应请客户核对表计底数并签字确认。

⑳对专线进行计划停电,应与客户进行协商,并按协商结果执行。

㉑居民客户需要获知电费信息的,应在缴费截止日前 5 天告知。

## 8.3.3　供电所电力客户服务质量指标

**(1)供电所电力客户服务质量分析**

1)从用电报装、业务变更、交费及咨询等方面进行分析

①用电报装时间期限是否按要求,"三不指定"的执行情况。

②用电服务质量。供电质量、表计精度、报装、交费、投诉过程中客户的满意度。

③投诉服务质量。接待客户情况及服务态度。

2)从供用电合同管理情况分析

①供用电合同签订情况。专用变客户供用电合同签订情况,应签户、实签户、签订率,合同纠纷处理,合同签订条款的正确性,合同改签的及时性、签订程序是否符合规定、合同的有效期限等。

②居民用电客户供用电合同的签订情况。

③供用电合同执行情况。

④供用电合同管理软件的应用情况。

3)从用电检查情况分析

分析期内营业普查户数,处理违章、窃电、计量不准,核对定比定量户数。

**(2)供电所营销专业内部同业对标指标体系**

1)服务专业指标

①业务处理回访不满意占比=统计期内 95598 业务处理回访不满意工单数/统计期内公司该类工单总数×100%。

②投诉量占比=统计期内投诉量/统计期内公司该类工单总数×100%。

③投诉属实占比=统计期内投诉属实且有供电企业责任的工单数量/统计期内公司该类工单总数×100%。

④工单回退率=统计期内回退工单数量/下发工单总数×100%。

⑤统计期内每发生一次被市公司及以上单位选定为典型案例、投诉属实判断错误、督办的事件,相关单位在统计期内排名末位。

⑥营配贯通率指标=(已清理专变数量+已清理公变数量+已采录用户变压器数量+已采录高压用户数量)/(专变数量+公变数量+高压用户数量+用户变压器数量)×100%。

说明:统计期内可根据实际而定。如当月 26 日—次月 25 日。

2)业扩报装专业指标

①客户业扩报装服务时限达标率=各月(未超时限的当月已归档新装、增容流程数/当月已归档新装、增容流程数总和×100%)之和/考核期止月份数。

②非居民合同签订率=当月归档非居民业扩报装项目已签订供用电合同数/当月归档非居民业扩报装项目涉及的客户数×100%。

③业扩及变更业务累计非实时流转数(个)= 累计归档的低压业扩及变更项目业务 5 个环节(业务受理、供电方案答复、合同签订、装表、送电)非实时流转数。

系统工单填写的作业日期与系统记录的工单推进日期之间相差 5 个工作日,则属非实时流转。

## 8.3.4 如何提高电力客户服务质量

### (1)客户服务质量提高思路

提升客户服务质量总体思路为树目标、找差距、抓落实、促提高。服务质量差距模型如图 8-3-1 所示。

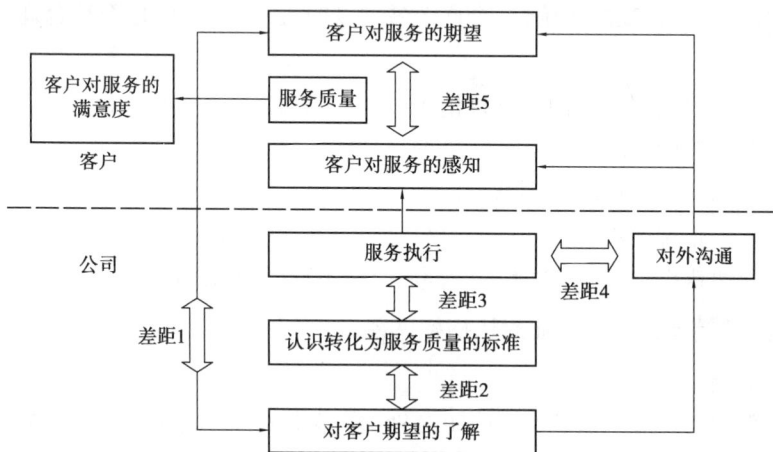

图 8-3-1 服务质量差距模型

差距 1:客户期望的服务与企业对客户期望认知的差距。

差距 2:企业对客户期望的理解与其所制订的服务质量标准之间的差距。

差距 3:服务员工实际提供的服务与服务质量标准之间的差距。

差距 4:客户实际感受的服务与服务提供者向外沟通时的承诺之间的差距。

差距 5:客户期望的服务与客户实际感受的服务之间的差距。

### （2）优质服务

优质服务是指含有超出常规的和一般性的服务内容和服务满足。一般理解"优质服务＝标准化服务＋个性化服务,重点突出个性化服务",即优质服务是在规范服务的基础上有超乎常规的表现。优质服务是指能在满足客户基本需求的基础上带给客户愉悦感受的那种服务。

"一强三优"中,"服务优质"的内涵包括:保障安全、经济、清洁、可持续的电力供应,提供规范高效的能源综合服务;服务理念先进,服务体系完备;品牌形象好,利益相关方综合满意度高,服务质量和效率在国际公共服务行业处于领先地位。

供电企业只有不断提升服务质量和服务水平,才能真正体现供电企业全心全意为客户服务的宗旨,树立企业良好形象,得到客户认可。如何让服务更加优质,具体方法如下:

1)严格按照规范标准完成服务

加强服务管理,加强同行业优质服务指标对标管理,找出服务工作中的薄弱环节,不断巩固加强,确保标准服务能按质按量完成。

2)服务过程跟踪管理

从受理客户业务开始,实行全程跟踪,及时告知客户办理涉及的政策、收费标准、办理时限等。根据客户所属等级、分类、需求不同提供个性化服务,按质量尽快完结客户业务流程。

3)加强客户交流平台建设

通过服务专员、网站、微信、公众号、短信等交流渠道建设,加强与客户信息交流,缩短与客户距离,及时、准确、高效通报与客户相关的政策标准、停电信息、建设规划、最新服务方式等,答疑客户业务咨询,收集客户合理需求、意见及建议。

4)增加服务渠道和服务设备

根据市场变化、客户消费习惯及需求分析调整、增加服务渠道。例如,通过电 E 宝、掌上电力、微信、支付宝进行自助缴费,通过微信公众号进行业务信息发布、客户业务自助办理、账单自助查询,营业厅增加综合业务自助办理终端。

### （3）真诚服务

"经营之道在于诚,赢利之道在于信。"在市场经济中,企业要立足,要发展,要赢利,诚实守信是基本。真诚服务作为企业文化的重要组成部分,反映了企业的管理理念,企业员工的思想状态、意识水平,而企业文化作为企业的软实力,赢得市场竞争、赢得客户资源的重要条件。

1)提升服务意识

意识驱动行为,价值成就品牌。没有深入的服务意识就不会有真诚的服务行为。供电企业作为特殊性的能源企业,不仅关系国计民生、社会经济发展,承担社会责任,同时还需要参与市场竞争,深化企业改革。供电企业昔日垄断优势早已不在,要赢得市场,只能是通过服务来竞争。

2)规范化服务

规范化服务是根据服务标准实行统一的、标准的、公开的服务,让服务的内容有据可查,让服务的质量有据可依,让客户感受服务公平公正。

规范化服务是市场化竞争中公司竞争力的基本手段。规范化服务目的在于营造一种让客户感受到供电企业在服务工作上的严谨、用心、规范、负责的氛围,通过对规范化服务的了解,让客户认同供电企业服务途径、服务方式、服务理念,从而信任公司的服务质量,信赖公司品牌。

## 8.3.5 电力客户服务质量管理的重点及关键

电力客户服务管理工作面广,点多,情况复杂,任务艰巨。要根据各种具体情况,有针对性地采取不同的管理方法和措施,有效地防止和减少各种质量差错的发生,提高电力客户服务工作的整体质量水平。

**(1)电力客户服务质量管理的重点**

在各种类别的电力客户中,大客户、大工业客户的户数虽然只占全部客户的百分之几,但其售电量却占全部用电的70%以上。同时,大工业客户的业务工作较为复杂,工作量和工作难度也较大,容易出现质量问题。因此,搞好大客户的质量管理,对提高电力客户服务质量的整体水平起着决定性作用。

**(2)电力客户服务质量管理的关键**

1)制订供电方案

供用电方案正确与否将直接影响电网的结构与运行是否合理、灵活,用户必需的供电可靠性是否能得到满足,电压质量能否保证,用户变电所的一次投资与年运行费用是否经济;同时,也关系着营业工作中正确执行分类电价、正确选择和安装电能计量装置,合理收取电费、合理建立供用电双方的关系、解决日常用电中的各种问题等。因此,在营业质量管理过程中,首先应抓好这个关键。

2)档案资料建立及维护

在客户服务全流程中,电子工单的流转涉及各类档案资料,从客户业务受理开始一次性资料收集,到后期的勘查、装表接电、业务费收取、地理信息采集及智能化用电参数配置等,各环节档案资料收集及维护涉及客户收费标准确定、计量准确、数据采集成功、地理位置准确、客户配网关系准确、服务信息准确发布等。工单高效、准确办结,客户满意程度高,间接反映企业内部管理到位,各工作环节衔接流畅。在电力客户服务过程中,要以一次性告知、一次性收集、客户一次往返、内部多流转的原则完成档案资料的建立与维护,积极引导客户使用各类网络自助服务平台完成资料自助核对、更新。

3)装表接电

装表接电是电力客户服务售前服务过程中业务扩充工作中的最后一个环节。装表接电的正确与否直接影响电价政策的执行,以及电量的正确抄录和电费的正确收取。

4）电费审核

电费账务作为客户业务数据的重要组成部分,账务数据准确性、及时性直接关系电费是否能及时、准确地收回,影响客户对企业服务工作的信任程度。因此,电费审核工作要严格审核、层层把关,客户电费数据要及时告知,电子转账要及时下账,电费差错要及时处理,电费缴费参数要准确维护。

**（3）电力客户服务管理方法**

1）全过程质量管理

实行电力客户服务全过程管理。首先需要将电力客户服务全过程进行科学的划分,确定每一个环节的办理时限、责任划分、审核监督及异常处置,然后加强对每个环节的进度跟踪、质量管控。

在信息系统广泛应用后,电力营销的服务流程以工单方式进行体现,工单的流转代表服务流程的进度。通过对工单模型参数的提前预置,服务环节的质量大部分由信息系统进行管控,如每个环节的资料的上传、办理的时限、超时提醒。尽管系统解决了服务质量管控的大部分工作,但在服务全过程管理中,人的因素依然非常重要,如在资料的人工审核、抄表段的分配、收费标准的选择、计量设备的配置、数据的同步、地理信息的采集、客户策略配置、智能用电数据复核等环节中,依然需要服务人员的及时参与、准确操作才能确保客户服务最终质量。

2）全员质量管理

服务人员的全员质量管理是全体服务人员都需要参与服务质量管理过程中。首先需要根据服务流程的环节确定好岗位、职责和质量标准,然后制订对应的指标考核系统,通过信息系统的数据采集与指标系统进行对标,激励和考核服务人员的工作质量。

在全员质量管理过程中,一定要确定质量目标,让服务人员知晓自己工作质量与目标质量的差距,根据服务人员完成质量的好坏,确定全员质量管理的风险点、控制点,通过质量管理、小组管理、服务人员的培训、同行同专业对标等方式不断加强服务过程薄弱环节的建设,从而提升全员质量管理水平。

3）实施 PDCA 循环管理法（计划—实施—检查—处理）

PDCA 循环是美国质量管理专家休哈特博士首先提出的,由戴明采纳、宣传,获得普及。PDCA 是英语单词 Plan（计划）、Do（执行）、Check（检查）及 Act（处理）的首字母,PDCA 循环就是按照这样的顺序进行质量管理,并且循环不止地进行下去的科学程序。企业全面质量管理的思想基础和方法依据就是 PDCA 循环。这一工作方法是质量管理的基本方法,也是企业管理各项工作的一般规律。

①计划

分析现状,找出问题;分析问题产生的原因;找出其中的主要的原因;拟订措施,制订计划。

②实施

执行措施,执行计划。

③检查

检查工作执行情况,将执行结果与预定目标进行对比,调查效果。

④处理

巩固成绩,进行标准化;遗留问题转入下一环。

PDCA 是一个循环过程,主要特点是大环套小环,一环扣一环,小环保大环,小环推动大环。在企业质量管理中,整个企业的质量管理是一个大环,各部门、各级单位有各自 PDCA 循环,依次有更小的 PDCA 循环,从而形成一个大环套小环的综合管理体系。通过对 PDCA 不断的转动循环,将企业各环节、各项工作有机组成统一的质量保障体系。因此,PDCA 不是某一个人的力量,而是组织、集体的力量,是整个企业全员推动的结果。

# 【学习与训练任务】

## 供电所台区经理的有心无心

供电所台区经理×××,在某抄表例日,因采集模块故障,未成功冻结客户李某电表数据。又因抄表例日当天因天气恶劣,台区经理未到现场进行补抄,只对客户李某电表示数进行了估测,最终导致系统结算电量超出客户实际用电量 100 kW·h,致使阶梯电费超过客户预期。当客户接收到电费短信通知后,感觉比平常用电量多了一些,于是与电表显示数据进行核对,发现抄表数据错误。于是与台区经理联系,要求台区经理进行更正,台区经理当时承诺"好的",但后来因忘记未进行退补。隔了一个星期后,客户再次与台区经理联系,台区经理为了推卸责任,解释客户当前电表示数已超过结算数据,没有错误,客户对解释不满意。遂向媒体反映此事,当地报社对此事进行了报道,影响了供电企业形象。

事件发生后,供电所积极向公司上级汇报,联合当地消费者协会、技术监督部门有关人员,到达客户现场。供电所对客户进行解释,主动道歉,告知了抄表例日当天至上门日每天客户电表冻结电表示数及用电量,并按照实际电费进行了差额退费,并向客户通报了对台区经理的处理结果。同时,供电公司现场向客户宣传供电公司官方App、公众号的使用,让客户自己随时查询自己的用电情况、电费账户、停电信息等数据。消费者协会、技术监督部门对客户进行了相关解释并证明了供电公司所提供数据的准确性。客户对供电公司解释表示认可,并对供电公司利用科技进行管理的严谨性、便利性非常满意。

总结经验,供电所要求台区经理在今后的现场补抄过程中,要求进行现场定位和拍照,并设专人进行补抄数据质量审核。与宣传部门协调,将该事件处理的整个过程进行了报道宣传。宣传报道后,广大客户对供电公司的科技管理质量更加认可,对智能化用电有了全新认识,更多客户主动到当地营业厅进行咨询,安装供电公司 App 和关注供电公司公众号。

# 【任务实施】

## （1）在本案例中违反了的规定

①《供电营业规则》第八十三条："供电企业应在规定的日期抄录计费电能表读数。"

②《国家电网公司供电服务规范》第十九条第一款："供电企业应在规定的日期准确抄录计费电能表读数。因客户的原因不能如期抄录计费电能表读数时，可通知客户待期补抄或暂按前次用电量计收电费，待下一次抄表时一并结清。确需调整抄表时间的，应事先通知客户。"

③《国家电网公司供电服务规范》第四条第二款："真心实意为客户着想，尽量满足客户的合理要求。对客户的咨询、投诉等不推诿，不拒绝，不搪塞，及时、耐心、准确地给予解答。"

④《国家电网公司员工服务"十个不准"》第四条："不准对客户投诉、咨询推诿塞责。"

## （2）暴露问题

①抄表员在服务意识、工作态度、责任心等方面有待进一步提升，规章制度执行不严、学习掌握不彻底，未真正使服务规范、工作标准落实到工作人员的思想和行动上。

②对投诉事件响应处理不及时。抄表员对事态发展可能带来的影响估计不足，认识不深刻，处理不及时，失去了正确处理的最佳时机，从而扩大了负面影响，形成被动局面。

在本案例中，虽然违反了相关规定，但供电所及上级供电部门，没有推卸责任，积极面对问题、处理问题，分析问题产生的原因，制订解决问题的具体措施，在问题处理过程中除真诚道歉外，还要积极联系宣传部门正面宣传供电公司在客户服务质量管理过程中使用的科技手段、管控措施和质量标准。通过媒体向广大客户宣传供电公司为提升优质服务所开展的工作，建设的服务渠道，宣传供电公司服务质量管理的监督机构、电话和信息反馈渠道等。

# 【任务评价】

### 供电所台区经理的有心无心案例任务评价表

| 供电所用电客户服务中服务质量提升案例任务评价表 | | | | | | |
|---|---|---|---|---|---|---|
| 姓名 | | 学号 | | 成绩 | | |
| 序号 | 评分项目 | 评分内容及要求 | 评分标准 | 满分 | 扣分 | 得分 |
| 1 | 1.服务质量 | 1.1 服务主动性 | 服务态度是否端正，面对客户服务存在拒绝、敷衍、推诿行为全扣 | 10 | | |
| 2 | | 1.2 服务用语 | 服务用语准确，错一处扣2分，扣完为止 | 10 | | |
| 3 | | 1.3 服务质量指标、标准 | 指出案例中对应的违章条款，少一项扣4分 | 20 | | |

续表

| 序号 | 评分项目 | 评分内容及要求 | 评分标准 | 满分 | 扣分 | 得分 |
|---|---|---|---|---|---|---|
| 4 | 2.服务处理 | 2.1 事件分析 | 分析问题产生、扩大、矛盾激化的原因,无分析全扣,分析不到位扣1~10分 | 10 | | |
| 5 | | 2.2 处理措施 | 措施不到位扣1~10分 问题处理不闭环全扣 | 20 | | |
| 6 | 3.服务提升 | 3.1 问题防范 | 对问题处理无预控防范意识扣10分 | 10 | | |
| 7 | | 3.2 服务提升 | 未列举具体的服务提升措施和防范措施扣1~10分 | 10 | | |
| 8 | 4.综合素质 | 4.1 着装整齐,精神饱满 4.2 现场组织有序,工作人员之间配合良好 4.3 独立完成相关工作 4.4 执行工作任务时,大声呼唱 4.5 不违反电力安全规定及相关规程 | | 10 | | |
| | 总分 | | | 100 | | |
| | 教师 | | | | | |

# 【情境总结】

通过对本情境的系统学习,使学生在遵循相关法律法规和标准的前提下,对自我情绪管理、客户关系管理、服务质量管理能做到整体把握。进一步明确电力客户服务分类与挑战、电力客户服务规范和要求、电力客户服务礼仪和电力客户服务语言。掌握电力客户服务的基本规范和基本要求,真正明确电力客户服务的意义。能正确面对电力客户服务过程中面临的问题、压力,具备电力客户服务过程中的自我调适能力、关系处理能力,真正提升电力客户服务质量。

# 【学习与思考】

1.心理学对心理压力的定义是什么? 心理压力的来源一般有哪些?

2.电力客户服务人员心理压力产生的原因一般有哪些?

3.心理压力会对人产生消极和积极影响,这些影响具体表现在哪些方面?

4.缓解心理压力技巧的方法有哪些?

5.客户关系管理(CRM)的定义、意义及目标是什么?

6.什么是电力客户档案资料? 电力客户档案资料是怎样分类的? 电力客户档案管理有哪些具体要求?

7.VIP 是什么意思? 对电力 VIP 客户一般提供哪些具体的服务?

8.电力客户服务质量特征有哪些? 主要构成要素有哪些?

9.电力客户服务质量标准包含哪几大类?

10.如何提升电力客户服务质量?

# 参考文献

[1] 闫刘生.电力营销基本业务与技能[M].北京:中国电力出版社,2002.

[2] 刘运龙.电力客户服务[M].北京:中国电力出版社,2002.

[3] 高犁.电力客户管理[M].北京:中国电力出版社,2011.

[4] 李珞新,沈鸿.供电优质服务[M].北京:中国电力出版社,2011.

[5] 孙晓红,杨清.用电营业管理[M].北京:中国电力出版社,2015.

[6] 国家电网公司营销部.电动汽车充换电服务管理[M].北京:中国电力出版社,2018.

[7] 青海省电力公司.用电检查:实用培训教材[M].北京:中国电力出版社,2009.

[8] 国家电网公司人力资源部.用电营业管理[M].北京:中国电力出版社,2010.

[9] 国家电网公司人力资源部.生产技能人员职业能力培训专用教材 95598 客户服务[M].北京:中国电力出版社,2010.

[10] 国家电网公司人力资源部.生产技能人员职业能力培训专用教材 用电业务受理[M].北京:中国电力出版社,2010.

[11] 国家电网公司人力资源部.生产技能人员职业能力培训专用教材 用电检查[M].北京:中国电力出版社,2010.

[12] 陈向群.电能计量技能考核培训教材[M].北京:中国电力出版社,2003.

[13] 国家电网公司人力资源部.生产技能人员职业能力培训专用教材 农网营销[M].北京:中国电力出版社,2010.